"十二五"国家重点图书

23

财政政治学译丛

刘守刚 魏 陆 主编

上海高校智库
上海财经大学公共政策与治理研究院

Global Debates about Taxation

税收的全球争论

霍尔格·内林（Holger Nehring）
佛罗莱恩·舒伊（Florian Schui） 编

赵海益 任晓辉 译

任晓辉 校译

上海财经大学出版社

图书在版编目(CIP)数据

税收的全球争论/(英)霍尔格·内林(Holger Nehring),(英)佛罗莱恩·舒伊(Florian Schui)编;赵海益,任晓辉译. 一上海:上海财经大学出版社,2022.2
(财政政治学译丛/刘守刚,魏陆主编)
书名原文:Global Debates about Taxation
ISBN 978-7-5642-3902-2/F·3902

Ⅰ.①税… Ⅱ.①霍…②佛…③赵…④任… Ⅲ.①税收管理-研究-世界 Ⅳ.①F811.4

中国版本图书馆 CIP 数据核字(2021)第 242559 号

图字:09-2015-863 号
Global Debates about Taxation
Holger Nehring, Florian Schui

First published in English by Palgrave Macmillan, a division of Macmillan Publishers Limited under the title Global Debates about Taxation Edited by Holger Nehring and Florian Schui. This edition has been translated and published under license from Palgrave Macmillan. The authors have asserted their right to be identified as the authors of this Work.

□ 责任编辑　石兴凤
□ 封面设计　张克瑶

税收的全球争论

霍尔格·内林
(Holger Nehring)
佛罗莱恩·舒伊　编
(Florian Schui)
赵海益　任晓辉　译
任晓辉　校译

上海财经大学出版社出版发行
(上海市中山北一路 369 号　邮编 200083)
网　址:http://www.sufep.com
电子邮箱:webmaster@sufep.com
全国新华书店经销
上海叶大印务发展有限公司印刷装订
2022 年 2 月第 1 版　2022 年 2 月第 1 次印刷

710mm×1000mm　1/16　16 印张(插页:2)　245 千字
定价:79.00 元

总　序

成立于2013年9月的上海财经大学公共政策与治理研究院，是由上海市教委重点建设的十大高校智库之一。通过建立多学科融合、协同研究、机制创新的科研平台，围绕财政、税收、医疗、教育、土地、社会保障、行政管理等领域，组织专家开展政策咨询和决策研究，致力于以问题为导向，破解中国经济社会发展中的难题，服务政府决策和社会需求，为政府提供公共政策与治理咨询报告，向社会传播公共政策与治理知识，在中国经济改革与社会发展中发挥“咨政启民”的“思想库”作用。

作为公共政策与治理研究的智库，在开展政策咨询和决策研究的同时，我们也关注公共政策与治理领域基础理论的深化与学科的拓展研究。特别地，我们支持从政治视角研究作为国家治理基础和重要支柱的财政制度，鼓励对财政制度构建和现实运行背后体现出来的政治意义及历史智慧进行深度探索。这样一种研究，著名财政学家马斯格雷夫早在其经典教材《财政理论与实践》中就命名为“财政政治学”。但在当前的中国财政学界，遵循马斯格雷夫指出的这一路径，突破经济学视野而从政治学角度研究财政问题，还比较少见。由此既局限了财政学科自身的发展，又不能满足社会对运用财税工具实现公平正义的要求。因此，有必要在中国财政学界呼吁拓展研究的范围，努力构建财政政治学学科。

“财政政治学”虽然尚不是我国学术界的正式名称，但在国外的教学和研究中却有丰富的内容。要在中国构建财政政治学学科，在坚持以“我”为主研究中国问题的同时，应该大量翻译西方学者在该领域的内容，以便为国内财政学者从政治维度研究财政问题提供借鉴。呈现在大家面前的丛书，正是在上海财经大学公共政策与治理研究院资助下形成的“财政政治学译丛”。

“财政政治学译丛”中的文本，主要从美英学者著作中精心选择而来，大致分为理论基础、现实制度与历史经验等几方面。译丛第一辑推出10本译著，未来根据需要和可能，将陆续选择其他相关文本翻译出版。

推进财政政治学译丛出版是公共政策与治理研究院的一项重点工程，我们将以努力促进政策研究和深化理论基础为己任，提升和推进政策和理论研究水平，引领学科发展，服务国家治理。

胡怡建

2015年5月15日

前　言

2005 年 9 月 16 日至 18 日，在剑桥大学艺术、社会科学和人文研究中心(CRASSH)举办了“税收思想的传播”会议，本书即源于此。会议本身是一场激动人心的思想交流，与会人员包括来自欧洲大陆和美国的学者。

本书得以成稿，我们不但要向 CRASSH，特别是德米拉·约尔丹诺娃(Ludmilla Jordanova)，向剑桥大学历史与经济中心，特别是其主任艾玛·罗斯柴尔德(Emma Rothschild)和加雷斯·斯特德曼·琼斯(Gareth Stedman Jones)致谢；还要感谢剑桥大学历史学院的特里威廉基金为我们提供了慷慨的资助，同样也要感谢凯瑟琳·赫利(Catherine Hurley)、尼克·斯威夫特(Nick Swift)和杰玛·泰勒(Gemma Tyler)对更多实际事务的出色组织工作。

张夏准(Ha-Joon Chang)(剑桥)做了精彩的主题演讲，为我们提供了许多可以讨论的主题。我们还要特别感谢小组评论员苏尼尔·艾姆瑞斯(Sunil Amrith)(剑桥)、彼得·贝克尔(Peter Becker)(奥地利林茨)和克里斯托弗·M. 克拉克(Christopher M. Clark)(剑桥)，以及其他与会者。他们的参与富有启发性。

我们也非常感谢茱莉亚·摩西(Julia Moses)(剑桥)的出色校对工作。我们尤其要感谢帕尔格雷夫(Palgrave)出版社的阿曼达·汉密尔顿(Amanda Hamilton)负责出版了这本书，还要向凯蒂·巴顿(Katie Button)、亚历克·杜博(Alec Dubber)以及帕尔格雷夫出版社参与本书制作过程的所有人员致谢，感谢他们的敬业和友谊。

霍尔格·内林(Holger Nehring)
佛罗莱恩·舒伊(Florian Schui)
于谢菲尔德(Sheffield)/艾格汉姆(Egham)
2006 年 7 月

撰稿人简介

W. 艾略特·布朗利(W. Elliott Brownlee)是加州大学圣巴巴拉分校的历史学名誉教授。

马丁·唐顿(Martin Daunton)是剑桥大学的经济史教授。

亚历山大·葛莱伯(Alexander Grab)是缅因州奥罗诺大学的历史学教授。

克里斯汀·勒博(Christine Lebeau)是巴黎大学索邦神学院的历史学教授。

弗朗西斯·M. B. 林奇(Frances M. B. Lynch)是伦敦威斯敏斯特大学的法语研究准教授。

霍尔格·内林(Holger Nehring)是谢菲尔德大学的现代欧洲历史讲师。

佛罗莱恩·舒伊(Florian Schui)是伦敦大学皇家霍洛威学院的现代欧洲历史讲师。

米兰达·斯图尔特(Miranda Stewart)是墨尔本大学法学院的副教授。

安德里亚斯·蒂尔(Andreas Thier)是苏黎世大学的法律历史、教会法和法律理论教授。

约瑟夫·J. 桑代克(Joseph J. Thorndike)是一位税收历史学家,一位就职于华盛顿特区的税务分析师。

目录

第二部分　联邦政体

第三部分　帝国和国际组织

1 导论 税收的全球争论：思想传播、政治合法性挑战和国家建构悖论

霍尔格·内林(Holger Nehring) 佛罗莱恩·舒伊(Florian Schui)

2005 年 3 月，时任美国联邦储备委员会主席艾伦·格林斯潘(Alan Greenspan)对总统的联邦税收改革顾问小组说："通过研究早期税法的系统性改革，可以学到一些有用的经验。"[①]的确如此，当前有关税收和公共政策的争论，很多围绕着学习过去的经验和其他的国家而展开，其程度令人吃惊。在美国政界，对引入所得税"平税(flat tax)"[②]的讨论，参考的主要是波罗的海各国在此方面的税制实践，而这样的实践在 2004/2005 年受到了英国保守党内部一些派别的拥护，并在 2005 年的德国大选中得到了影子财政部部长保罗·基什霍夫(Paul Kirchhof)的支持。这是税收思想在全球传播的典型例子。[③]

当前，政府的财政赤字带来了大量的公私债务，并加深了经济和财政之间的内在依赖。于是，下面的问题油然而生：财政部门的组织结构是否需要根本性地变革？这一问题激起了学界研究税收国家如何兴起的兴趣。在有关税收和国家财政的争论中，有一个这样的重要议题：在经济和社会中，国家和政府

---

① Alan Greenspan, 'Testlmony before the President's Advisory Panel on Federal Tax Reform', Washington DC, 3 March, 2005, http://www. federalreserve. gov/BOARDDOCS/TESTIMONY/2005/20050303/default. htm(accessed 1 Sept. ,2006).

② 平税(flat tax)，也有人译为"单一税"或"统一税"，它一般指的是一种"单一比例税"或者"固定比率税"(本书在后面会提到，也可以用来指"固定数额"税)。由于本书中已将 single tax 译为单一税，因此此处将 flat tax 译为"平税"，以示区别。——译者注

③ Cf. ,for example, A taxing solution, *The Sunday Times*, 21 August, 2005, p. 13; W. Elllot Brownlee, *Federal taxation in America* (*Cambridge*, 1996), p. 183.

发挥了什么样的作用?[①] 在“全球化”背景下,另一个值得关注的议题是权力将会从民族国家转移到超国家或国际组织手中。[②] 欧洲联盟(EU)、世界贸易组织(WTO)、国际货币基金组织(IMF)是其中最为典型的三个组织。此外,随着资本和个人在流动性方面的不断增强,逃税和避税成为重要的问题。有人认为,在一国范围内该问题无法得到有效的解决。

然而,从结构上看,上面这些讨论并不像表面看起来那么新颖。事实上,税收思想的传播自中世纪以来已有一段很长的历史。但是,与研究中世纪和早期近代的历史学家们不同,现代历史学家却对已有的讨论视而不见,或许是因为他们已经接受了“死亡和税收是必然的”这句英国谚语所表达的观点。[③] 虽然关于跨国关系以及思想转移的历史研究正在蓬勃发展,但是大多数对此问题感兴趣的历史学家都将研究重点集中于文化,而不是经济或财政金融问题。[④] 这本书汇集了有关历史的、法律的和经济专业方面的知识,将首次为填补这一空白做出贡献。

事实上,正是在经济和财政领域内出现共同挑战(常被政策制定者称为“危机”),才大大促进了思想的交流,而这些思想都是关于如何解决已经认识到的问题的。同样地,影响多个国家的战争,也会给不同的政体带来共同的挑战。相似地,福利国家在西欧以及世界其他地区的不断成长,也对如何提高政

---

① Cf. ,for example,Christian Seidl,“The tax state in crisis”,in idem(ed.),*Lectures on Schumpetrian Economics*(Berlin,1984). pp. 89—109;Paul Kirchhof,*Der sanfte Verlust der Freiheit*(Munlch,2004),p. 1.

② 作为众多参考文献中的一个例子:Daniel W. Drezner,‘Globalization and policy convergence’,*International Studies Review*,3(2001),pp. 53—78. 关于一般问题:T. V. Paul,G. John Ikenberry and John A. Hall(eds),*The nation-state in question*(Princeton,2005).

③ 对于各种因素的首次和非常有启发性的分析,cf. F. Neumark,‘Internationale Gemeinsamkeiten und nationale Eigenarten der Finanzpolitik’,*Kyklos*,2(1948),pp. 317—348.

④ Cf. Jürgen Kocka,“Comparison and beyond”,*History and Theory*,42(2003),pp. 39—44;Jürgen Osterhammel,“Transnationale Gesellschaftsgeschichte:Erweiterung oder Alternative?”,*Geschichte und Gesellschaft*,27(2001),pp. 464—479;Johannes Paulmann,“Internationaler Vergleich und interkultureller Transfer”,Historische Zeitschrift,267(1998),pp. 650—685 and the special issue on “political transfers” of the *European Review of History*,12,No. 2(2005). 对于跨国历史的政治和经济方面的罕见贡献,cf. Patricia Clavin,“Introduction:defining transnationalism”,*Contemporary European History*,14(2005),pp. 421—439.

府的财政收入提出了共同的挑战。[1]

对“政策学习”的性质、影响、成败进行研究的社会科学文献,已经汗牛充栋,本书并不打算在这一领域添加内容。[2] 相反,我们感兴趣的是去揭示不同的经济、政治、社会背景下税收思想转移的不同历史经验。我们的目标是对当前形势下的国家财政问题,采用更具批判性和历史性的方法加以积极的研究,方法是运用历史资料来揭示那些历史行动者的税收思想以及思想传播在此过程中的作用。[3] 因此,本书并不分析国民经济与税收制度之间的结构性联系,而是致力于揭示那些重要的历史人物如何解释和概念化那些由于经济、政治、社会发展引发的挑战,以及他们如何相应地建构和传播自己的税收思想。我们将“思想”宽泛地定义为对经济、政治、社会现实的感知,而不是连贯的概念。被传播的“税收思想”,本身的性质与其传播方式一样纷繁多样,并可以区分为以下三大类型:(1)经济思想,主要包括但不限于经济理论和经济分析;(2)有关税收的伦理判断,主要基于宗教或者哲学的考虑,也基于特定的历史假设;(3)行政管理知识,既有显性的知识形式,也包括一些经验形式和专门技能。按时间顺序,我们关注的是自1750年左右以来的现代时期,因为只有从那时起我们才能谈论民族国家,并进而谈论跨国进程。[4]

本书汇集了从各种角度进行的案例研究,目的在于追溯社会经济挑战和思想传播之间的相互作用。在全书中,我们强调了传播过程的复杂性,并将“思想传播”主要定义为交流行为和相互观察的例证。我们的研究并不能涵盖

---

① Pierre-Cyrille Hautcoeur,“Cash or account? A plea for a comparative history of European financial systems”,*Contemporary European History*,12(2003),pp. 345—358,here p. 358.

② Cf. on this Peter A. Hall,“Policy paradigms,social learning and the state. The case of economic policy making in Britain”,*Comparative Politics*,25(1993),pp. 275—296;Michael J. Oliver and Hugh Pemberton,“Learning and change in 20th-century British economic policy”,*Governance*,17(2004),pp. 415—441 and Hugh Pemberton,*Policy learning and British governance in the* 1960s(London,2004).

③ 类似方法参考 Jim Tomlinson 的研究,in particular his “The British ‘productivity problem’ in the 1960s”,*Past and Present*,175(2002),pp. 188—210 and his *The Labour governments* 1964—1970,vol. 3:*Economic policy*(Manchester,2004).

④ Cf. Wolfgang Reinhard,*Geschichte der Staatsgewalt. Eine vergleichende Verfassungsgeschichte Europas von den Anfängen bis zur Gegenwart*(Munich,1999),p. 340;James C. Scott,*Seeing like a state:how certain schemes to improve the human condition have failed*(New Haven and London,1998).

所有重要的事态发展，例如，本书中缺少关于拉丁美洲、中东、亚洲以及关于20世纪后半叶东欧社会主义经济体的内容，西欧和南欧许多国家或地区也被排除在外。在结构上本书主要分为三个部分。

第一部分，编著者追溯了18世纪中期至19世纪早期的税收思想传播。根据莱因哈特·柯塞勒克（Reinhart Koselleck）的著名概念，这一时期就是Sattelzeit（字面的含义是“鞍形时间”）。该时间段是现代与早期现代的连接，在此时段中对公共财政的主要挑战来自战争。① 克里斯汀·勒博（Christine Lebeau）研究了“地籍”（cadastre）概念在法国、哈布斯堡帝国、意大利北部公国和王国之间的传播。佛罗莱恩·舒伊评估了“完整的税务管理”（a whole tax administration）从法国转移到普鲁士的过程，即形成所谓的普鲁士税务局（Régie）。亚历山大·格拉贝（Alexander Grab）研究了拿破仑将自己占领的意大利当作税收农场（a tax farm），从而为他在欧洲的战争埋单，并寻求建立——最终失去——政治合法性。

第二部分聚焦于研究在福利和战争双重要求的挑战下，税收思想在联邦政体之间及内部传播所面临的挑战和制约。安德里亚斯·蒂尔（Andreas Thier）利用比较法学和法律移植的分析见解，解释了德意志帝国内部自1871年创立至第一次世界大战期间税收思想的传播方式。霍尔格·内林评估了从1900年前后起税收思想从德国历史学派经济学家那里传播至美国进步主义运动中的重要性，并凸显了德国和美国进步主义者之间在国家观和经济观方面的显著相似之处。弗朗西斯·林奇（Frances Lynch）详细探讨了20世纪50年代和60年代西欧关于增值税的争论以及此后西欧税制的不同发展。她强调，尽管存在着税收竞争，但在税收思想传播与新兴联邦制欧盟内部民族国家的适应能力（resilience）之间存在着重要的联系。②

第三部分介绍了一些案例研究。这些研究评估了税收思想在全球范围内传

---

① 关于这一概念，cf. Reinhart Koselleck，‘A response to comments on the *Geschichtliche Grundbegriffe*’，in Hartmut Lehmann and Melvin Richter（eds），*The meaning of historical terms and concepts：new studies on Begriffsgeschichte*（Washington DC，1996），p. 69 and idem，*Futures past：on the semantics of historical time*（Cambridge，Mass.，1985）.

② 对于德国税收竞争的历史例子，cf. Mark Spoerer，*Steuerlast，Steuerinzidenz und Steuerwettbewerb. Verteilungswirkungen der Besteuerung in Preußen und Württemberg*（Berlin，2004）.

播的方式，并特别强调在帝国内部和通过国际机构传播思想时权力、种族、经济学教义所发挥的作用。马丁·唐顿(Martin Daunton)展示了在大英帝国内部，税收思想的传播是如何与社会、政治秩序观念联系在一起的，在殖民地这些思想无法像在母国那样建立政治合法性。艾略特·布朗利(Elliott Brownlee)深入描述了美国在第二次世界大战后的日本尝试建立新税制时面临的主要困难。在当时，有关税收的思想在竞选活动中引发了争论，并与行政文化发生冲突。米兰达·斯图尔特(Miranda Stewart)强调，在20世纪80年代，通过国际货币基金组织传播税收概念时遇到了困难和问题。IMF主要是美国霸权的一项工具，并与一系列"新自由主义"经济理念密切相关。约瑟夫·桑代克(Joseph Thorndike)对21世纪初"平税"思想的复兴进行了分析，重点阐述了思想传播、美国在全球经济话语中的影响力、经济学教义框架之间的相互作用。

我们并不打算向决策者提供什么建议。事实上，通过本书中所汇集的文献，我们想说的是，税收思想的传播是一个极其复杂的过程，会受到决策者无法掌控的因素限制，这些因素包括经济、官僚机构或更准确地说是政治等。一国的税收思想与本国的经济形势、行政文化和惯例相关，还与一些概念(良好且稳定的政治和经济秩序、公平与社会正义、政治合法性等)紧密相连。在高度分化的新兴现代社会中，由于政治过程越来越复杂，直接应用来自其他地区——比如发生在18世纪的法国和普鲁士以及19世纪的大英帝国部分地区——的概念变得越来越不可能。如果这样的直接应用真的发生了，如20世纪80年代IMF在发展中国家实施的一种特定类型的税制，那么必将伴随着重大的国内政治动荡。本书的目的在于为国家财政和国家构建的研究作出重要贡献。我们认为，在很大程度上，民族国家在现代世界的力量和韧性，来自它对新的政治、经济和社会条件的适应。要不要采用来自其他国家的财政模式，政府的政策决策者和整个社会在此发挥着关键的作用：正是通过借鉴来自其他国家的成功或失败案例，人民和政府才能努力地消除疑虑、巩固立场。通常，在赋予政府改革提案的合法性方面，来自其他国家的财政模式发挥了核心作用，否则这些提案将缺乏合法性。① 在前人研究的基础上，我们在下述三个

① 关于更一般的观点，cf. Jim Tomlinson, "Managing the economy, managing the people: Britain c. 1931—1970", *Economic History Review*, 58(2005), pp. 555—585.

方面对历史研究作出了贡献。本导论的以下部分，将从跨国历史、财政历史、国家构建与政治合法性等方面来概述我们的贡献。

跨国财政史和国内财政史：国家建构的悖论

本书的第一个贡献在于，我们对税收思想传播用概念化的方式加以处理。总体而言，本书中所汇集的论文，对其中的一个历史主题[国家地位（statehood）研究]采用了跨国历史分析方法，而这是最合适采用此历史研究路径的做法。这里说最合适，主要原因在于对国家地位的研究。一直关注的是：在历史上，官僚机构、政府以及由其形成的国家结构，是如何变成明显的政治、社会、经济行动者的。若从跨国历史角度来理解，就可以突破政府和国家的壁垒，而这一壁垒会限制我们研究外部世界与内部世界的交互影响。[①] 税收史学家认为，财政管理是界定国家与其他国家之间边界特别有效的工具，它在划分国家内部的不同政治和社会领域的边界时也发挥了非常重要的作用。从外观看，现代世界中"新的、客观的、理智的民族国家"的地理边界，在很大程度上是由财政管理部门对领土和边界实施控制界定出来的。[②]

然而，跨国历史与国内历史（national history）之间的对立是人为的，它阻碍了对历史的理解。有一种危险是这样的，即不论在什么时期和对什么主题都采用跨国方法，而忘记"跨国"一词本身具有强烈的价值观且根源于 19 世纪的进步主义思想。[③] 跨国历史研究的学者似乎常常忘记，理解"跨国"必须理解它们所超越的各国内部的国家进程。

因此，曾有历史学家不假思索地将跨国研究方法应用于一些看起来收获极少的时间段。例如，最近出版的一本关于德意志帝国的书，该书汇集了一系

---

① Cf. Peter Evans，Dietrich Rueschemeyer and Theda Skocpol（eds），*Bringing the state back in*（Cambridge，1985）.

② Rudolf Braun，'Taxation，socio-political structure and state building：Great Britain and Brandenburg-Prussia'，in Charles Tilly（ed.），*The formation of national states in Western Europe*（Princeton，1975），p. 301.

③ 关于这些问题，cf. Martin H. Geyer and Johannes Paulmann（eds），*The mechanics of internationalism*（Oxford，2001）. 关于思想和历史实践与进步主义的联系，cf. Akira Iriye，'The internationalization of history'，*American Historical Review*，94（1989），pp. 1—10，especially pp. 9—10.

列内容广泛而又极富启发性的文章。然而,对这些能够帮助我们全面理解这一历史时期的重要事件,该书的主编及文章的作者没有提及:在这一历史时期,极为重要的是民族国家的兴起,且在第一次世界大战期间达到高潮。同样,C. A. 贝利(C. A. Bayly)的专著《现代世界的诞生》虽然极富启发性,但在案例选择和文献理解上也没有采用历史方法。[①] 尽管贝利的研究发现了许多相似之处和联系,但真正值得探讨的有趣问题并不是这个时代的全球化或跨国特征,而是在这样一个全球化和相互联系的世界中,国内官僚机构和国家如何开始发挥关键作用且与跨国发展相互作用。[②]

我们的方法是务实的,并试图理解这一悖论。对理解思想传播的成功和失败,我们一样感兴趣。因此,我们打算将"跨国"意义历史化(historicize)并用于我们所研究的每一具体历史情景和经济状况下的每一个案例中。"传播"涉及来自不同国家的思想、经验、税务专家、纳税人的交流,这样的传播对税收国家的历史发展具有重要意义。不过,传播带来的影响,要比大多数跨国历史学家让我们相信的复杂得多。这样的传播,深深嵌入拨款和否决的复杂过程中。在此过程中,学者和政府官员不断地进行交流,并让更多的公众能够了解经济理论及其对税收政策的影响。[③]

采用"传播"这个词,就像用它的孪生兄弟词汇"扩散"一样,是相当有问题的。它意味着在一个几乎自动的、机械的过程中相互传递不同的思想包裹(packages of ideas)。[④] 正如本书汇编的文章所表明的那样,这样的思想包裹是否存在,本身就是财政讨论的一部分;而且,构造这样的思想包裹且将其与

---

① Sebastian Conrad and Jürgen Osterhammel(eds),*Das Kaiserreich transnational*(Göttingen,2004);C. A. Bayly,*The birth of the modern world*,1780—1914(Oxford,2004);cf. also the project 'Exchanges of Economic and Political ideas since 1760' at the Centre for History and Economics,Cambridge,http://www-histecon. kings. cam. ac. uk/research/hex/index. htm.

② Cf. Jürgen Osterhammel,*Die Entzauberung Asiens. Europa und die asiatischen Reiche im 18. Jahrhundert*(Munich,1998).

③ Cf. Hugh Heclo,*Modern social politics in Britain and Sweden*(New Haven,Conn.,1974). pp. 304—322.

④ Cf. David Dolowitz and David Marsh. 'Learning from abroad:the role of policy transfer in contemporary policy-making',*Governance*,13(2000). pp. 5—23;对于批评,cf. Oliver James and Martin Lodge,"The limitations of 'policy transfer' and 'lesson drawing' for public policy research",*Political Studies Review*,1(2003),pp. 179—193. Cf. also the special issue of the *Journal of Public Policy*,11,No. 1(1991).

特定国家联系在一起，本身也是高度武断的。思想的传播与碰撞可以在以下任何情况下以任何形式发生：否决、拨款、赞同、修订、重做。① 而且，其中大部分都采用了二阶观察的形式。②

尽管存在这些问题，但因为缺少更好的表达方式，我们还是决定坚持使用众所周知的术语。我们界定了三种“传播”的方式：观察、直接沟通、同化。

观察可以通过阅读出版物、阅读公开和秘密文件，或者通过直接接触进行。发生在早期的现代绅士们的旅行（gentlemanly grand tour），以及在19、20、21世纪初的实地考察代表团都是通过观察实施传播的例子。

直接沟通（direct communication）是一种有意识的双向过程。在此过程中，观点、理论、经验都被用语言进行表达和交流，当然也可能通过书信交流或直接讨论来展开。带有重要的观察要素的专家使团（expert missions），往往也具备有关财政事项的直接沟通要素。

最后，同化（assimilation）是最难捕捉的传播形式。特别是，当来自不同背景的管理人员和专家一起工作时，许多思想和经验的传播就会无声无息地进行，而不会被口头表达，也不会给历史学家留下太多的痕迹。这三种类型的传播可能同时发生，而且常常交织在一起，难以分开。

由于我们的目标是采用历史化的假设来处理跨国历史，因此我们每一位作者对什么是“思想传播”都有自己不同的理解——这种多样性，是本书的重要贡献之一。在第一部分，由克里斯汀·勒博撰写的有关地籍制度的章节和由佛罗莱恩·舒伊撰写的将法国税收管理人员引入普鲁士的内容，都采用了一种被称为“有联系的历史”（connective history）的方法。从研究德国和法国文化传播的历史学家那里，这种方法获得了重要的推动力，并有助于寻求探索连接历史事

① Cf. Percy Ernst Schramm 的敏锐洞察力，‘Deutschlands Verhältnis zur englischen Kultur nach der Begriindung des Neuen Reiches’，in Walther Hubatsch(ed.)，*Schicksalswege deutscher Vergangenheit：Beiträge zur geschichtlichen Deutung der letzten hundertfünfzig Jahre：Festschrift für Siegfried Kaehler*(Düsseldorf，1950)，pp. 289－319 and Rudolf Muhs，Johannes Paulmann and Willibald Steinmetz，‘Brücken über den Kanal? Interkultureller Transfer zwischen Deutschland und Großbritannien im 19. Jahrhundert’，in idem(eds)，*Aneigung und Abwehr：Interkultureller Transfer zwischen Deutschland und Großbritannien im 19. Jahrhundert*(Bodenheim，1998)，pp. 7－20.

② 二阶观察（Second－Order Observe）源自德国社会学家尼克拉斯·卢曼（Niklas Luhmann）的社会系统理论。一阶观察注重“观察到什么”，二阶观察注重“如何进行观察”，二阶观察者可以是自我观察者，即观察者本身观察自己的一阶观察。——译者注

实的那部分内容。① 勒博和舒伊运用这种方法克服了财政史研究中的国家局限性,探索了思想流传及思想传播的制度影响,并进一步发展了税收研究中的比较历史编纂方法(the comparative historiography of taxation)。他们断言,"税收国家"的概念(这是许多比较研究以及本书的核心概念),本身就是一个需要比迄今为止更加严格审查的范畴(category)。"税收国家"一词,暗示了在历史发展中有某种程度的制度同质性和统一性,而这是历史现实所缺乏的。勒博和舒伊的文章探讨了与复杂的历史进程相关的当代观念和语言问题,而这些问题常常被笼统地置于"税收国家"这一标题之下。

勒博和舒伊的文章强调的是直接观察和调适,而其他几篇文章则强调通过各种形式进行相互观察和沟通的重要性。本书收录了约瑟夫·桑代克关于20世纪90年代末至21世纪初的平税(单一比例税)争论的文章,以及弗朗西斯·林奇关于欧盟税收趋同的章节。在这些近期的讨论中,这一以自我为参考(self-referential)的特点变得尤为明显。从1800年左右开始,官僚作风在整个欧洲的扩张,让观察其他国家变得更加容易。然而,与此同时,在国内直接采用所观察到的国外模型往往变得更为困难甚至不可能。正如佛罗莱恩·舒伊讲述的故事,在18世纪,法国的税务管理模式完整地传播到普鲁士有巨大的困难,可在18世纪之后这样的传播根本不可行。此现象的出现与政治合法性问题有关。正像亚历山大·葛莱伯(Alexander Grab)所探讨的拿破仑帝国内部的税制移植那样,最终这一移植以拿破仑时代的税务官员被免职(defenestration)而结束。同样,马丁·唐顿的这一章展示了在大英帝国内部税收思想传播是多么麻烦。米兰达·斯图尔特描述了20世纪80年代加纳引入增值税。这样的描述也可显示出决策者所面临的巨大限制和严重问题。对后殖民背景下税收思想传播的分析,也可从一个新的角度揭示将欧洲国家模式

① Michel Espagne and Michael Werner, 'Deutsch-Französischer Kulturtransfer im 18. und 19. Jahrhundert', *Francia*, 13(1985), pp. 502—510; Michael Werner and Bénédicte Zimmermann, 'Vergleich, Transfer, Verflechtung', *Geschichte und Gesellschaft*, 28(2002), pp. 607—636. 这可能是部分由于学术交流计划、研究经费结构和战后的一般政治气候鼓励了德国和法国历史学家的合作。比较史和迁移史的优点和问题得到了广泛的讨论。例如:Hartmut Kaelble, 'Die Debatte über Vergleich und Transfer und was jetzt?', *Geschichte Transnational*, 8 February, 2005, http://geschichte-transnational.clio-online.net/forum/type=artikel&id=574. Cf. for a different context William O'Reilly, 'Genealogies of Atlantic history', Atlantic Studies, 1(2004), pp. 66—84, here p. 80.

强加给前殖民地国家会带来的诸多问题。[1]

但是，正如安德里亚斯·蒂尔、霍尔格·内林、艾略特·布朗利和弗朗西斯·林奇的章节所阐明的那样，通过调适（adaptation）来传播税收思想，遭遇到的另一个制约因素是官僚规范和知识的适应能力。由于收入的计算、会计标准以及在统计背后的假设等存在着显著的差异，由此带来的不适应让人们大多不会考虑调适后再采用的问题。[2]

重新定义财政历史和国家建构悖论

我们的第二个贡献在于，主要利用跨国的观点对财政史和国家建构进行解释。将跨国历史概念化，能让我们考察18世纪中期以来的财政发展并作出贡献。比起建立现代化理论模型和设定财政发展不同阶段等方法，这样的考察更为复杂。我们的跨国研究方法与下面的解释并不完全一致：将现代税收国家发展区分为几个阶段，并按照19世纪德国政治经济学家阿道夫·瓦格纳（Adolph Wagner）的说法，将这种发展定义为"国家支出增长法则"。[3] 与中世纪的史学家和早期现代主义者不同，大多数现代历史学家并未给予税收史应有的重视，反而乐意把这一任务留给经济学家、法律学者、财政社会学家，以至于不再运用这一领域内丰富的19世纪文献来撰写历史。如果说现代历史学家已经注意到了这一话题的重要性，那么也主要体现在他们从国家建构的角度所做的论述。这些历史学家往往倾向于把税收单列出来，把它作为现代国家地位的关键因素之一。[4]

---

① Cf. Dagmar Engels and Shula Marks(eds), *Contesting colonial hegemony. State and society in Africa and India* (London, 1994); Robert H. Jackson, *Quasi-states: sovereignty, international relations and the Third World* (Cambridge, 1990).

② Cf. Peter Becker, 'Überlegungen zu einer Kulturgeschichte der Verwaltung', *Jahrbuch für Europäische* Verwaltungsgeschichte, 15(2003), pp. 311—336. Cf. also Bernhard S. Silberman, *Cages of reason. The rise of the rational state in France, Japan, the United States and Great Britain* (Chicago and London, 1993).

③ Reinhard, *Staatsgewalt*, p. 306.

④ Cf. Richard Bonney(ed.), *Economic systems and state finance* (Oxford, 1995); Martin Daunton, *Trusting Leviathan* (Cambridge, 2002), p. 2; John Brewer, *The sinews of power: war, money and the English state*, 1688—1783 (London, 1989).

这些历史学家认为,自18世纪中期发展起来的民族国家有一个特点,那就是它们声称自己追求的目标是使整个民族而不仅仅是使统治者或王朝受益。为了实现这些目标,国家的收入基础必须扩大,因为统治者的领地作为国家收入的来源显得不足。征税能力也因此成为民族国家权力的重要表现之一,成为界定国家领土的一项关键特征。财政管理机构是"行政机器"中较为重要的组件之一。通过这一机构,国家可以对全国的领土和人口实行控制。[①]

根据19世纪经济学家约瑟夫·熊彼特(Joseph Schumpeter)的历史观点,这些历史学家分析的是"税收国家"的崛起和巩固。从熊彼特的现在已成为经典的定义来看,"税收国家"是一种公共财政组织。通过它,用于社会共同任务的资源主要通过对社会成员的经济活动征税来筹集。熊彼特发展了税收国家的概念,将其与政府直接参与经济活动以产生收入的其他政府财政形式进行对比。后者的例子,包括早期现代国家管理领地的实践以及在20世纪社会主义的经济组织形式。[②]

理查德·邦尼(Richard Bonney)和威廉·奥姆罗德(William Ormrod)试图为税收国家这一研究路径引入一些动态元素。他们区分了早期和后期的税收国家形式,并认为在历史上税收国家之后是所谓的"财政国家"。在他们看来,财政国家的特点是高水平支出,特别是用于军事和福利的支出,并有一套全面的直接税制度(如对所得征税),及有效的公债制度。邦尼和奥姆罗德声称,在一个自维持增长的过程中,这些财政国家有进一步增长的趋势。[③]

虽然上面说的特征对定义19世纪、20世纪的税收国家有些帮助,但邦尼和奥姆罗德的模型与所有现代化理论研究路径的假设一样存在问题。[④] 邦尼和奥姆罗德的理论意味着,构建出来的特定阶段具有明确可识别的特征。然而这样的模型是通过观察结果来解释转型的,即结果是过渡到一个新阶段。

---

① Reinhard, *Staatsgewalt*, p. 309.

② Schumpeter, 'Die Krise des Steuerstaats', pp. 341—352.

③ Richard Bonney(ed.), *The rise of the fiscal state in Europe*, c. 1200—1815(Oxford, 1999); W. M. Ormrod, Margaret Bonney and Richard Bonney (eds), *Crises, revolutions and selfsustained growth* (Stamford, 1999); and the critique by Hans-Peter Ullmann, 'Überlegungen zur Transformation des Systems der öffentlichen Finanzen in Deutschland seit dem 18. Jahrhundert', *Jahrbuch für Wirtschaftsgeschichte*, 1997, No. 2, pp. 169—178.

④ 马丁·唐顿在这本书中对这种方法进行了区分。

只不过很少有人试图证明这样一种观点：财政金融组织（financial organizations）本身就是一个系统，各种主体（如金融市场和投资者）在其中相互作用，而不仅仅是共存。[①] 因此，历史学家所强调的"税收国家"出现了，并不能说明从16世纪至18世纪产生的国家形式与19世纪、20世纪及21世纪初的国家形式之间有什么区别。此外，有关从1800年前后以来的历史变迁问题，也没有出现在他们的历史描述中。因此，"税收国家"有点像是一个非历史（ahistorical）的概念，从中剥夺了语境（contextualization）。[②] 比较方法，只是强化了人们运用历史模型所进行的思考。[③]

在我们看来，更详细地研究变化过程，而不是假定从一个阶段过渡到下一个阶段，对历史学家来说似乎是更加有益的选择。在这些变化过程中，思想的传播发挥了关键的作用。但是思想本身无法产生影响，它们需要在特定的政治、社会、经济制度中找到共鸣，特别是，它们必须在决策机构中找到共鸣。[④] 不同形式的财政思想与参与财政制度演变的不同个人群体（纳税人、财政专家、行政人员、政治家）有关，这些不同的个人群体都是财政思想转变的最重要参与者。

要理解这些思想，还必须跟经济与政治生活中所谓"坚硬的事实"联系起来。更广泛的宗教、哲学、经济、政治争论与有关税收的争议密不可分。同样地，经济现实和经济利益的必要性也不可能与财政思想的影响截然分开。约翰·肯尼斯·加尔布雷斯（John Kenneth Galbraith）在谈到经济和政治决策

---

① Cf. Franklin Allen and Douglas Gale, *Comparing financial systems* (Cambridge, Mass., 2000).

② Cf. Kersten Krüger, 'Public finance and modernisation', in Peter-Christian Wltt (ed.), *Wealth and taxation in central Europe* (Leamington Spa, 1987), pp. 49—62; Hans-Peter Ullmann, *Der deutsche Steuerstaat. Geschichte der öffentlichen Finanzen* (Munich, 2005), pp. 8—9.

③ Cf. for example, Orhan Kayaalp, *The national element in the development of fiscal theory* (London, 2004); Eckart Schremmer, 'Taxation and public finance: Britain, France, and Germany', in Peter Mathias and Sidney Pollard (eds), *The Cambridge economic history of Europe*, vol. 8 (Cambridge, 1989), pp. 315—494; Sven Steinmo, *Taxation and democracy: Swedish, British and American approaches to financing the modern state* (New Haven, 1993); Carolyn Webber and Aaron Wildavsky, *A history of taxation and expenditure in the western world* (New York, 1986).

④ Cf. Mary O. Furner and Barry Supple, 'Ideas, institutions, and state in the United States and Britain: an introduction', in idem (eds), *The state and economic knowledge. The American and British experiences* (Cambridge, 1990), pp. 3—39.

时写道，“现实生活中盛行的不是现实，而是当前的时尚和金钱利益。”[①]如果要充分理解财政思想对财政历史的影响，就需要探索财政思想的“当前时尚”与关乎经济考虑的“金钱利益”之间的相互作用。与经济发展一样，财政思想也超越了国界的范围。

税收思想的传播结果很少会直接予以实施。如果一种税收制度或税收模型确实传播了，那么它往往也会被扭曲，而形成的结果自然与最初的模型不同。与早期的财政社会学家一样，我们发现财政和税收一直是经济、社会、政治、文化交汇的中心领域。对税收的全球争论，揭示了政治、经济、社会、文化的变化。[②] 这些变化常常破坏政治制度的稳定，刺激或阻碍经济制度的发展。它们与具体的和明确可辨认的政治决定有关，而这些决定选择了某些模式，拒绝了其他模式。最为重要的是，它们与经济挑战有关。战争及其所需的财政资源，常常促使政府寻求国家财政模式。[③]

对“税收国家”发展的这些考察，也暗示了一个更为复杂的国家概念。在19世纪和20世纪税收历史学家们对此概念的接受相当缓慢。本书收录的文献背后有一个假设，即应该分解“税收国家”这一概念。在对国家开展历史的和社会学的一些研究中，有一种倾向是将“国家”视为具体化的实体，对此我们打算反对。[④] 国家既不是自然的有机体，也不是形而上学的存在，而是在政治权力和人类行为过程中所产生的智力概念。“国家”只作为纸面上的概念单位和历史抽象存在：没有人见过“国家”。我们只能把它的官僚机构看作是国家权力的象征，

---

① John Kenneth Galbraith, *The economics of innocent fraud* (London, 2004), p. 5.

② Cf. Gustav Schmoller, 'Historische Betrachtungen über Staatenbildung und Finanzentwicklung', *Schmollers Jahrbuch*, 33(1909), pp. 1—64; Werner Plumpe, "Gustav von Schmoller und der Institutionalismus", Geschichte und Gesellschaft, 25(1999). pp. 252—275; John L. Campbell, "The state of fiscal sociology", *Annual Review of Sociology*, 19(1993), pp. 163—185.

③ Cf. Alan Milward, *The European rescue of the nation-state* (London, 1992); William Wallace, 'Rescue or retreat? The nation state in Western Europe, 1945—1993', *Political Studies*, 42(1994), pp. 57—76.

④ For critiques cf. Timothy Mitchell, "The limits of the state: beyond statist approaches and Thier critics", *American Political Science Quarterly*, 85(1991), pp. 77—96; and idem, "Society, economy, and the state effect", in George Steinmetz(ed.), *State/culture: state formation after the cultural turn* (Ithaca, NY, 1999), pp. 76—97; Andreas Osiander, 'Sovereignty, international relations, and the Westphalian myth', *International Organization*, 55(2001), pp. 251—287.

而且我们知道国家主权就是那些行使政治权力的人对权威(authority)所做的要求。[①] 历史学家的任务是揭示在发展过程中的动力(dynamic)以及由此发生的各种争议的历史色彩。因此,我们认为,各国政府和官僚机构会接触到其他政府和官僚机构的指导思想及实践模式,如果不考虑接触的方式,我们就无法理解国家(以及民族)的现代形式是如何出现的。然而,矛盾的是,与其他国家的这种接触往往又带来了国内政府和官僚机构的强化。[②] 我们认为,正是这种悖论定义了现代国家在税收和公共财政领域的特征。本书汇集的论文研究了影响这一过程的各种决定因素(parameters),并表明:作为概念单位的"税收国家",它的出现和巩固过程本身具有高度的动态性和竞争性;正是在这一过程中,有关税收思想的传播发挥了关键的作用。

现代国家发展具有悖论性质的主要原因是,从历史上看,作为对同一国际经济形势的反应,有关财政改革的争论通常在几个国家或边界两侧地区同时展开。然而,正如尼尔·弗格森(Niall Ferguson)所展示的那样,这种"资金联结(cash nexus)"从来都不是决定性的,而是受到许多其他因素的影响。[③] 相互考察的过程,往往与涉及多个国家的战争有关。由于决策者认为提高财政收入的能力对战争结果有决定性的作用,因此财政竞争往往是战争的一部分。模仿对手和盟友在财政上的做法是战争时期制度创新的重要组成部分。与战争一样,诸如自然灾害和基本经济转型等其他的"国家紧急情况",也并不局限于国界范围内。所有这一切意味着,可以从我们的描述中浮现出一个模糊的画面:政府、官僚机构、国家的适应力和实力,有能力伴随着模式和理念而令人吃惊地渗透到各国的边界。今天,有关税收的思想在国界内外的传播比以往任何时候都更加复杂。

---

① Reinhard, *Staatsgewalt*, p. 18; Thomas J. Biersteker and Cynthia Weber (eds), *State sovereignty as social construct* (Cambridge, 1996); James J. Sheehan, 'The problem of sovereignty in European history', *American Historical Review*, 111(2006), pp. 1—15.

② Cf. Patrick Karl O'Brien, 'State formation and the construction of institutions for the first industrial nation', in Ha-Joon Chang (ed.), *A world of differences: institutional diversity and development* (Tokyo, 2006, forthcoming).

③ Niall Ferguson, *The cash nexus. Money and power in the modern world* 1700—2000 (Harmondsworth, 2002), p. 14.

税收思想的传播和政治合法性

本书中的文献表明,税收思想的传播不能脱离政治合法性问题,这也是本书的第三个贡献。为了在国内争取政治合法性,政府才向海外寻求专业知识和诀窍,而且,在此过程中的相互观察,经常被用来作为政治合法性斗争的论据,即使实际上并没有任何具体的实物被转移。这就让税收思想的转移变得繁琐和不可预测。正如迈克尔·布莱迪克(Michael Braddick)、马丁·唐顿、尼尔·弗格森和汉斯—彼得·乌尔曼(Hans-Peter Ullmann)所指出的,寻求政治合法性在促进财政发展方面发挥了关键性的作用。税收与欧洲国家政治制度的性质密切相连,而这样的相连并不是预定的,而是复杂的政治谈判的结果。① 因此,关于税收合法性的经济理论并不足以解释财政的发展。这些理论,要么假设政治家们希望最大化税收收入并支出更多,而民众或者纳税人则希望降低税负并限制政府支出(公共经济学的弗吉尼亚学派就采用了这一思路),要么假设个人纳税人在面对要不要缴税时能够做出理性判断。② 但是,正如本书的章节所展示的,起决定作用的是政治行动者如何看待政治合法性,而这往往与坚硬的经济事实及国家政策没有直接的关系。③

---

① Michael J. Braddick, *The nerves of state: taxation and the financing of the English state, 1558—1714*(Manchester, 1996), pp. 180—201; Daunton, Trusting Leviathan, p. 5; *Ferguson, Cash nexus*, pp. 81—106; Ullmann, *Steuerstaat*, pp. 10—11; Matthew Vester, 'The political autonomy of a tax farm: the Nice-Piedmont gabelle of the Dukes of Savoy, 1535—1580', *Journal of Modern History*, 76 (2004), pp. 745—792.

② Cf. Daunton, *Trusting Leviathan*, pp. 8—9 and James M. Buchanan and Gordon Tullock, *The calculus of consent: logical foundations of constitutional democracy* (Ann Arbor, 1962); Geoffrey Brennan and Loren Lomasky, *Democracy and decision: the pure theory of electoral preference* (Cambridge, 1993). For a critique cf. Ferguson, *Cash nexus*, pp. 224—242.

③ 对于一种理论方法, cf. Kenneth G. Binmore, *Game theory and the social contract: playing fair* (Cambridge, Mass., and London, 1994) and Margaret Levi, 'The state of trust', in Valerie Braithwaite and idem(eds), *Trust and governance* (New York, 1998), pp. 77—101; Robert D. Putnam, *Making social democracy work. Civic traditions in modern Italy* (Princeton, 1993); idem, *Bowling alone. The collapse and revival of American community* (New York, 2000) and the sophisticated critique by Simon Szreter, 'The state of social capital: bringing back in power, politics, and history', *Theory and Society*, 31(2002), pp. 573—621.

这一进程本身受到了现代官僚制的发展、财政国家的成长以及相应的思想基础的制约。直到 1800 年左右，官僚的实践和对合法性的关注，仍然允许直接采用别国的税收思想。然而，自 19 世纪以来，政治合法性的问题、既定的官僚惯例和规范以及(并非不重要的)经济和财政条件等，这些合在一起，已不利于不同国家思想的直接传播。从 19 世纪中叶到现在，税收思想的传播，更多的是通过成为讨论的政治论据而不是通过人员或行政技术的直接转移来推动发展。

因此，税收思想的传播与社会政治自我观察的进程密切相关，这是现代社会的特点。自 19 世纪中期以来，经济学家和法律学者对财政制度发展的解释是这一过程的一部分。① 同样，收入和支出统计数据的产生(根据不同的社会经济标准进行分类)，也有助于把更模糊、更不稳定的经济、政治、社会现实具体化。② 从 19 世纪中期开始，随着民族和国家的结合，民族特征被引入这些有关税收的跨国争论中。③ 正如茱莉亚·摩西(Julia Moses)所指出的那样，特定的社会福利发展以及财政税收制度，现在被赋予了民族的特征，并成为政治讨论的论据。至少从 19 世纪 50 年代开始，它们就逐渐凝聚为民族主义"模式"，并成为财政政治讨论的论据。④ "模式"思想，意味着存在一种现代化理论的历史观。这里的假定是，如果采用某些措施，就可以实现朝向某一特定目标的进展。⑤ 这样的论点，常常深深植根于民族国家之间

---

① Cf. Erik Grimmer-Solem, *The rise of historical economics and social reform in Germany* 1864—1894(Oxford, 2003).

② Cf. Silvana Patriarca, *Numbers and nationhood. Writing statistics in nineteenth-century Italy* (Cambridge, 1996); J. Adam Tooze, Statistics and the *German state*, 1900—1945. *The making of modern economic knowledge*(Cambridge, 2001). idem, Imagining national economies: national and international economic statistics, 1900—1950, in Geoffrey Cubitt(ed.), *Imagining nations* (Manchester and New York, 1998). pp. 212—228; Lawrence Goldman, *Science, reform, and politics in Victorian Britain: the Social Science Association*, 1857—1886(Cambridge, 2002).

③ Cf. on the general issues John Breuilly, *Nationalism and the state* (Manchester, 2nd edn, 1993); Istvan Hont, Permanent crisis for a divided mankind: Contemporary crisis of the nation in historical perspective, *Political Studies*, 42(1994), pp. 166—231.

④ Cf. J. M. Moses, "'Foreign' models, welfare politics, and the nexus of modernity in Imperial Germany"(forthcoming); Silvana Patriarca, 'Indolence and regeneration: tropes and tensions of Risorgimento patriotism', *American Historical Review*, 110(2005), pp. 380—408.

⑤ 关于最近的例子，cf. David C. Engerman et al. (eds), *Staging growth: modernization, development, and the global Cold War*(Boston, 2003).

的政治和经济竞争中。[①] 事实上,相互观察变成了民族国家之间相互竞争的一部分;从民族模式的角度来思考,目的是说明民族的优越性或者必须加以克服的劣势。因此,描述他者成为赢得自己国家认同的关键特征,而增加的相互观察只会让这一点变得可能。[②]

外国模式可能被用来作为推进发展的理由,也可能被用来作为一种威胁。当政府和决策者在国内无法为自己的想法找到支持时,他们就会到国外寻找模式和建议。在这方面有一个经典案例,那就是 18 世纪中期的普鲁士税务局。它与中世纪和早期现代传播的税收形式一致。[③] 相比之下,在殖民和后殖民时代,税收思想的传播就缺乏足够的政治合法性,例如,增值税(VAT)分别在 20 世纪 70 年代和 80 年代传播到韩国和加纳,常常造成灾难性的后果,原因在于相关政府的财政状况、政治合法性以及由此造成的这些国家的政治稳定性的差异。

正如弗朗西斯·林奇的文章所表明的,西欧的民族国家仍未成为一个"决策空间"和"身份空间"。[④] 事实上,争论在性质上只不过变成了另一种更为复杂的相互观察和交流的形式。林奇指出,当前的政府已经从直接影响经济事务转变为仅就如何最好地影响市场进行沟通。正是这种沟通导致与来自其他国家的思想观念的接触,并进而成为某些相关税收制度当前的时尚,例如自 20 世纪 60 年代以来从西欧引入的增值税。在这样的发展过程中,专家的知识越来越重要,专家们也开始在政策制定中发挥至关重

---

① 关于 19 世纪在德意志帝国内部的税收竞争,cf. Mark Spoerer, 'Wann begann der Fiskal-und Steuerwettbewerb? Eine Spurensuche in PreuBen, anderen deutschen Staaten und der Schweiz', *Jahrbuch für Wirtschaftsgeschichte*, 2(2002), pp. 35—59.

② Cf. J. M. Moses, 'German national identity and the international development of social welfare, 1880—1916'(unpublished M. Phil. thesis, University of Oxford, 2004); Mark Hewitson, *National identity and political thought in Germany: Wilhelmine depictions of the French Third Republic*, 1898—1914(Oxford, 2000); Harold James, *A German identity*, 1770 *to the present day*(London, 1989).

③ Ferguson, *Cash nexus*, p. 57; Christopher Dyer, *An age of transition? Economy and society in England in the later Middle Ages*(Oxford, 2005), pp. 111—113.

④ Cf. Charles S. Maier, 'Consigning the twentieth century to history: alternative narratives for the modern era', *American Historical Review*, 105(2000), pp. 807—831.

要的作用。[①] 但是，专家不再仅仅是信息的提供者，而且也成为政治合法性的资源。专家意见成为政治权力的一种资源，赋予特定的决定以必要的合法性。[②] 然而，利用外国模式的想法，掩盖了引发变革的动机来自国内，而且与特定的经济和社会利益还有政治意识形态、政党密切相连。

正如马丁·唐顿所证明的，这一趋势有一个例外就是大英帝国（British Empire），它把自己的税制思想强加给殖民地，而这往往因政治合法性问题带来灾难性的后果。[③] 这一点非常重要，正如艾略特·布朗利在自己的有关第二次世界大战后美国向日本派出舒普使团的文章中指出的，美利坚帝国为自己的目标创造合法性的成就并没有获得圆满成功，反而引发了一场有关日本经济"美国化"是否具有优点的政治争论。

结　论

这本书寻求的更多是引发问题和争论，而不是给出粗略而现成的答案。我们能从这些故事中学到些什么？这些故事向国际货币基金组织、世界银行、各国政府的决策者发出了警告。只有在理解官僚机构、经济、社会、政治制度是一个复杂的整体之后，才有可能引入新的税收制度。政策制定者、经济学家、财政社会学家、（最后但并非最不重要的）历史学家，应该打开国家的"黑

① Cf. Michael J. Lacey and Mary O. Furner, 'Social Investigation, social knowledge, and the state: an introduction', in idem (eds), *The state and social investigation in Britain and the United States* (Cambridge, 1993), pp. 3—62; Lutz Raphael, 'Die Verwissenschaftlichung des Sozialen als methodische und konzeptionelle Herausforderung fiir eine Sozialgeschichte des 20. Jahrhunderts', *Geschichte und Gesellschaft*, 22(1996), pp. 165—193; Margit Szöllösi-Janze, 'Wissensgesellschaft in Deutschland. überlegungen zur Neubestimmung der deutschen Zeitgeschichte über Verwissenschaftlichungsprozesse', *Geschichte und Gesellschaft*, 30(2004), pp. 277—313; Lawrence Goldman, 'Experts, investigators, and the state in 1860: British social scientists through American eyes', in Lacey and Furner(eds), *The state and social investigation*, pp. 95—126; for a more recent period, Alexander Nützenadel, *Stunde der ökonomen. Wissenschaft, Politik und Expertenkultur in der Bundesrepublik* 1949—1974 (Göttingen, 2005).

② Cf. Stephen Hilgartner, *Science on stage. Expert advice as public drama* (Stanford, 2000).

③ 关于大英帝国信息收集的重要性，cf. C. A. Bayly, *Empire and information. Intelligence gathering and social communication in India*, 1780—1870(Cambridge, 2000).

箱”,在寻找过去和其他国家的经验教训时,要更多地关注“知识的小工具”[1],将其作为政治权力、经济权力以及合法性的一种来源。

① Peter Becker and William Clark(eds), *Little tools of knowledge. Historical essays on academic and bureaucratic practices*(Ann Arbor, 2001).

第一部分

战争和占领的挑战

2 欧洲18世纪的区域交流和税收模式:以意大利地籍簿为案例

克里斯汀·勒博(Christine Lebeau)

19世纪上半叶,欧洲许多国家(法国、奥地利和德意志诸邦的大部分国家——英格兰是一个明显的例外)为了建立土地税制,对土地进行了几何测量。事实上,第一届国际统计大会(1853年)通过的一项决议,就支持根据陆地地图实施地籍测绘和估价。实施地籍测绘,并将其作为引进工业、征收土地税的基础,可以仅从国家历史的角度来考察,也可以从帮助我们追溯行政管理传播的漫长历史的角度予以考察。这一传播在1750年之后因重大的财政改革而加速。[①] 安东内拉·埃里门特(Antonella Alimento)和吉恩·尼古拉斯(Jean Nicolas)注意到,在欧洲各地那一时期出现了许多类似的决策,且由同样的财政、行政、中央主推、现代化等力量驱动。[②] 随着西班牙王位继承战争

---

① 这项决议在1698年被皮埃蒙特王国采纳,1714年至1715年被加泰罗尼亚采纳,1718年被米兰公国采纳,1728年被萨沃伊公国采纳,1749年被西班牙采纳,1763年后法国对这些计划进行了讨论,1770年被巴登的总督和托斯卡纳大公国采纳,而且从1785年开始被哈布斯堡君主国采纳。土地地籍1817年在奥地利—波希米亚国家以及1849年在匈牙利建立。在1810年法国政府第一次尝试后,托斯卡纳地籍在1817年建立。1850年,地籍在法国建立完成。对于国家视角,cf. Guido Quazza, *Le riforme in Piemonte nella prima metà del settecento*(Modena,1957);Sergio Zanineili,*Il nuovo censo dello Stato di Milano dall'editto del* 1718 *al* 1733(Milan,1963);Renato Zangheri,'l Catasti',in Ruggiero Romano and Corrado Vivanti(eds),*Storia d'Italia*(Turin,1973). V,pp. 761—806. 对于国家视角的评论,cf. Leandro Conte,'Il Catasto Lorenese',in Aldo Fratoianni and Marcello Verga(eds), *Pompeo Neri*(Castelfiorentino,1992). pp. 377—390.

② Jean Nicolas,*La Savoie au XVIIIe siècle. Noblesse ec bourgeoisie*(Paris,1978),1,p. 126. A more general presentation by Antonella Alimento,'Entre justlce distributive et développement economique:la lutte pour la création de cadastres généraux au 18e siècle',in Luca Mannori(ed.), *Kataster und moderner Staat in Italien,Spanien und Frankreich*(18. *Jh.*)(Baden Baden,2001),pp. 1—28.

(1705—1714)的爆发,欧洲国家的财政负担首次开始加重,仅靠传统的国家收入来源——领地(王权,regalia)已无法维持。新朝代的建立加剧了政治危机,也因此打破了传统使用领地的方式,并侵占了教堂的地产。统而言之,这些因素解释了前面所说的决策中的相似性,但并没有解决以下问题:第一,财政领域内的行动者怎么会去详细调查土地而非去征收消费税呢?第二,通过什么方式和什么渠道,个人的交流开始让位于思想和实物的流通?第三,更普遍地说,公共实践是如何成为科学研究的对象的?①

这一章的目的是要解释在意大利一种与战争局势密切相关的实践,如何于1750年后得以改进并被采纳为一种行政模式。本章将展示它是如何从一个地方传播到另一个地方,以及它是如何通过复杂的外交关系网络和文字交流而成功地变成一种惯例和公共知识的,在此过程中它还放弃了过去几十年曾保护地籍免予争论的那些保密屏障。于是,几何测绘和地籍调查超越了国家边界,并成为行政当局反对经济学家的观点的政治工具。

从皮埃蒙特王国到米兰地区:逐步交流

从土地保有(holding)环节而不是对人征税来增加财政收入,这样的想法由来已久。以皮埃蒙特为例,作为意大利处于政治分裂时期北部地区较为重要的领土之一,它颁布了两项法令(分别于1584年3月27日和1600年5月1日),要求建立土地和土地所有者的登记制度。尽管审计办公室对此很警惕,且首席审计师卡普雷(Capré)发展出审计账簿,但皮埃蒙特的第一本地籍没有详细的地图,因此对现实状况的反映自然很差。在意大利或法国—意大利的实践[地方行政长官布舒(Bouchu)试图在多菲内(Dauphiné)也这么做],可用来解释为什么17世纪末期意大利和法国对土地测量重新燃起兴趣。②

---

① 在18世纪,消费税还没有得到普遍认可。参见本卷佛罗莱恩·舒伊的论文,以及 Andreas Schwennicke, *Ohne Steuer kein Staat. Zur Entwicklung und politischen Funktion des Steuerrechts in den Territorien des Heiligen Römischen Reichs*(1500—1800)(Frankfurt/Main, 1996), p. 309.

② 地方行政长官是高级皇家官员,除其他事务外,他们负责各省大部分的财政管理工作。

地理邻近似乎是1718年米兰做出相同决定的原因。[①] 1709年,出生于皮埃蒙特的德·普拉斯伯爵(the Count de Pras)向奥地利驻米兰的总督欧根(Eugène)提出了一项征税建议。事实上,这个建议只不过是抄袭法国沃邦(Vauban)元帅的"王国什一税(Résumé de la Dime royale)"计划。[②] 自1699年以来,这位元帅一直是法国科学院的院士,他帮助巩固了法国一方的萨沃伊(Savoy)边界,并与都灵(Turin)宫廷建立起直接的联系。[③]《王国什一税》这本书是私下流传的,它实际上反对进行土地调查,因为调查成本高得让人望而却步,而且只能短时间发挥作用。但在1707年,这本书仍然冲击了接受者的感官;而在作者去世后,其令人讨厌的名声进一步扩大。[④] 帕尔马的团体(the communities of Parma)最终揭露,普拉斯伯爵不为人知地借用了沃邦的文本内容。由于普拉斯的兄弟担任法国驻都灵的外交调停人,于是这些团体称这是法国人企图增加税收的阴谋。[⑤] 虽然这篇剽窃的文章最初产生了争议,但它后来带来了改革,这正是《王国什一税》的写作目的。米兰的团体也表达了他们的不满,不过同意在1718年底成立一个委员会来更新可追溯到查理五世的已有地籍,而不是开征新的税收。

米兰样式的地籍簿,在后来皮埃蒙特的土地调查中也发挥了相当大的作用。从1699年至1711年,皮埃蒙特行政当局在没有绘制土地地图、未排除领主和教会权利的情况下,对尼斯公国(Duchy of Nice)及皮埃蒙特的库尼奥(Cuneo)省和蒙多维(Mondovi)省的土地面积进行了核实,计算了土地价值及应税收入。在分别于1728年和1731年颁布法令后,皮埃蒙特的地籍测量重新开始,只在战争期间中断。以此为前提,1731年5月5日的一项法令规定,必须在都灵和尚贝里(Chambéry)保留一份登记册。该登记册列出和描述所

---

① Zaninelli,II nuovo censo,pp. 18—20.

② 文本由赛尔吉奥·扎尼内利(Sergio Zaninelli)转载,'Un progetto d'un nuovo sistema di Taglia da pratticarsi nello Stato di Milano del 1709',*Archivio storico Lombardo*,87(1960),pp. 535—586,here pp. 562—569.

③ Michèle Virol,*Vauban. De la gloire du roi au service de I'État*(Seyssel,2003),p. 285.

④ Vauban,Projet d'une dime royale,in Eugène Daire(ed.),*Economistes financiers du XVIIIe siècle*(Paris,1843),p. 37.

⑤ Zaninelli,'Un progetto'and Archives du Ministère des Affaires Étrangères(AAE),Paris,Correspondance Politique(henceforth CP) Sardaigne 237.

有的地块，载明土地的大小、种植作物的种类、土地拥有者的姓名等。该法令还规定制作一份地图，该地图必须包括详细的几何测量数据。在那时，人们谴责土地估值过程中让人费解的保密行为。[①] 由于人们不信任这项新税，于是他们伪造姓名，隐瞒有关共同所有权的信息，或者本人逃离以避税。这一次的实际调查，也没有考虑土地估价、海拔变化、地貌、作物种类、连接道路和市场通道等。皮埃蒙特制定的地籍簿以经验为依据，但由于方法不定并做了各种修正，让皮埃蒙特自身的实践（比如在估价时根据民众的身份而不是土地）出现了巨大的差异。在萨沃伊和1738年新兼并的省份也有这样的做法：萨沃伊进行了全面但有缺陷的土地调查，而新兼并的省份则按照米兰的方法进行估价。

皮埃蒙特地图是由来自米兰的土地测量师和数学家组成的团队绘制的。[②] 绘制的技术诀窍首先是在意大利的领地内发展起来的。米兰的土地测量师们第一次在佩鲁贾（Perugia）集中。在这里，安德烈・基耶萨（Andrea Chiesa）监督了详细的土地调查。他们还在博洛尼亚（Bologna）会面，邦孔帕尼（Boncompagni）的主要合作伙伴乔凡尼・坎托尼（Giovanni Cantoni）在那里发明了米兰式的地籍簿。最后，他们在法国会面，那时土地专家已经抵达，这些专家参与了米兰和皮埃蒙特广泛的地籍调查。因此，在皮埃蒙特随后的土地调查和更加广泛的地籍调查中，米兰式地籍簿发挥了相当大的作用。[③]

这里有两个因素值得考虑：第一，现时代国家的复合性质（composite nature）鼓励了行政文化的发展，并在财政科学本身尚未法律化之时促进了国家行政人员的活动；第二，地理上邻近具有重要性。马克・布洛赫（Marc Bloch）

---

① Isabella Ricci，'Perequazione e catasto in Piemonte nel secolo XVIiI'，in Carlo Carozzi and Lucio Gambi(eds)，*Città e proprietà immobiliare in Italia negli ultimi due secoli*(Milan，1981)，pp. 133—152（附有一些地图复制品）；Daniele Borioli，Magda Ferraris，Antonio Premoli，'La perequazione dei Tributi in Piemonte sabaudo e la realizzazione della riforma fiscale nella metà del XVIIi secolo'，*Bollettino storico-bibliografico subalpino*，88(1985)，pp. 131—211 and Nicolas，*La Savoie au XVIIIe siècle*，I，p. 127.

② 雷纳托・赞盖里（Renato Zangheri）指出，事实上测量技术可以追溯到18世纪，'I catastli'，pp. 764—765.

③ 1731年的法令是由维托里奥・阿梅迪奥二世（Vittorio Amedeo II）的儿子查理三世（Charles III）颁布的。Ricci，'Perequazione'，p. 137. Nicolas，*La Savoie*，p. 126. 布里奥尼（Borioli）等人详细描述了这一过程，'La perequazione'，pp. 174ff.

提到过这是一个值得研究的因素。[①] 事实上,隶属于皮埃蒙特王国的萨伏伊紧挨着多菲内,而奥地利统治下的米兰地区毗邻皮埃蒙特王国。尽管政治关系不稳定,但是思想和技术在这样一个有限区域内逐渐发展起来。此处可以将其界定为意大利式。

18 世纪初,无论是在维也纳还是在巴黎,采用地籍簿作为财政工具都是不可行的。查尔斯六世和后来的玛丽娅·特蕾莎(Maria Theresa)[②]下令对他们现有的土地登记册进行审查,但这些审查只不过更新了已有的名单。法国的行政官员厌倦了地籍的概念,转而支持"指数化的土地税"(taille tarifée)。不同形式的土地税,成为法国最重要的直接税。"指数化的土地税"是一个改革项目,其目的是通过改变对不同类型收入的评估并限制财政特权,以更加公平地分配税收负担。[③] 将土地调查作为一种工具来使用的想法,之所以能传播到意大利领地以外,还因为其他因素的介入。

政治经济学和税收政策

从 18 世纪中期开始,以经济为主题的书籍开始在培养和管理行政事务的那些发起者中发挥了更大的作用。法国派往皮埃蒙特和撒丁岛的代表团组织者亨利·德·奥梅松(Henry d'Ormesson)仍然只能依赖于韦利(Velly)的《法兰西史》一书来获取财政信息。[④] 然而,1763 年,代表团的联合组织者特鲁

---

① Marc Bloch,'Pour une histoire comparée des sociétés européennes'. *Revue de synthèse historique*,28(1928). pp. 15—50.

② 玛丽娅·特蕾莎,1717—1780,奥地利女大公,匈牙利和波西米亚女王。——译者注

③ Mireille Touzery,*L'invention de I'impôt sur le revenu. La taille tarifée*,1715—1789(Paris,1994).

④ 'Notes sur la jurisprudence et les finances tirées de I'Histoire de France de I'abbé Velly et de Villaret','Notes sur les finances de I'histoire de France de Garnier','Notes sur les finances tirées de I'histoire de France de I'abbé Velly',Paris,AN,Archives Lefèvre d'Ormesson,144 AP 126—128. 1774 年,亨利四世—弗朗索瓦—德—波勒—勒费夫尔—多麦颂(Henry IV-Francois-de-Paule Lefèvre d'ormesson)(1751—1808)接替他的父亲玛丽—弗朗索瓦—奥勒—保罗—勒费夫尔—多麦颂(Marie-Francois-de-Paule Lefèvre d'ormesson)(1710—1775),自 1756 年起担任首席财务总监。1783 年,他成为财政大臣。Francoise Mosser,*Les intendants des finances au XVIIIe siècle. Lesfèvre d'ormesson et le département des impositions*(1715—1777)(Geneva,1978).

达尼·德蒙提尼(Trudaine de Montigny)已经收藏了大量的政治经济学方面的书籍。维也纳审计署的署长路德维希·冯津赞多夫(Ludwig von Zinzendorf)也是如此,他派自己的兄弟卡尔(Karl)到意大利查阅米兰的地籍簿。那么,自沃邦以来,政治经济学是如何有益于税收理论的?[①] 就土地地籍簿的问题,政治经济学又发表了怎样的观点?

尤斯蒂(Justi)是维也纳特莱西亚努姆(Theresianum)的一名官房学(政治经济学)教授,是编写财政科学综合手册的第一人。在离开意大利之前,作为奥地利贸易委员会成员,卡尔·冯津赞多夫曾经使用过这本手册。[②] 该书的目的是分析税收的性质,并没有给出具体的例子。该书声称,分析税收不能再局限于领地内,而必须扩展到国家的臣民。在组成德意志主体的各乡村邦国,这种税收必然是基于土地而获得的特定收入来源。此外,根据尤斯蒂的说法,只有按地籍征税才能实现财政公平。[③]

尤斯蒂设想中的地籍具有以下特点。除了土地所有者登记册(Fund-und Lagerbücher)外,登记簿还应包括由君主授权的测量人员对地块所做的全面调查,以及对房屋数量的指标显示。[④] 这些调查结果将由一个特别委员会每8年或10年审查一次,而每40年必须进行一次新的地籍调查。[⑤] 这么做是要

① 关于经济的书籍占特鲁达内·德·蒙蒂尼(Trudaine de Montigny)图书馆售品目录的7%,cf. *Notice des douze premières vacations des livres de la bibliothèque de feu M. Trudaine*(Paris,1777).关于卡尔·冯·津赞多夫(Karl von Zinzendorf)对有关经济著作的使用,Christine Lebeau, *Aristocrates et grands commis à la Cour de Vienne*(1748—1791). *Le modèle francais*(Paris,1996).

② 约翰·赫恩里奇·戈特洛布·冯·贾斯蒂(Johann Heinrich Gottlob von Justi)(1717—1771)在1748年作为奥地利改革之父Haugwitz伯爵的家庭教师时开始了他的经济学家生涯。后者于1751年委托他在由马拉—特蕾西亚(Marla-Theresia)创办的贵族学院特蕾西亚学院(Theresianum)教授财政科学。被解除职务后,他在1756年到1760年间居住在萨克森州(Saxony),并试图在那里找到一个职位,最终,他进入普鲁士的行政部门,随后因挪用公款入狱。

③ Johann Heinrich Gottlob von Justi, *Staatswirtschaft oder systematische Abhandlung aller oekonomischen und Cameral-Wissenschaften, die zur Regierung eines Landes erfordert werden*(Leipzig,1755),11,p. 287ff.

④ Johann Heinrich Gottlob von Justi, *Staatswirtschaft oder systematische Abhandlung aller oekonomischen und Cameral-Wissenschaften, die zur Regierung eines Landes erfordert werden*(Leipzig,1755),11,p. 236.

⑤ Johann Heinrich Gottlob von Justi, *Staatswirtschaft oder systematische Abhandlung aller oekonomischen und Cameral-Wissenschaften, die zur Regierung eines Landes erfordert werden*(Leipzig,1755),11,p. 241.

把地产划分为三类:普通、一般、良好,分类时要考虑土地的状况,特别是涉及君主家族土地之时。这项工作的目的是要确定缴款额应是土地净产值的1/4、1/5还是1/6。[①] 在1762年出版的一本书中,尤斯蒂对沃邦提出了批评。在他看来,《王国什一税》不仅不能保证财政公平,而且更重要的是,其复杂性是一个无法逾越的障碍。[②] 然而,尤斯蒂的立场仍然是孤立的,即使在采用借款方案为七年战争(the Seven Years War)融资的维也纳也是如此,而在其他思维方式占上风的法国更是如此。[③]

在意大利,卡洛·安东尼奥·博洛吉亚(Carlo Antonio Broggia)在1743年出版于那不勒斯的著作《关于税收的论文》(*Trattato dei Tributi*)中,仍然对前述意大利登记册的准确性表示怀疑。[④] 另一方面,吉安·弗朗切斯科·帕格尼尼(Gian Francesco Pagnini)在1765年出版的《什一税》(*Della Decima*)一书中,声称支持普遍的地籍调查,但主张应根据土地所有者的声明来进行,以避免产生测量成本。[⑤] 帕格尼尼注意到恩塞亚达侯爵(Marquis d'Enseňada)所做的报告,其中大部分很可能是由杰罗尼莫·德乌斯塔里(Gerónimo de Ustáriz)撰写的,后者的著作已在意大利的图书馆中发现。德·乌斯塔里引用了查尔斯·德·孟德斯鸠的《论法的精神》、大卫·休谟的《政治论稿》、克劳德—雅克·赫伯特(Claude-Jacques Herbert)的《论粮食贸易秩序》等著作来阐述自己的观点。他从未提及皮埃蒙特人或米兰人的地籍簿,甚

① Johann Heinrich Gottlob von Justi, *Staatswirtschaft oder systematische Abhandlung aller oekonomischen und Cameral-Wissenschaften, die zur Regierung eines Landes erfordert werden* (Leipzig, 1755), 11, p. 239.

② Johann Heinrich Gottlob von Justi, *Ausführliche Abhandlung von denen Steuern und Abgaben nach ächten, aus dem Endzweck der bürgerlichen Gesellschaften abfliessenden Grundsätzen und zur Wohlfahrt der Völker dienlichen Maassregeln* (Königsberg and Leipzig, 1762), p. 20.

③ 关于借款作为资助哈布斯堡联盟战争(War of the League of Habsburg)的一种手段,Lebeau, Aristocrates, and Peter George Muir Dickson, *Finance and Government under Maria Theresia* 1740—1780 (Oxford, 1987).

④ 他的工作被记录在德国:'Notizie', in Pietro Custodi (ed.), *Scrittori classici italiani di economia politica, parte antica* (Milan, 1803—1805), IV.

⑤ (Gian Francesco Pagnini), *Della Decima e di varie altre gravezze imposte dal comune di Firenze. Della moneta e della mercatura de' Fiorentini fino al Secolo XVI* (Lisbon and Lucca, 1765), I. 吉安·弗朗切斯科·帕格尼尼(Gian Francesco Pagnini)自1744年以来一直担任托斯卡纳大公(Grand Duke of Tuscany)的财政大臣。On Pagnini, Luigi Dal Pane, 'Uno storico dell' economia nella Toscana del Settecento: Gian Francesco Pagnini', in *Studi in memoria di Gino Borgatta* (Bologna, 1953). I, pp. 143—169.

至也没有提到过蓬佩奥·奈里(Pompeo Neri)的《报告》(*Relazione*)一书。这本书描述了米兰人的地籍簿。① 不过,我们必须注意到,《什一税》代表了佛罗伦萨财政改革的一种尝试以及一种敌视地籍测量的看法。②

从意大利方面的故事中产生的问题是,有关地籍簿的信息在法国是否得到了更多的发展?在那里,18 世纪 50 年代的这一话题在两个背景下进行了讨论:一个是财政危机的加剧,另一个是财政部部长马肖尔·德阿努维尔(Machault d' Arnouville)实施的"二十分之一税"(vingtiéme)改革。③ 克劳德—雅克·赫伯特支持一般地籍簿。在他看来,这种地籍簿可以作为所有行政事务的基础。但他要求的仅仅是根据土地所有者的声明来建立地籍簿,即按照英国土地税的模式,将许许多多的地块清单合并在一起。④

弗朗索瓦·韦龙·德福尔邦纳(Francois Veron de Forbonnais)在《关于西班牙财政状况的考量》一书中,从财政"原则"的角度分析了西班牙经济衰退的原因。⑤ 根据西班牙经济学家(arbitristas)提供的信息,实际上这是福尔邦纳第一本关于财政科学的手册,之后他又撰写了《关于法国财政状况的考量》。⑥ 福尔邦纳在描述西班牙财政制度的同时也对其提出了一些批评。他认为,间

---

① Pagnini, *Della Declma*, chap. II to IV, especially pp. 31—32.

② G. B. 奈利(G. B. Nelli)支持地籍测量的观点,以及 1769 年至 1770 年间在佛罗伦萨对这两种观点争论的两极化,康特,Conte, *II Catasto Lorenese*, pp. 382—383.

③ *vingtième* 是一种按比例申报的税收,它不仅适用于土地收入,也适用于工业收入。

④ Claude-Jacques Herbert, *Essai sur la police générale des grains, sur leurs prix et sur les effets de I'agriculture*(Berlin, 1755)(Paris, 1910 edn), pp. 123—124. 关于土地税,William Reginald Ward, *The English land tax in the eighteenth century*(Oxford, 1953); John Vincent Beckett, 'Land tax or excise: the levying of taxation in seventeenth and eighteenth century England', *English Historical Review*, 100(1985). pp. 285—308. 我们对 Claude-Jacques Herbert(1700—1758)的职业生涯知之甚少。作为一名财政管理者,他被女婿的破产毁了,并于 1758 年自杀。*Observateur Littéraire* 在 1758 年 7 月 14 日的一封信中声称,他拥有 12 000 册藏书。

⑤ Francois Duverger Véron de Forbonnais(1722—1800)来自勒芒的一个亚麻商人家庭,1749 年在西班牙旅行时代表着家族的利益。1756 年,他成为"法国铸币局监察长",然后是 Moreau de Séchelle 和 Silhouette 的首席顾问。他与百科全书编纂者的圈子有联系。

⑥ Francois Véron de Forbonnais, *Mémoires et considérations sur le commerce et les finances d'Espagne, avec des Réflexions sur la nécessité de comprendre l'étude du commerce et des finances dans celle de la politique*(Amsterdam, 1761), p. 81. Forbonnais 将其论点建立在他对 Gerónimo de Ustáriz's 著作的意译基础上, *Théorie et Pratique du commerce et de la marine*(Paris, 1753), published in Spain in 1724 and, for the catalonian cadastre, on Miguel de Zavala y Aunon's *Miscellanea económico-politica, Ó Discursos varios sobre el modo de aliviar los vassallos con aumento de el real erario*(Pamplona, 1749).

接税是不够的,因为它与纳税人的收入不成比例。他赞同英国经济学家查尔斯·达文南特(Charles Davenant)的观点,强调统一公债(consolidated debt)和国内消费税的增加给纳税人带来了巨大的负担,而这让法国金融家获得了比纳税人更高的利益。福尔邦纳接着证明间接税和土地税是互补的:“对单一税(single tax)的提议,并不像许多人认为的那样对人民有利。”然后他又讨论了1749年的宣言。该宣言要求设立一个特别委员会,目的是制定一种新的土地税,并着手进行调查、申报和核查,为此每年需雇用超过2万人并花费100万皮阿斯特(piastres)。[①] 福尔邦纳的其他论述还有对加泰罗尼亚地籍进行了相当糟糕的历史表达(以patiño为名并为人所知)。他既没有说明核实财产的方式,也没有说明土地估价的方式。[②] 他明确反对单一税,虽然他并没有完全放弃地籍簿的想法,但是将其实施推到了遥远的未来——一个有人能胜任“谨慎审查”的时代。[③] 相反,米拉波侯爵(Marquis de Mirabeau)在1760年出版的《税收理论》(*Thékorie de l'impôt*)一书中却赞扬了单一税,且避免讨论“地籍”的想法(在他看来,在“枯竭状态”下该想法

---

① Francois Véron de Forbonnais,*Mémoires et considérations sur le commerce et les finances d'Espagne,avec des Réflexions sur la nécessité de comprendre l'étude du commerce et des finances dans celle de la politique*(Amsterdam,1761),p. 81. Forbonnais将其论点建立在他对Gerónimo de Ustáriz's著作的意译基础上,*Théorie et Pratique du commerce et de la marine*(Paris,1753),published in Spain in 1724 and,for the catalonian cadastre,on Miguel de Zavala y Aunon's *Miscellanea económico-politica,Ó Discursos varios sobre el modo de aliviar los vassallos con aumento de el real erario*(Pamplona,1749),第168—169页。

② Francois Véron de Forbonnais,*Mémoires et considérations sur le commerce et les finances d'Espagne,avec des Réflexions sur la nécessité de comprendre l'étude du commerce et des finances dans celle de la politique*(Amsterdam,1761),p. 81. Forbonnais将其论点建立在他对Gerónimo de Ustáriz's著作的意译基础上,*Théorie et Pratique du commerce et de la marine*(Paris,1753),published in Spain in 1724 and,for the catalonian cadastre,on Miguel de Zavala y Aunon's *Miscellanea económico-politica,Ó Discursos varios sobre el modo de aliviar los vassallos con aumento de el real erario*(Pamplona,1749),第79页。

③ Francois Véron de Forbonnais,*Mémoires et considérations sur le commerce et les finances d'Espagne,avec des Réflexions sur la nécessité de comprendre l'étude du commerce et des finances dans celle de la politique*(Amsterdam,1761),p. 81. Forbonnais将其论点建立在他对Gerónimo de Ustáriz's著作的意译基础上,*Théorie et Pratique du commerce et de la marine*(Paris,1753),published in Spain in 1724 and,for the catalonian cadastre,on Miguel de Zavala y Aunon's *Miscellanea económico-politica,Ó Discursos varios sobre el modo de aliviar los vassallos con aumento de el real erario*(Pamplona,1749),第185页。

总体上行不通)。[①]

在很大程度上,经济学家说的地籍簿仍是行政人员使用的一个概念。然而,欧洲大多数国家都曾经实行过不同类型的土地税制度,并建立了某种基本的地籍簿。虽然18世纪地籍调查的概念代表了一种走向公平的趋势,但它仍然需要发明实现目标的手段。

对改革的宣传:行政管理者群体的诞生

现在的问题是,为什么是皮埃蒙特和米兰的地籍(而不是加泰罗尼亚的地籍)被当作典范?这与它们的质量无关,而与围绕着它们的公共形象有关。在18世纪真正发生改变的是行政管理者对公众舆论的依赖,后者成为一种激发他们思考的力量。卡尔·冯津赞多夫在从巴黎经由葡萄牙到伦敦这段旅程中只拿到了扎瓦拉(Zavala)的论著。这是一部因福尔邦内的介绍而为欧洲管理者们所熟知的著作。[②] 然而,最大的谜团是卡斯蒂利(Castilian)地籍刚被重新引进,为什么没成为典范。相反,当蓬佩奥·奈里在他的《报告》(1749年应维也纳的意大利议会的要求在米兰出版)一书中讨论这一问题时得到公众支持的是米兰地籍。[③]

《报告》一书集中于猛烈地攻击"糟糕的地方行政人员",不过并没有对如何提出准则作出说明,只是对行政程序作出了严格的说明。这部作品作为一份礼物,由奥地利驻米兰的全权代表费尔米·安伯爵(Count Firmian)提供给途经米兰的行政管理者们,其中有名的是维也纳审计署审计长的兄弟卡尔·冯津赞多夫伯爵(Count Karl von Zinzendorf)、英国首相谢尔本勋爵(Lord

---

① Victor de Riqueti, Marquis de Mirabeau, *Théorie de I'impôt*, 1760(n. d., n. p.), p. 266.

② Karl von Zinzendorf, 6 July, 1767, Vienna, Haus—, Hof— und Staatsarchiv, Tagebuch Zinzendorf, 1767(hereafter Zinzendorf, Tgb).

③ (Pompeo Neri), *Relazione dello stato in cui si trova I'opera del censimento universale del ducato di Milano, nel mese di maggio dell'anno* 1750. *Divisa in tre parti*…(Milan, 1750). 蓬佩奥·奈里(Pompeo Neri)(1707—1776)来自沃尔泰拉一个享有特权的公民家庭。他的祖父是Ferdinand de Medici的天文学家,他的父亲是大公爵的顾问和公法教授。1728年,蓬佩奥接替了父亲的职位。1739年,他成为托斯卡纳财政委员会的成员,并于1749年至1758年在米兰主持人口普查。1758年,他回到佛罗伦萨,在1765年成为内政部长,然后在1769年成为州议会议长。

Shelburne)和法国特使弗朗索瓦—约瑟夫·哈维因(Francois-Joseph Harvouin)。杜尔哥(Turgot)当时是总督,后来成为财政部部长。在财政部的图书馆里该书也已经有了副本。[①] 在米兰,哈维因曾经研究了一个星期,之后提交了一份详细的问卷给米兰管理当局,要求查看"操作的主要指令,诸如建立时的最初决策,以及为了给有关团体及官员的所有操作(发出指令、处理技术、实施评价)提供基础的那些首要的原则"。[②]

1765年,吉安·里纳尔多·卡利(Gian Rinaldo Carli)接管米兰经济委员会之前在《米兰邦人口普查报告》中部分地填补了空白点。[③] 事实上,除追溯由奈里(Neri)编制的米兰地籍史之外,卡利的这本书涉及土地测量和地图制作工作的几何内容,还回答了哈维因之前提出的诉讼解决问题。书中说明,为了处理这一问题,就要建立法庭并实施随之而来的行政改革。不过,这部著作的目的是促进米兰进行财政改革并废除商品税。卡利的《报告》试图同时影响米兰和巴黎的政治舞台。在巴黎期间,他和切雷萨·贝卡利亚(Cesare Beccaria)、阿里桑德罗·维里(Alessandro Verri)一起分发了多本《报告》,后来又提供了一箱子的《报告》。维里的使命是让"米兰学派"闻名于巴黎,以此来巩固米兰的改革趋势。[④]

这一波围绕着米兰地籍簿的宣传,不仅是在呼吁当地的公众舆论,而且目标更明确地指向管理者。[⑤] 管理者的世界是建立在意见基础上的,就像信息的流通受到阻碍的"柏拉图洞穴"一样。每个人都必须小心,以防混淆实际信息和围绕着它的宣传。米兰或者更确切地说是奥地利的管理者,其宣传突出

---

① Takumi Tsuda(ed.),*Catalogue des livres de la bibliothèque de Turgot:d'après un catalogue manuscrit conservé dans la Bibliothéque nationale*(Tokyo,1974—1975).

② 'Premier Journal de la route et du travail de Mr Harvouin Receveur general des finances a compter du 9 juillet 1763',Paris,Archives Nationales,Archives Lefèvre d'ormesson,144 AP = 156 Mi 72,2(henceforth:Harvouin,'Premier Journal').

③ Gian Rinaldo Carli,*Relazione del censimento dello stato di Milano*,in P. Custodi(ed.),*Scrittori classici italiani di economia politica*(Milan,1803—1805),Parte moderna,XIV.

④ Pietro to Alessandro Verri,from Milan,13 November,1766,*Carteggio di Pietro e di Alessandro Verri dal* 1766 *al* 1797(Milan,1923 edn),I,p. 60. On the preparation of the journey by Pietro Verri,C. Capra,*I progressi della ragione:Vita di Pietro Verri*(Bologna,2002),p. 265.

⑤ Sandro Iandi,*II governo delle opinioni. Censura e formazione del consenso nella Toscana del Settecento*(Bologna,2000).

了它的计划,并得到法国管理者的呼应。[①]

一种介于国际关系和文学界内部交流之间的新信息机制,此时正处于发展中。1758至1765年间,任撒丁岛驻法国大使贝利·德索拉尔(Bailli de Solar)的作用,得到了法国发起者的强调。给哈维因的行程预备报告是这样写的:

> (土地税)存在于米兰的各个地区。撒丁岛的国王已经在其领土上建立了土地税。这项工作进行了十年,并且现任驻法大使非常赞赏,认为它可以使国民幸福。获取这个国家好的和富有启发性的历史数据非常重要……撒丁岛大使和其他人一样,似乎乐于提供人们要求的一切信息。[②]

如果不考虑到此处涉及的外交问题的话,那就无法对玛丽—弗朗索瓦—德—波勒·勒菲弗尔·德奥麦颂(Marie-Francois-de-Paule Lefèvre d'Ormesson)和丹尼尔·特吕代纳(Daniel Trudaine)发起的调查做出解释。撒丁岛国王希望为他的盐沼地找到新的市场,因此期盼法国能支持他在皮亚琴察公国(Duchy of Piacenza)的权利要求。[③] 对和平的要求,不仅满足了人们对资金的需求,同时也创造了各种权力关系之间新的可移动性和流动性。通过与法国和撒丁岛签订一系列协议,维也纳也表明并突出了自己的善意。[④]

行政管理者开始出现在外交领域中,尽管带着小心,但派出特定使节时已表明希望排除外交官们,或许还想排除大臣舒瓦瑟尔(Choiseul),以防止他们获得在派遣时偶尔会提供的一些知识。因此,我们可以把派遣哈维因去意大利与卡尔·冯津赞多夫环绕欧洲旅行相提并论。冯津赞多夫是"为数不多的同时了解意大利和荷兰的人之一"。而意大利和荷兰这两个地区在维也纳总理府(State Chancellery)的控制之下,逃脱了审计庭(Auditor's Chambers)的掌控。财政总监(the finance intendant)让—路易·莫罗·德博蒙特(Jean-

---

① 因此,我们必须稍微调整一下安东内拉·阿利曼托(Antonella Alimento)提出的法国独有的观点,"Le rêve de l'uniformité face à l'impôt: le projet du premier cadastre général en France", *Histoire & Mesure*, 8(1993) pp. 387—416.

② Instructions données pour sa mission à M. Harvouin, Paris, Archives Nationales(AN), Archives Lefèvre d'ormesson, 144 AP = 156 Mi 72, 2.

③ Paris, AAE, CP Sardaigne 237 and 238.

④ Harvouin, 'Premier Journal', 19 October, 1763. Cf. Zinzendorf, Tgb, 23 July, 1766.

Louis Moreau de Beaumont)在法国外交官中开始的调查,使得派遣卡尔·冯津赞多夫去欧洲的工作得以合法化。[①] 当然,大使在规则、用法、礼仪、外交计划、地方政治方面仍然是合适的中间人。但是行政管理者试图开辟新的沟通渠道,而大使们却笨拙地试图对此予以控制。因此,法国驻都灵大使乔韦林侯爵(Marquis de Chauvelin)非常愿意谈及"帕朗事件(Parent affair)"。该事件是以一位公务员的名字命名的。乔韦林侯爵非法获得了皮埃蒙特的地图,并试图将一份与之竞争的报告与哈维因的报告拼凑在一起。[②] 这让分享共同利益的同盟国的行政办公室开始就"模式"展开了公开的争论,尽管那些有权力欲的规划者(officious planners)施展了一些"肮脏伎俩(dirty tricks)"。皮埃蒙特对此的处理花费了四个月的时间,而米兰在一个月内就处理了这件事。

对这些个别事务的处理并没有系统进行,只是偶尔采取行政的做法。然而,意大利模式产生了一种共同的政治文化,这种文化得到了在不同代理人(brokers)控制下的行政管理者群体(the Republic of administrators)内有关各方的默认。这些代理人中,有作为奥地利驻米兰全权公使和蓬佩奥·奈里《报告》的传播者菲尔米·安伯爵(Count Firmian),还有负责管理税务部门并通过提供许多名作家翻译的作品而在巴黎建立了文学声誉的特吕代纳·德蒙蒂尼(Trudaine de Montigny)。行政管理者们试图通过在国外宣扬自己的模式,让这些模式在国内获得合法性。尽管米兰地籍簿被认为是最准确的,但皮埃蒙特地籍簿得到了大力的称赞,这是因为后者向法国行政当局和欧洲行政管理者提供的文件质量高。

蓬佩奥·奈里支持地籍簿的论点,是以哈维因提供给他的新近获得的省份评估文件为基础的。[③] 在都灵,哈维因叙述了自己与奈里打交道的情况,而且很有可能提供了一份奈里报告的副本。[④] 哈维因也把自己收集的撒丁岛地籍簿材料转交给了卡尔·冯津赞多夫,其中包括他自己所做的调查问卷和对《报告》的分析,以换取有关英国财政事务的报告。[⑤] 后来在让一路

① Ludwig to Karl von Zinzendorf, 3 July, 1766, Vienna, Deutschorden Zentralarchiv, MS 64.

② 15 October, 1763, AAE, CP Sardaigne 240.

③ Harvouin, 'Premier Journal', 7 March, 1764.

④ Harvouin, 'Premier Journal', 27 March, 1764.

⑤ Zinzendorf, Tgb, 2 and 21 January, 1769.

易·莫罗·德博蒙特出版自己对财政制度的研究时，皮埃蒙特地籍簿成为法国甚至整个欧洲批评和称赞的焦点。[①] 这一小册子启发了亚当·斯密(Adam Smith)并促进形成了《在法国有关地籍簿的法律、规则、指令和决定汇编》一书。[②]

比较和调适

模式的发展，部分是通过体制和非正式的脆弱网络渠道，部分是通过一系列的机遇、个人接触、从书商处的收购以及最重要的互通有无行为等。这种交换的网络，也使得知识概念不断地发展，尤其是在对项目的可行性进行比较的时候。《关于欧洲税收和关税的条约》一书第二版的编辑，对让—路易·莫罗·德博蒙特的称赞提醒我们："德博蒙特并没有仅仅止步于呈现事务的轮廓，他还发展了事务的组织原则……那些原以为自己只是在处理一张图片或一个故事的行政管理者，突然发现自己充满了创意和远见。"[③]因此，许多改革者试图把他们的专业知识转变成一门"政府科学"。秘密不再是权力的象征，科学也是如此，但科学被理解为是一种对事实和实验的理性归集，而不是由科学家预先积累然后再"披露"过程的知识。[④] 在经济学家和行政官员之间的争论中，后者重新占据了上风。

虽然法国新任财政部部长拉弗迪(Laverdy)试图下令让大家保持沉默，以平息与普通地籍相关的争论，但是经济学家安德烈·莫雷莱(André Morellet)强调，在经济问题上进行公开讨论非常重要。他声称，为了抵消行政管理

---

① Jean-Louis Moreau de Beaumont, Mémoire concernant les impositions et droits en Europe (Paris, 1768—1769).

② Albert-Joseph-Ulpien Hennet, *Recueil méthodique des lois, décrets*, règlements, instructions et décisions sur le cadastre de la France(Paris, 1811), p. 12.

③ Jean-Louis Moreau de Beaumont, *Mémoires concernant les impositions et droits en Europe*, Nicolas-Juste Poullin de Viéville(ed.)(Paris, 1787), pp. iv—v.

④ 关于18世纪下半叶法国科学方法的发展，Christian Licoppe, *La formation de la pratique scientifique. Le discours de l'expérience en France et en Angleterre* (1630—1820)(Paris, 1996) and Olivier Ihl and Martine Kaluszynski, 'Pour une sociologie historique des sciences de gouvernement', *Revue francaise d'administration publique*, 52(2002), pp. 229—243.

者立场不稳定性与不一致带来的不利,应允许争论。[①] 争论作为一种平台,也可以让部长了解当前那些重要的著作,以防止好的报告被遗忘。

以上这些是行政管理者所不具备的。这些行政管理者远离规划人员并把自己构建为一个群体,专门以实物的交换为目的。专业知识的缺乏,阻碍了他们与非政府部门专家一起工作。在面对一位"发明"地籍簿的热那亚项目的规划者时,哈维因首先尝试找出这种地籍簿的秘密。但是,在发现这项发明是概念性的而非工具性的之后,他决定让所有人都能得到它。按照哈维因的看法,行政管理者的任务是去收集作为证据的描述性模式(登记簿、账户、地图、处理技术)。在为自己装备了一整套指示说明(主要是技术性的问卷)的前提下,哈维因坚持不懈地整理已经发布的材料,从中挑选可能对法国政府管理有用的文件。他因为已拥有撒丁岛领地国王在米兰公国和从奈里议长(President Neri)那里收集的"相当客观的材料",所以可以忽视热那亚项目规划者的有关提议。[②] 与之类似,奈里的志向是撰写一本通论专著,因为他认为那些对沃邦和圣皮埃尔神父(Abbé de Saint Pierre)的批评都来自"聪明多于经验"的人,也就是说,他们对这个问题几乎没有确定的了解。[③] 重农学派的著作《公民历史》1769年版的前言,明确区分了专家和业余爱好者。从此以后,词典、摘要、期刊留给非专家使用。[④] 正如奈里所指出的,由于缺乏"口头传统(vocal tradition)"的支持,地籍簿的新提议遇到了困难,因此论文的写作是建立行政管理记录的一种方式,它标志着通过提供证据来支持原则这样一种新的文化实践的开始。[⑤] 蓬佩奥·奈里向法国特使

---

① André Morellet,*Réflexions sur les avantages de la liberté d'écrire et d'imprimer sur les matières de l'administration,écrites en 1764,à I'occasion de la declaration du Roi du 28 mars de la même année,qui fait defenses d'imprimer,débiter aucuns écrits,ouvrages ou projets concernant la réforme ou l'administration des finances*(London and Paris,1775). p. 4.

② Harvouin,'Premier Journal',31 March and 1 April,1764.

③ Harvouin,'Premier Journal',23 March,1764.

④ *Éphémérides du citoyen ou Bibliothèque raisonnee des sciences morales et politiques*,1769,1, preface.

⑤ Neri,*Premier mémoire*,p. 9. 类似地,Morellet也注意到行政管理人员的多功能性源自这样一个事实:以前处理事情的方式已经被遗忘了。

哈维因提供的答案就符合这一目标。①

有一项比较研究保障了整个过程，后来和平地实现，让孟德斯鸠的方法得到实施，办法是给哈维因指示，让他向有决定权的舒瓦瑟尔（Choiseul）通报，派遣“有智慧的人”或专家到每一个已经建立了地籍簿的外国，以便“收集更加精确的细节，如该过程进行的方式，以及由此带来的好处和不便，这些与不同气候、统治该国的法律和习惯的差异之间的关系”。② 对欧洲国家进行比较的知识，在此之前还属于外交官的特权，现在被纳入行政管理者的范围。哈维因首先拜访了撒丁岛的前任驻法大使，因为这位大使对法国的政治制度了如指掌。这一行为让他做好了准备，可以在今后同奈里就此问题展开讨论。③

现在从行政管理者的角度来分析这些原则。无论各种税收之间存在怎样的区别，当时主要的税收必然基于土地地籍，弄清楚各土地所有者的真实地产和按比例计算的净收入（当然不排除土地税以外的其他收入形式）。④ 于是，除极具影响力的重农学派以外，此时又出现了一个清晰的愿景（vision）。它建立在一个共同的技术基础上，且区别于财政政策。作为一位精通罗马法的法学家，奈里后来能够继续发展出一套将社会结构和国家政制考虑在内的完整的理论体系。

让—路易·莫罗·德博蒙特（Jean-Louis Moreau de Beaumont）和亨内特

① 这其中包括七部回忆录，分别是 *Relazione* 的法文翻译、*taille* 的不同版本、社区改革（the reform of the communities）、在巴黎建立一般地籍办公室（the setting up of an office for a general cadastre in Paris）、土地测量（the surveying of land）、一般估价（the general valuation）、地籍簿的利弊（the benefits and disadvantages of a cadastre）。Turin，Archivio di Stato，Archivio di Corte，Materie economiche，Perequazione del Piemonte，mazzo I di Prima Addizione，n. 5，Copia di lettera scritta dal presidente Neri a mons. Harvoin deputato dal Re di Francia，che l’aveva richiesto di diverse notizie riguardo delle operazioni fattesi per il censimento di Milano，27 March，1764（henceforth：Copia di lettera scritta dal presidente Neri）.

② A Monsieur Ie duc de Praslin，2 June，1763，Paris，AN，Archives Lefèvre d'ormesson，144 AP ＝ 156 Mi 72，Dossier No. 2. 这里我们所提及的孟德斯鸠（Montesquieu）方法，引导我们去研究一个国家的法律和包括气候、人们生活在其中的政治制度，以及道德习俗在内的各种因素之间的关系；cf. Charles de Montesquieu，*Esprit des Lois*，1748，XIV and XIX.

③ Copia dl lettera scritta dal presidente Neri，p. 36.

④ ‘Cioé sopra une descrizione reale dei benl stabili di chiaschedun possessore stimati in proporzione della rendita netta’，Memoria seconda sopra le differenti nature di Taglie，Copia dl lettera scritta dal presldente Neri，p. 14.

(Hennet),将奈里的《信函》(*Lettre*)和哈维因的《备忘录》(*Mémoire*)由手写的回忆录变成了打印的论文。于是,这些法学家们为建立一个远离经济学家影响的领域做出了贡献。[①] 他们也加入了经济学家们的争论,这些争论是以经济学家们在各自领域收集并加以比较的经验为基础的。政治上的差异不再是障碍,反而成为一种激励措施:"周边的国家给我们树立了地籍簿的例子:英国、德国、匈牙利、意大利很久以前就采取了这种方法,并集中精力完善它。"[②] 地籍调查,作为一项在行政管理者群体中公认的管理技术,现在终于可以在财政科学的国家手册中变成现实了。[③]

让土地调查得以发展的几何和管理技术,其传播最初是作为一种开拓性的尝试出现的,原因是一系列特殊的情况(和平、财政压力、国家的复合结构)导致人员和技术的流动。然而,一项经过充分考验的实践做法,最终变成公共行政的原则,这证明了行政管理改革思想发生了深刻的变化。这项公共行政原则就是,在那些促成最初收集证据的专家和那些后来让行政人员反对经济学家观点的立场合法化的专家之间,要进行交流。通过对事实真相的对照和反思,不同的原则和模式可以运用于不同的欧洲国家。这样,科学原理慢慢就取代了谨慎和秘密的政治逻辑,而这一科学原理阐述和证明的是:有必要用证据作为原则的基础。

---

① 'La constitution de I'Etat,les loix rendües sur la matiere des impositions,les tribunaux créés pour en connoitre les usages dlfférens,les privilèges du clergé et de la noblesse,et ceux attachés aux offices,ainsy qu'une depense considerable,sont autant d'obstacles a vaincre pour ètablir le cadastre en France',Copie du mémoire remis a la Commission des Finances par M. le contrôleur général au sujet de l'établissement du cadastre,de la répartition et de la perception des imposltions dans les Etats du Roi de Sardaigne,Paris,AAE,Mémoires et documents France,1365,fos 239—269.

② See entry 'Cadastre',*Encyclopédie méthodique* '*Finances*'(Paris,1784—1787). I,p. 152.

③ See Charles Ganilh,*De la science des finances et du ministère de M. le Cte de Villèle*(Paris,1825);Ludwig Heinrich von Jakob,*Die Staatswissenschaft theoretisch und praktisch dargestellt und erläutert durch Beyspiele aus der neuern Finanzgeschichte europäischer Staaten*(Halle,1821);Carl August von Malchus,*Handbuch der Finanzwissenschaft und Finanzverwaltung*(Stuttgart and Tübingen,1830).

3　学习法国的经验？普鲁士税务局的税收管理（1766—1786）[①]

佛罗莱恩·舒伊（Florian Schui）

1766年，有大约350名法国人抵达柏林。他们不是第一批来到普鲁士的移民，也不是几个世纪以来为普鲁士国家引人注目的崛起而做出贡献的最后一批外国人。1766年，到达首都的法国人与之前通过柏林大门的大多数其他移民不同，他们不是宗教难民，也不像他们的很多同胞那样会制造丝绸、帽子或手套。他们从事的业务不是制造商品，而是攫取商品：他们是税务管理人员。在接下来的20年里，他们在普鲁士国家建立了一个全新的间接税管理机构，通常被称为Régie[②]。虽然新机构得到了腓特烈二世（Frederick Ⅱ）的支持，但它也受到了广泛的批评。来自法国的这些税务官员，可能是这一时期普鲁士最有争议的公众人物。当腓特烈二世于1786年去世时，反对这些税务官员的势力依然强大，于是他的继任者解雇了这些法国顾问。然而，他们在此期间所带来的诸多变化产生了持久的影响。普鲁士税务局的创立必定是普鲁士

---

① 此章的早期版本在2005年7月18日加州大学洛杉矶分校法学院的“税收法律和政策的历史视角”和2005年9月17日剑桥大学艺术、社会科学和人文研究中心（CRASSH）的“税收思想的传播”会议上宣读。我要向评论人夏洛特·克兰（Charlotte Crane）和克里斯·克拉克（Chris Clark）以及两次会议的与会者致谢，感谢他们提出富有洞察力的意见。此章是我在担任戈尔韦的爱尔兰国立大学“人类定居和历史变化研究中心”研究员期间完成的。我向爱尔兰人文和社会科学研究委员会的支持表示感谢。

② 本章作者一再使用Régie这一法文词，该法文词的含义就是“税务局”。作者之所以这么做，意在强调这个税务局由来自法国的官员创建并从事管理。为了避免直接使用法语原文带来的陌生感，在翻译时一律将其译为“普鲁士税务局”，只是提醒读者在阅读时注意本章所说的“普鲁士税务局”是特指在法国顾问的帮助下建立的“Régie”，而不是一般的税务管理机构。——译者注

财政史上较重要的转折点之一。[①]

对 18 世纪普鲁士的经济和文化发展来说，移民的重要性已经得到了很好的研究。此外，财政发展与普鲁士国家的形成，二者之间的相关性至少在一定程度上也得到了检验。然而，个人的转移和思想的传播对普鲁士国家大多数中央机构的发展的重要性，人们还知之甚少。运用有关普鲁士税务局创建的档案材料，可以看出普鲁士税收国家发展的跨国背景，这将为研究这一时期的普鲁士社会经济史打开新的视野。

本章将探讨四个相互关联的论点。

第一，本章将考察七年战争后普鲁士的财政发展如何受到法国财政传播的影响。腓特烈二世统治时期是普鲁士税收国家崛起的关键时期：在国家预算中，来自税收和来自领地的财政收入大致相当。本章认为，在解决从领地国家向税收国家转型问题上，普鲁士取得了实质性的进展，特别是在税收的普遍性和横向公平方面，因为它通过税务局的官员汲取了法国财政制度的经验。因此，本章试图将普鲁士税收国家的发展置于欧洲的跨国背景下来考察。[②]

第二，本章将通过对这一时期财政变迁的分析来揭示普鲁士国家建构的政治进程。作为一个几乎运行于霍亨索伦君主国所有领土上的统一财政管理机构，普鲁士

---

① 若无其他说明，所有档案材料则均来自 Geheimes Staatsarchiv Preußischer Kulturbesitz (GStAPK)，Berlin Dahlem，II. Hauptabteilung(HA II)。消息人士对法国顾问的人数意见不一，范围在 200 至 500 之间。沃尔特·舒尔茨(Walther Schultz)有充分依据的估计数是 350 人，*Geschichte der preussischen Regieverwaltung von* 1766 *bis* 1786(Leipzig，1888)，p. 46. 要了解税务局在普鲁士财政史背景下的评估，请参见 Gustav Schmoller，'Einführung der französischen Regie durch Friedrich den Grossen 1766'，in *Sitzungsberichte der Königliche Preussischen Akademie der Wissenschaften zu Berlin*，1(1888)，pp. 63—79，p. 79.

② 关于法国移民对普鲁士经济发展的重要性，参见：Sabine Beneke 等人。Die Hugenotten(Berlin，2006). Stefi Jersch-Wenzel，*Juden und 'Franzosen' in der Wirtschaft des Raumes Berlin/Brandenburg*(Berlin，1978). Hermann Kellenbenz，*Deutsche Wirtschaftsgeschichte*(2 vols，Munich，1977)，pp. 340—348；Wilhelm Treue，*Wirtschafts-und Technikgeschichte Preussens*(Berlin，1984)，pp. 51—56. 关于财政管理与民族国家的共同发展，参见 Rudolf Braun，'Taxation，sociopolitical structure and state-building：Great Britain and Brandenburg-Prussia'，in Charles Tilly(ed.)，*The formation of national states in Western Europe*(Princeton，1975)，pp. 243—326. Hans-Peter Ullmann，Der deutsche Steuerstaat(Munich，2005). 关于历史学派的方法，特别参见'Einleitung' and 'Historischer Standpunkt' in Schultze，*Regieverwaltung*，pp. v — vii，3 — 8；Gustav Schmoller，'Die Epochen der preußischen Finanzpolitik'，*Jahrbuch für Gesetzgebung*，*Verwaltung und Volkswirtschaft im Deutschen Reich*(1877)，pp. 33—114；idem，'Einführung der französischen Regie'，pp. 63—79.

税务局的创设是国家建构进程中的关键一步。成为悖论的是,这种向普鲁士国家的发展在很大程度上是由另一个国家的财政思想传播和管理人员转移促成的,它说明了在普鲁士背景下跨国性税收国家和国家建构之间的辩证关系。此外,它也为"普鲁士是什么"这一问题的解答提供了一个新的思路。对试图解释普鲁士王国崛起的历史学家而言,普鲁士领土的异质性和移民群体的重要贡献是一个挑战。在许多方面,普鲁士整体不如各部分的总和。与普鲁士税务局相关的发展,支持了这样一种观点:现代普鲁士国家的统一,首先出于经济、政治和军事上的必要。①

第三,对普鲁士税务局的反对,也为我们指明了普鲁士社会发展的一个关键时期。新的财政管理不仅使王权和土地贵族之间的长期冲突升级,而且也说明一种新的社会范式日益增长的重要性。普鲁士税务局的创立,是朝着国家、经济活动领域、新兴公共领域之间日益明显的区分迈出了重要一步。同时,财政管理也是这些领域重叠和利益冲突的最重要领域之一。让普鲁士税务局终结的社会冲突,一个重要的部分源于新兴的资产阶级抗议财政管理对生产和消费领域的干预,因为这两个领域越来越被认为是私人的。

第四,本章阐明了传播过程的性质。在这个过程中,思想如果不做一些改变,就很难被传播出去。即使在那些自愿发起传播的地方,传播也常常导致意想不到的结果。在普鲁士税务局的案例中,一些行动者试图在普鲁士重建法国财政模式的某些部分,却带来更为复杂的结果。法国管理者带着自己的观点来到普鲁士,而这些观点是在回应法国财政现实过程中形成的,而不是有意复制的。后来,在法国顾问、腓特烈二世、普鲁士政府、不同社会团体之间开展的政治沟通过程中,这些观点不断地被改变。这样的交流是在法国和德国之间文化传播的大背景下进行的,但并不同于其他形式的传播,因为它们直接影响普鲁士国家的制度结构。②

---

① 东普鲁士的消费税只在1773年由税务局管理,而且新的行政管理机构从未在威斯特伐利亚(Westphalia)完全引入。省级各领地组织税收征收,每年向国王支付一定数额的税款。Chris Clark, *Iron kingdom. The rise and downfall of Prussia*, 1600—1947(London, 2006).

② 德国和法国之间关于文化转移的讨论非常热烈,其中一些最重要的贡献:Michel Espagne and Michael Werner, 'Deutsch-Französischer Kulturtransfer im 18. und 19. Jahrhundert', *Francia*, 13 (1985). pp. 502—510; Michel Espagne und Mathias Middell, *Von der EIbe bis an die Seine: Kulturtransfers zwischen Frankreich und Sachsen im 18. und 19. Jahrhundert* (Leipzig, 1993); Michel Espagne, *Les transferts culturels franco-allerands* (Paris, 1999); Michel Espagne(ed.), *L'horizon anthropotogique des transferts culturels* (Paris, 2004).

税收思想的交流(1750—1848)

普鲁士税务局的情况，契合这一时期更为广泛的财政传播背景。在发展过程中，法国和普鲁士之间的密集交流表现突出，但并不独特。在18世纪下半叶和19世纪上半叶，欧洲和大西洋世界形成了一张紧密编织的税收思想国际交流网。从1763年开始，也就是七年战争之后，大多数欧洲国家的“财政状况极其紧张，‘全面破产’的威胁逐渐笼罩在欧洲人的心头”。① 战争加剧了一个长期存在的结构性问题，那就是现存的财政框架已经无法适应“公共部门和特定国家活动的日益扩大”。这也是当时人们的观点。伏尔泰指出：“在所有先进的国家，税收都很高，因为国家的任务很重。”税收收入无法充分地增加，不足以满足主要由军事开支导致的国家活动扩张。在1740年至1763年之间，奥地利王位继承战争(1740—1748)和七年战争(1756—1763)几乎将欧洲国家卷入了持续不断的战争之中，而且战争对赢家和输家来说都代价高昂。② 军费开支加剧了危机，但其他开支同样增加了政府的财政需求。普鲁士就是一个恰当的例子，它维持着欧洲最大的军队(相对于它的人口而言)，并且通过补贴、贷款、减税等政策积极地促进经济发展。在腓特烈统治时期，仅对制造业的直接补贴就花费了280万泰勒；在七年战争结束后，普鲁士政府参与创建了1 302家制造企业。普鲁士政府在经济发展方面的其他努力，还包括为招募和安置外国移民，以及为修建道路、运河和类似基础设施而拨出经费。此外，即使在相对节俭的腓特烈二世的朝廷，也有相当大的开支用于建筑、艺术、宫廷娱乐等方面。其结果是，在腓特烈统治期间，普鲁士的预算从700万泰勒增加到2 000万泰勒。虽然普鲁士在军事和经济发展方面的努力相当醒目，但类似的支出模式在欧

---

① 除另有说明外，所有译文均出自作者之手。Gabriel—Honoré de Riquetti，Comte de Mirabeau，*De Ia monarchie Prussienne*(4 vols，London，1788)，IV，p. 207.

② 七年战争至少花费了普鲁士1.25亿泰勒，是1740年全部预算的17倍多(Ullmann，*Steuerstant*，第20页)。法国和英国财政的另一个沉重打击是1775—1783年的美国独立战争。

洲大多数国家都很常见。①

面对急剧增加的支出,一场关于财政改革的激烈争论在欧洲和大西洋世界展开。许多问题得以讨论,但税收的普遍性是当时关注的中心。在整个欧洲,或真或假的税收优惠减轻了贵族、神职人员和其他群体的税收负担。后来的法国大革命英雄、著名的重农学派经济学家米拉波在1786—1787年逗留柏林期间,撰写了有关税收的文章,总结了这个问题:“在大多数欧洲国家,有些阶级,如贵族、神职人员或其他混合团体,他们的利益与国家利益相抵触,而他们又占据了过高的位置。”米拉波在柏林说这是欧洲问题,但在他的祖国法国,这个问题无疑是引人注目的,那里的贵族甚至不用面对已经大幅减轻了的税收负担。任人唯亲、腐败和低效的税收征管大大减轻了他们的税负。有一位奥尔良公爵,是法国较富有的人之一,他实际上每年仅支付240万里弗(livres)应纳税额中的20万。他曾说过一句名言:“我喜欢付多少就付多少”。这句令人印象深刻的话佐证了米拉波的评论。②

这种未解决的冲突和不断恶化的财政状况置法国于此时期国际争论的中心,法国也因此成为财政理论和财政改革计划的沃土。这些理论和计划在欧洲甚至欧洲以外被广泛地讨论。对于布瓦吉尔贝(Boiguilbert)、马雷查尔·德·沃邦、圣皮埃尔神父、伏尔泰、重农学派、内克尔,在18世纪提出影响深远的财政改革计划的杰出学者中,这些人仅仅是一部分。虽然他们的计划在许多方面都不同,但共同的是都关注以下两点:削减财政特权和更平等地分担

---

① Adolph Wagner, 'Three extracts on public finance', in Richard Musgrave and Alan Peacock (eds), *Classics in the theory of public finance* (London, 1994 edn), pp. 1—15, p. 8. 对国家活动扩张历史背景的进一步探讨,参见 Jan Glete, *War and the State in Early Modern Europe* (London, 2002). Eli Heckscher, *Merkantilismus* (2 vols, Jena, 1932), Ⅰ, pp. 252—273. Wilhelm Treue, 'Das Verhältnis von Fürst, Staat und Unternehmer in der Zeit des Merkantilismus', *Vierteljahrscrift für Sozial-und Wirtschaftsgeschichte*, 44(1957), pp. 26—56. Richard Bonney and W. M. Ormrod, 'Introduction', in idem(eds), *Crisis, revolutions and self sustained growth* (Stamford, 1999). pp. 1—22. Voltaire, 'Dictionnaire philosophique' (Entry: 'Impôt'), in idem, *CEuvres complètes de Voltaire*, Louis Moland(ed.) (52 vols, Paris, 1877—1885), XIX, p. 452. Wolfram Fischer and Adelheld Simsch, 'Industrialisierung in Preussen. Eine staatliche Veranstaltung?', in Werner Süß (ed.), *Ubergänye-Zeitgeschichte zwischen Utopie und Machbarkeit* (Berlin, 1989), pp. 107, 114. Uilmann, *Steuerstaat*, p. 20.

② Mirabeau, *De la monarchie*, p. 52. Cited in G. Chaussinand-Nogaret, *The French nobility in the eighteenth century* (Cambridge, 1985), p. 51.

税款。知识分子和政治精英们讨论财政改革，而较低级别的行政管理者、不太知名的作家和纳税人也就必要的变革彼此交换看法。在这方面有一个例子，那就是由所谓的“梦想局(bureau of dreams)”接受的项目。那位奥尔良公爵，后来在税收问题上表现得相当漠然，但他在摄政期间设立了“梦想局”办公室，并将其作为更大的金融改革计划的一部分。在这更大的改革计划中，还有约翰·劳的银行。削减财政特权，也得到了普遍的关注，并出现在几乎所有的提案中。[①]

对法国财政危机如此丰富的讨论，恰好发生在法国无力实施根本性变革之际。由于最高法院和他们所代表的社会团体的强硬反对，这一历史时期的财政部部长有梅农(Maynon)、特雷(Terray)、杜尔哥、加隆(Calonne)、布里耶纳(Brienne)、内克(Necker)以及其他财政部部长。他们的财政改革尝试屡被阻碍、拖延和修改，在君主向特权阶层征税方面，后来取得了一些进展，特别是在七年战争的背景下。但是，由此产生的收入仍然有限，无法解决预算问题，而普遍征税的冲突又损害了王权与土地贵族之间的忠诚关系，这一过程对法国君主政体的政治不稳定造成了重大的影响。[②]

尽管法国的财政制度存在许多问题，但法国仍成为18世纪、19世纪初欧洲与大西洋世界的财政实验室。要理解这种看似矛盾的发展，重点是要把握传播的复杂性，即财政传播很少去尝试整体复制法国的制度。相反，传播是出于不同的动机，在不同领域内进行的。导致法国财政传播的一个原因是，法国财政机构的高水平的财政管理技术。因此，有许多传播发生，是为了学习法国税务官员所使用的复杂技术。从技术角度看，法国的包税公司(General

---

① Vauban, *Projet d'une dixme royale*(n. p., 1707). Boisguilbert, *Testament politique de monsieur de Vauban*(2 vols, n. p., n. d.). Boisguilbert, *La France ruinée sous le règne de Louis XIV*(Cologne, 1696). *Abbé de Saint-Pierre, Mémoire pour l'établissement de la taille proportionnelle*(n. p., 1717). Voltaire, 'Lettre a i'occasion de I'impôt du vingtième', in idem, CEuvres, XXXIII, pp. 305—312. Fritz Mann, *Über Steuerpolitische Ideale*(Jena, 1935), p. 131. 'Receuil de mémoires sur la réforme et le rétablissment des finances(1715—1717)', Ribiiothèque Nationale(BN), Paris, Ms Fr. 7765. 'Projets et mémoires sur les revenues de I'Etat(1715—1717)'Ms Fr. 7767, BN.

② 关于特权在旧政权(Ancien Régime)财政制度中的重要性，参见 C. B. A. Behrens, 'Nobles, privileges, and taxes in France at the end of the Ancien Régime', *Economic History Review*, 15(1963), pp. 451—475. Ernest Labrousse, *La crise de I'économie francaise à la fin de I'ancien régime et au début de la Révolution*(Paris, 1944). Kwass, *Privilege and the politics of taxation*, pp. 311—323.

Farm)仍然是当时较有效率的财政管理机构之一。此外,在许多情况下,传播的并不是法国的实践经验,而是出于对实践的反应而形成的财政思想。正是由于法国财政制度的缺陷,法国才成为讨论财政改革的沃土。那时的法国,拥有先进的经济思想、活跃的公众讨论文化,以及或许是当时所有国家中最为严重的财政问题。这些因素的共同存在,促使法国成为财政思想创新成果最多的国家。虽然法国的政治局势阻碍了大部分改革建议的实施,但法国的争论在法国之外引起了极大的关注,并影响了其他国家的财政思想演变。到最后,法国的案例也影响到欧洲的财政发展,因为它起到了一个警示的作用。法国财政制度的缺陷和因财政危机而崩溃的波旁王朝,让欧洲各国政府以及欧洲以外的观察人士深刻认识到财政事务极为重要。即使在法国大革命以后以及整个 19 世纪上半叶,法国仍然处于财政思想和财政实践传播的中心。拿破仑的占领以及这一时期引入的行政改革,改变了欧洲许多国家的财政制度。本书收录的克里斯汀·勒博和亚历山大·葛莱伯(Alex Grab)的文章,进一步探索了法国对欧洲财政发展的重要性。

七年战争后法国和普鲁士之间的传播与移民

在 18 世纪和 19 世纪的法国和普鲁士之间,最强的财政传播发生在七年战争结束后。在这个阶段两个国家就税收改革展开了激烈的争论。1763 年,一名巴黎的律师指出:“除了这些(税收)法令,人们不再谈论其他事情。”在法国,最高法院对二十税(vingtième)和人头税(capitation)这两项普遍税种的增加表示强烈抵制,但最终不得不在王室的压力下让步。法国对普遍征税的争议,在许多方面与欧洲的背景联系在一起,由此形成的部分经验由税务局的管理者带到了普鲁士。在成为腓特烈二世的财政顾问之前的几年里,这些行政官员参与了法国财政管理朝着更普遍的征税方向的发展进程。普鲁士税务局的主管马克·安托尼·德海恩·德洛奈(Marc Antoine de la Haye De Launay)曾是法国包税公司(General Farm)在朗格多克(Languedoc)地区的一名高级官员,也是法国“财政贵族”的一员。他与拉海恩(la Haye)和德洛奈(De Launay)家族都有亲戚关系,这两个家族的成员多次出现在包税公司中。包税公司是由 40 位金融家组成的财团，他们向王室一次性支付一笔款项，以此获得大部分税收的征收权。普鲁士税务局的其他主管，如约瑟夫·特拉布雷恩·德坎迪(Joseph Trablaine de Candy)，也曾在法国政府机构中担任重要职位。然而，在法国争论影响普鲁士发展之际，它们自己也受到欧洲其他国家财政状况的影响。最高法院在自己的话语中曾频繁引用"英国圣公会原则(Anglican principles)"和英国议会的财政特权，王室也曾从欧洲的角度参与争论。法国财政部部长贝尔坦(Bertin)声称，最高法院不愿意批准新税，这会减弱法国从欧洲金融家那里借款的能力，并因此危及法国赢得战争胜利的机会。可以看到，一方面，在这些争议中，观察其他国家的财政制度并借鉴其他国家的作者的观点是司空见惯的；另一方面，这些争论的参与者希望其他欧洲君主、行政管理者、军事领导人、金融家、纳税人，以观察国外事态发展的同样方式来观察他们。与现代历史学家相比，那个时代的人似乎更加理所当然地认为财政发展具有跨国性质。①

1763年，在普鲁士首都柏林，财政改革也被提上了议事日程。米拉波指出，这一年是腓特烈二世经济政策的转折点。在战争期间，普鲁士的所有地区都曾一度被外国军队占领。在这个仍然以农业为主的国家，许多田地已经多年没有播种。人口减少了50万，在七年内人口数量降幅超过10%。在这种情况下，国王决定实施财政改革，目标是实现大约30万塞勒的有限度税收增长并建立起促进经济发展的财政结构。然而，在1765年6月10日，在国王会见普鲁士政府行政部门首脑会议——全体主管委员会(General Direktorium)的副主管冯·马索(von Massow)时，后者断然地拒绝执行国王的命令。②

这场冲突并非完全出乎意料。实际上，国王与行政机构的冲突从1740年腓特烈加冕时就已经开始，核心在于消费税的实施。普鲁士的消费税是由不同税种组成的令人困惑的混合物，主要包括对城市商品开征的消费税、通行费、关税。在战争期间和占领时期，消费税征收变得极为松弛。尽管如此，征税效率仍然很低，因为享受财政特权的人很不喜欢这种税，而这些人在行政管理方面

① 'Généalogie des Fermiers Généraux', BN, NA 20533, MF 12790. Heinrich von Beguelin, *Accise und Zollverfassung in den Preußischen Staaten* (Berlin, 1797), p. 134. Kwass, *Privilege*, p. 185, 165.

② Mirabeau, *De la monarchie*, VI, p. 403. Schultze, Regieverwaltung, pp. 25—27. Heinrich von Beguelin, *Historisch kritische Darstellung der Akzise— und Zollverfassung in den preußischen Staaten* (Berlin, 1797), p. 111.

有相当大的影响力。贵族和其他特权阶层反对消费税的原因,可以从 17 世纪普鲁士为开征消费税而发生的争论中找到。继间接税在荷兰应用大获成功之后,追随荷兰这一榜样,普鲁士在三十年战争(Thirty Years War)的背景下引入了消费税。在那时的争论中,可以找到大量针对消费税发表的论点:消费税很容易征收;因为消费税以很小的增量支付,所以它是一种"隐性税",税收水平很容易调整;这种税的干扰性小于直接税;用现代术语来说,这种税为不断增长的制造业部门提供了很好的"税柄"。但最重要的是另一个论点:消费税是一种可以规避税收特权的税种,它由所有的消费者支付,并可以不经社会各阶层的同意就引进。也许,最热情拥护消费税的人是德国作家克里斯托夫·腾泽尔(Christoph Tenzel)。他在小册子《征收消费税就是发现金矿》中称赞了这种普遍性的税收。他写道:"消费税让那些'生活奢侈'的人也承担责任。"他还补充道:"没有人会因为看到'贵族''神父'和'学者'终于缴税而表示遗憾。"

在普鲁士和欧洲的其他地区,对消费税的热情一直持续到 18 世纪后半叶。在那时,人们还没有意识到单一比例的间接税具有累退性这一负面影响。更重要的是,消费税让特权阶层也为公共开支做出了贡献。此外,在 17 世纪至 18 世纪,消费税的累退性趋势仅仅局限在一部分货币化经济中。这是因为,消费税只对在市场上用货币进行交易的商品征收。这些商品往往更为精致、质量更高,而生产用于家庭消费和以物易物的商品并不征收消费税。鉴于这样的机制,在很大程度上消费税是针对精英阶层的消费而征收的。此外,为了实现税收的累进性,通常还会在区分不同产品的基础上征收不同的税。我们将看到,这是普鲁士改革的一个重要方面。然而,消费税让人爱的那些特点,也正是它在其他方面受人恨的原因。正如米拉波指出的,让贵族们相信缴纳这种税对自己有利是"非常困难"的。最终的结果是,一套双重制度在普鲁士发展起来。城市缴纳消费税,农村缴纳直接土地税。大多数城市居民更喜欢消费税,因为对他们来说这是公正的税收,而且还关系到政府少干涉他们的商业活动。农村继续基于土地而征税,一些最大的土地所有者则免予缴纳土地税。然而,或许这一财政制度的最大缺陷在于税收管理的效率低下。尽管大选帝侯(The Great Elector)和腓特烈·威廉一世(Frederick William I)进行了巨大的改革,但腓特烈二世(Frederick Ⅱ)所继承的行政管理机构仍然受到土地贵族代表人的重大影响。

这在很多情况下都妨碍了有效征税，特别是当纳税人和行政管理者属于同一社会群体时。若财政改革会颠覆行政当局的现状、违背他们的利益，则他们自然会拒绝实施，这并不为奇。然而，尽管这样的冲突是当时欧洲社会的典型问题，但普鲁士的解决方案是独特的。在普鲁士的行政当局反对腓特烈的计划时，这位君主决定招募法国的公务员。这一决定是大胆的，它将普鲁士的君主、政府和这个国家的绝大多数精英置于公开的冲突中。然而，这样的决定也是普鲁士政治常态的一部分。一方面，土地贵族与霍亨索伦家族之间的冲突，是普鲁士政体的常有特点；另一方面，国王的这一决定要在普鲁士悠久的移民史背景下看待。在普鲁士，招募外国人来执行自己人无法胜任的任务，是很平常的事情。它的沼泽由荷兰工程师排干，丝绸织造业由法国移民创造，落后的普鲁士金融业也是在维也纳犹太人的帮助下才得以发展。在普鲁士王国，外国人还担任过军官、工厂监工和其他职位。然而，普鲁士税务局用外国人做官员，由于涉及的人数、对民众的可见性以及由此带来的根本性行政变革，因此显得它与其他移民活动特别不同。基于本章的目的，我们将考察三组关于普鲁士税务局的问题：第一，普鲁士国王为什么要招募法国税务专家？第二，这一时期普鲁士的税收是如何变化的，法国管理者的经验和观点是如何影响这一变化的？第三，普鲁士税务局为什么会被废除？它的深远影响是什么？①

为什么是法国？

腓特烈选择在法国招募税务管理人员，可能会让现代读者吃惊。毕竟，法

---

① Schmoller，'Epochen der preußischen Finanzpolitik'，p. 61. Christoph Tenzel，*Entdeckte Goldgrube derAkzise*（Zerbst，1685），pp. 1—11. 类似的论点可以参见 17、18 世纪的其他作家，Josiah Child，*A new discourse of trade*（London，n. d.），p. 5. Nathaniel Gould，*An essay on the publick debts of the kingdom*（London，1726），pp. 55—57. Thomas Hobbes，*Leviathan*（Amsterdam，1670），p. 162. Montesquieu，*De I' esprit des lois*（Paris，1755），XIII，ch. 14. Gottfried von Thile，*Nachricht von der Churmärkischen Contributions und Schoß Einrichtung*（Halle，1768），pp. 11—15. Mirabeau，*De la monarchie*，p. 67. William Petty，*Treatise of taxes and contribution*（London，1662），p. 94. For an overview over Prussian administration，see Gustav Schmoller，*Preußische Verfassungs-，Verwaltungs-und Finanzgeschichte*（Berlin，1921），pp. 45—105，133—153.

国离财政崩溃只有20多年，而如今广泛认为18世纪末和19世纪的英国财政制度是比较成功的。对于这个问题，部分答案在于那时的政策制定者和历史学家有不同的观点。现在对法国和英国的财政制度进行评判，在很大程度上是由腓特烈二世统治时期发生的一些事件推动形成的，比如法国大革命和19世纪英国的军事和经济成就。此外，当时普鲁士之所以选择了法国顾问，考虑了财政制度及其发展，与所处的社会政治结构之间存在着密切的联系。一项财政改革计划，通常就是一份关于社会性质的声明，其中人们表明相信自己所生活的这个社会，或者希望建立这样的社会。有迹象表明，在创建普鲁士税务局之前，腓特烈唯一认真研究过的其他财政管理是奥地利的。腓特烈通过观察和模仿来改善普鲁士财政制度的努力，主要集中在奥地利和法国，这是因为这两个国家的社会和政治结构以及财政问题与普鲁士相似。在腓特烈看来，从英格兰学习财政思想和经验更加困难、更不可取，因为这必然会包括“英格兰”的某些政治思想和政治结构的转移。正如在法国的税收争论中，比起中央政府来，土地贵族代表更加倾向于英国式的税收原则。最终，选择法国财政顾问也是由于法国财政管理质量较优。那时的人们认为，最老练、最熟练的税务管理人员都在法国的包税公司中。在当时，有许多地方都普遍地崇拜法国。法国的思想、艺术、产品、生活方式，尤其是法语，几乎在欧洲各地都受到追捧和模仿，特别是在波茨坦。普鲁士税务局的许多官员都由同一个人推荐而来，这个人把法国思想的一些最新趋势带到了普鲁士，而这并不是巧合。1765年，爱尔维修(Helvétius)在波茨坦逗留。他不仅是启蒙运动较杰出的作家之一，而且在1751年之前一直是包税公司的一员。[①]

能让德洛奈(de Launay)及其同事离开法国，并在普鲁士各省相对原始的环境中定居下来的原因，与腓特烈招募法国行政官员的动机一样令人饶有兴趣。没有任何迹象表明，普鲁士税务局管理者(Régisseurs)是被迫离开法国的。德洛奈来自一个有影响力的金融家家庭。在普鲁士逗留期间，他并没有完全断绝与法国的联系，还安排了他的两个女儿与法国金融家的婚姻。财政

---

① ‘Notizen über das österreichische Accise und Zollwesen’, Gen. Akzise/Zolldept., A Titel IV, no. 1. Frederick II, King of Prussia, Oeuvres(29 vols, Berlin, 1856), XIX, p. 398. 关于法国对德国王公们的重要性，参见 Timothy Blanning, *The culture of power and power of culture*(Oxford, 2002).

官员从法国到普鲁士的迁移，发生在法国包税公司官员迁移的大背景下。让—克劳德·瓦凯(Jean-Claude Waquet)描述了法国官员向意大利的迁移，即大约在18世纪中叶，法国官员被召集到托斯卡纳(Tuscany)、帕尔马(Parma)和米兰(Milan)，以便建立包税运营机制。意大利的发展也与普鲁士的改革直接相关：普鲁士税务局的主管之一德拉特(de Lattre)，曾在佛罗伦萨当过包税人。他到达普鲁士的时间，比他的大多数同事都晚，其移民很可能与1767年法国在托斯卡纳的统治结束有关。因此，法国官员向普鲁士的迁移，需要在欧洲财政传播的更大背景下看待，其中也包括像奥地利的津赞多夫(Zinzendorf)那样的官方财政事实调查代表团，以及像约翰·劳(John Law)式的财政冒险家移民。①

来自法国的管理者及其经验对普鲁士财政改革的影响

无论那些法国行政管理者离开法国的个人动机是什么，当他们抵达柏林时都预示着普鲁士的财政发展将发生重大变化。在此处，只能讨论其中的一小部分。大多数法国行政管理者于1766年抵达柏林，但包括德洛奈在内的一些主管在1765年就已经到达。在此期间，国王和法国人就财政改革计划的确切性质进行了协商。到目前为止，只有一点是清楚的，那就是将要实施某种形式的财政改革，但细节(包括地理区域、税种、外国行政管理者参与的形式等)尚未得到详细的说明。

法国的经验对普鲁士财政制度发展所做出的第一个方面，或许也是最重

① ‘Acta betr. die Geheimen Finanz Räthe und ehemaligen accise Régisseure Herrn v. Roux und Hainchelin, 1767—1803’, Gen. Akzise/Zolldept., A Titel X, no. 1. ‘Cabinetsorders und Dokumente aus Akten des Generalakzise und Zolldepartments’, Gen. Akzise/Zolldept., A Titel XIV, Sect. 1, No. 1c. ‘Cabinetsorders Bd. 1, 1766—1784’, Gen. Akzise/Zolldept., A Titel XIV, Sect. 1b. ‘Acta betreffend die der General Accise und Zoll-Administration von der königl. Majestät erteilte und allerhöchstselbst revidierte Instruction, dazu die in Verfolg derselben erlassenen Verfügungen. 1767’, Gen. Akzise/Zolldept. A, Tit. 1, Sect 2, No. 1. ‘Handel mlt Frankreich, Etablierung von Franzosen in Preussen. 1769, Etatsminister v. d. Horst, De la Haye de Launay’, HA I, Rep. 96, Nr. 424 D. Beguelin, *Akzise-und Zollverfassung*, pp. 122, 154—164. Jean-Claude Waquet, ‘Les Fermes Générales dans I’Europe des Iumières: le cas Toscan’, *Mélanges de I’Ecole Francaise de Rome*, 89(1977), pp. 983—1027. Christine Lebeau, *Aristocrates et grand commis à la cour de Vienne*(Paris, 1996).

要的贡献,就在这一早期阶段。腓特烈提议德洛奈根据法国的模式创建一套财政管理机构,即建立一个包税公司,由包税公司每年向君主支付一笔钱,以便获得在全国征收所有税款的权利。国王希望这个包税公司支付1764/1765年度税款再加上30万泰勒给他,而这显然是一个极为有利的提议,因为直到1763年战争才结束,所以1764年的税收数字非常小。建立包税公司的意图,可能也成为腓特烈决定从法国包税公司为他的政府招募官员的另一个原因。要想在尚未发展的普鲁士资本市场上筹集到政府所需资金是非常困难的,于是国王可能想到由包税公司来给予支持,这样的解决方案类似于当时意大利的做法。由此可见,腓特烈无法从普鲁士金融家那里获得信贷资金,是他考虑财政政策时的一个决定性因素。就是说,即使从最富有的普鲁士人那里,也无法筹集到必要的资金。此外,除了威斯特伐利亚省以外,普鲁士大多数重要的企业家都与政府有密切的联系。他们得到政府的补贴和信贷,而且往往也是军事供应商。在这种情况下,他们很难向政府提供大量的信贷资金。外国债权人本可以向普鲁士政府提供信贷资金,但这种可能性是不确定的,有可能会干扰外交政策,正如西里西亚贷款的经验所证明的。因此,腓特烈倾向于在可能的情况下积累战争的金库,而不是通过信贷为战争融资。[①]

然而,德洛奈拒绝了这一提议,并坚持新的管理机构由政府或政府的分支机构税务局来直接运营。法国人还给新的管理机构起了一个非正式的名字,把普鲁士从最令人痛恨的旧制度(Ancien Régime)中拯救了出来。德洛奈之所以拒绝该提议,是因为该提议对国家非常不利。他还认为,包税制度本身是有缺陷的,因为包税人有动力从纳税人那里榨取尽可能多的税收,而不考虑税收的公正性、公平性或合法性。作为一名前包税人,德洛奈深知这些问题。在法国,包税公司广受憎恨,并被视为财政制度惠及富人的另一种方式。富有的金融家通过成为包税公司联盟的成员来达到免税的目的,并从大众缴纳的税款中获利。一位研究18世纪法国历史的历史学家曾经说过:“在这个国家,包

---

① Marc Antoine de Lahaye de Launay, *Justification due système d'économie politique et financière de Frederic II, roi de Prusse pour servir de réfutation a tout ce que M. le Comte de Mirabeau a hazardé à ce sujet dans son ouvrage de la Monarchie Prussienne* (n. p., n. d.), p. 10. Schultze, *Regieverwaltung*, p. 18. Mann, *Steuerpolitische Ideale*, p. 44.

税公司可能是最不受欢迎的。”正因如此，他们也是站在革命脚手架上的社会或专业群体的最好代表。[①]

大约在德洛奈阻止普鲁士国王引入包税制度的时候，法国的政府官员也清楚地认识到与这一制度相关的问题。在1780年，内克尔试图削弱法国包税公司的重要地位，并用税务局模式的财政管理部分地取代它。然而，改革来得太晚，而且仍然不完整。因此，德洛奈与其同事迁移至普鲁士，意味着政府官员在柏林可以比在巴黎更快、更有效地吸取法国的经验。普鲁士税务局主管们的报酬最终被确定为一笔固定的款项，只占1765/1766年以后任何税收收入5%的份额。[②]

法国官员发挥了重大影响的第二个方面与新的消费税有关。1766年，德洛奈与腓特烈经磋商发布了一项《明确声明》(the declaration patent)，宣布对消费税(excise tariffs)进行临时改革，并成立一个委员会来决定最终的税收结构。这一改革的主要目的是改变税收结构和行政管理，而增加财政收入是次要的目的。该声明明确指出，新关税将带来“公正”和“比例”的税收，而税款应按财富比例分配。这一文件还概述了改革的广泛指导方针，并成立了一个委员会来详细拟定新税收的细节。这一税收委员会就此成为一个主要供有关各方交锋的场所，比如在国王的新顾问和旧的普鲁士政府管理人员(包括来自与领地利益密切相关省份的成员)之间的交锋。然而，在国王的支持下，德洛奈和他的同事们完成了大部分改革，1769年新税收紧随着《明确声明》的建议推出。因此，用米拉波的话说，那时德洛奈实际上成了普鲁士国家中“某种事实上的财政部部长”，而普鲁士政府还不存在这一职位。新消费税是基于后来被称为“支付能力”的方法而征收的。在当时的情况下，税收的变化只能以概括性的方式进行讨论，因为不同商品的税收是不同的。这里，只列举一些典型的例子。国王和德洛奈为了实现他们的目标，讨论了一系列通过降低基本食品的税收以作为“为穷人减税”的措施；他们同意废除谷物消费税，并且怀着同样

① De Launay, *Justification*, pp. 100, 9. Colin Jones, *The great nation* (London, 2002), pp. 266, 554.

② Beguelin, *Akzise und Zollverfassung*, p. 135.

的意图，不再对只卖给穷人和士兵的那些质量最低的啤酒征税[①]，这样的减税后果将被对富裕的消费者的增税所抵消。德洛奈认为，“人们必须从富人那里获得税收，这些税收无法从生活必需品上征收到。”因此，各种优质的啤酒、白兰地、某些肉类和奢侈品，税率更高。在这一背景下，新税收方面的许多争论并没有集中在“奢侈品”是否应该被征更高的税这一问题上，而是聚焦于哪些商品被算作“奢侈品”。在如何处理肉类上，有一些分歧：德洛奈坚持认为这是一种奢侈品，因为一般老百姓不吃肉，但是腓特烈不想听到任何有关提高肉税的事。最后，双方达成了妥协，对猪肉以外的肉类征收了新税，因为猪肉被视为穷人的食物。对于大多数奢侈品来说，1766 年的税收确认了腓特烈在 1749 年的税收中已经增加的消费税，而这让许多奢侈品的税收成倍地增长。让消费者感受到的真正变化是普鲁士税务局开始以更高的效率征收更多的税收。事实上，要考察国王此次消费税管理的改革决定，必须参考 1749 年税收改革在实施上的无效性。[②]

普鲁士税务局还通过系统地控制免税所要求的法律基础，以便努力削减普鲁士存在的财政特权。这是新管理机构非同寻常的行动主义的第三个方面。特权大多与社会地位和地理位置有关。在一般情况下，农村地区不征收

---

① 有关改革的详细讨论，参见 Schultze，*Regievenrwaltung*.

② ‘Vorläufiges Declarationspatent wegen einer für sämtliche Königlich Preussische Provinzien，wo bishero die Accise eingeführt gewesen，vom lten Junii 1766 an，allergnädigst gut gefunden neuen Einrichtung des Accise-und Zoll-Sachen. De dato Berlin，den 14ten April 1766’，*Novum Corpus Constitutionum Prussico-Brandenburgensium Preacipue Marchicarum*（12 vols，Berlin，1771），VI，pp. 294－307，p. 294. Mirabeau，*De la monarchie*，p. 146. ‘Seiner Königlichen Majestät in Preussen revidirter und mittelst allergnädigster Cabinets-Ordre vom 14ten März 1769. approbirter Accise-Tarif fiir die Städte des Herzogthums Vor-und Hinter-Pommern’，*Novum Corpus*，IV，pp. 5397－5532. De Launay，*Justification*，p. 72，107. ‘Actes concernant la formation des nouveaux tarifs d’Accises，1768－1772’，Gen. Akzisel/Zolldept.，A Titel XV，Sekt. 1，No. 1. ‘Cabinetsorders，Erlasse，Immediatberichte’，Gen. Akzise/Zolldept.，A Titel XIV，Sect. 1 b. 许多针对新关税的反对意见也在省级层面提出，参见‘Acta wegen Anfertigung eines neuen Accise Tarifs von Preussen und Lithauen，1768－1770’，Gen. Akzise/Zolldept.，A Titel XV，Sect. 3，no. 4. ‘Acta wegen der Anfertigung des neuen Accise Tarifs von Pommern，1768－1769’，Gen. Akzise/Zolldept.，A Titel XV，Sect. 3，No. 7. ‘Acta betr. den neuen Pomm. Accise Tariff und die draus ergangene Resolut. De ano 1749’，General Direktorium Pommern Materien General Accise，Nr. 20b. 施莫勒（Schmoller）生动地描述了在 税务局之前的消费税行政管理，*Preußische Verfassungs－，Verwaltungs-und Finanzgeschichte*，p. 150. 有关以前腓特烈（Frederick ）为提高行政效率所做的努力，参见例子‘Seiner königl. Majestät in Preussen Allergnädigster neu approbirtes Reglement und Verfassung des ganzen Accise Wesen der Vor- und Hinterpommerschen Städten. De Dato Berlin，den 28 Feb.，1749’，General Direktorium，Pommern Materien General Accise，No. 20a.

消费税，某些群体如贵族和神职人员是免税的。有许多特权并没有明确地加以界定，于是在真正的特权、逐渐超出其原有范围的特权、没有法律依据的特权、仅仅源于低效征税带来的特权之间，界限变得模糊不清。普鲁士税务局开始系统地控制特权的合法性，并试图普遍地减少各种形式的免税待遇。削减财政特权的努力主要发生在行政管理的实践层面，在税收和法规方面体现得不明显。在省和地方一级，围绕特权发生的大量争端和对普鲁士税务局业务的申诉表明，在新行政管理机构存在期间，冲突一直存在。由于普鲁士设立了一套独立的法院系统来处理有关税务局的争端，这让行政管理当局在这些对抗中的地位大大加强。纳税人持续抗议这些法院的建立，因为他们受到法院裁决的约束，自己的特权合法性也遭到了法院的反对。预期法院作出的裁决不利于自己利益的地方执法官，认为自己的权限受到现有法院的限制，也抗议这些法院。在某种程度上，越来越多的特权冲突也来自普鲁士税务局税收征管效率提高的结果，因为它让免税问题变得更加重要。

普鲁士税务局试图减少的财政特权，超出了君主的明确意愿，君主早已发出指示不要干涉任何真正的特权。在此领域内，普鲁士税务局开展了相当积极的行动，许多时候甚至超出了免税合法性的控制范围。来自法国的这些官员希望增加对特权阶层的财政压力，但他们也寻求为所有普鲁士国家和所有普鲁士居民创造一个同质的财政管理。普鲁士税务局管理者在这方面的迫切愿望，还需要根据他们自身的经历来加以了解。在法国，财政集中化和同质性要先进得多，在他们看来，这是有效财政管理的基石。他们的经验还包括，在法国，国王反对特权阶层的许多成就，是通过在行政层面采取更加激进的行动取得的。①

---

① 由于文件记录冲突和投诉的数量非常大，因此在这方面只能引用东普鲁士的一些例子。Call numbers are BI Titel X, No. 1—9:‘Acta gen. : wegen der Accise Freiheit, 1719—1780’. ‘Acta die Accise Freiheit des Landadels betreffend, 1772—1799’. ‘Acta die Accise Freiheit auf den Communion Wein betr, 1773—1796’, ‘Acta gen. wegen der Accise Freiheit der Hospitäler, Zuchthäuser und Klöster und Kirchen, 1773—1815’, ‘Acta die von der Admiralität zu Königsberg nachgesagten Accise Freiheit auf ihren Consumptiblien betr, 1756—1809’. 有关税务局法院的运作可参见，for example, the files of the court in Halberstadt. Call numbers Gen. Akzise/Zolldept.. B 1X Titel X, No. 1—3:‘Acta des Halberstädtischen Pronvincial Régie Gerichts, 1767—1804’, ‘Objets généraux concernant le contentieux. 3 Bde 1772—1795’, ‘Acta betreffend den Schleichhandel mit verbotenen und hochimpostierten Waaren. Generalia, 1773—1794’. 关于腓特烈的指令，参见‘Vorläufiges Declarationspatent’, p. 305.

随着增加新税收、提高征税效率、减少税收特权等行动进展良好，消费税开始影响到大量的纳税人。更重要的是，消费税成为普鲁士国家较以前更大规模地对精英阶层的收入征税的工具。施莫勒和他的门徒们认为，这是一种腓特烈的“社会主义”。然而，他们也确实补充说，这种社会主义完全不同于他们那个时代的社会主义。在他们看来，腓特烈的“社会主义”是对穷人命运恰如其分地关注，同时也是对迅速发展的社会现状的高度尊重。在施莫勒的描述中，腓特烈“社会主义”背后的哲学与历史学派的社会关注点有一些显著的相似之处。然而，从普鲁士国王或财政管理部门主管的思想中寻找社会主义或再分配的动机，似乎是不合时宜的。他们关切的主要问题仍然是为普鲁士王国筹集必要的资金，为此在能够找到资金的地方积极活动。支付能力是普鲁士税务局实行累进征税的主要理由，但它也受到关切税收公正性和合法性的影响。对于德洛奈来说，只有自愿纳税才能产生稳定的税收收入。在缺乏任何政治机制来履行这一功能的情况下，确保同意征税的一种方法是重点向消费者可以选择放弃的“多余”奢侈品征税。德洛奈认为，通过这种方式，税务员可以随时告诉纳税人：“迫使你纳税的不是必要性或约束，而是你的自由意志。”①

普鲁士税务局创新的第四个方面只是间接地与为国家创收的职能相关。《明确申明》明确指出，促进工业发展是财政改革的主要目标之一。新成立的普鲁士税务局在影响消费习惯、收集统计信息、控制制造业质量标准等领域，做出了重大的贡献。腓特烈和德洛奈推行了一项后来被称为“幼稚产业保护”的政策。这个名词与19世纪的经济学家弗里德里希·李斯特（Friedrich List）有关，但腓特烈和他的顾问们对此概念以及用来描述此概念的语言都很熟悉。在与德洛奈的讨论中，国王曾指出，新关税应该为“仍处于摇篮中的产业”提供保护。为此目的，普鲁士税务局成为“品味政治（politics of taste）”的工具。腓特烈抱怨说，即使是“最时髦的仆人”，也渴望身穿外国丝绸、消费其他进口奢侈品，而这减少了对普鲁士商品的需求。制造这些商品的工业实际

① Schultze, *Preußische Regieverwaltung*, p. 186. ‘Actes concernant la formation des nouveaux tarlffs d’Accises, 1768—1772’. Gen. Akzise/Zolldept., A Titel XV, Sekt. 1, No. 1. 关于历史学派在19世纪财政思想传播中的关联性，参阅本卷中霍尔格·内林和安德里亚斯·蒂尔的文章。

上大部分仍处于“摇篮期”，与进口产品相比，有许多国内生产的产品要差很多。为了增加对国内工业的需求，普鲁士税务局对许多外国商品征收更高的税收，有一些商品的进口甚至被完全禁止。虽然保护国内制造业的大多数措施是由德洛奈和国王共同制定的，但在进口禁令方面他俩存在着巨大的分歧。德洛奈对税收收入的损失提出警告，但腓特烈坚持认为，促进国内工业发展优先于所有其他的财政目标。这一分歧表明，短期财政考虑在财政改革动机中所起的作用相对来说比较小。①

普鲁士税务局还在创建新的制造业方面发挥了积极的作用。腓特烈希望通过征收新税实现的目标之一是防止贸易出现逆差。德洛奈赞同君主的“金银本位主义(bullionism)”想法，但他进一步论证道，只有当所有的消费支出——无论是国内的还是进口的——都受到限制时，普鲁士人才能够“保存足够的财富，以便用来获取更多的财富”。因此，对奢侈品征税也是为了阻止普鲁士人消费，以便诱导他们去储蓄并投资于新的制造业。但是，这种促进工业发展的机制在许多情况下其作用是不充分的。国王向德洛奈抱怨，他的臣民通常过于贫穷或不愿改变传统的生产方式，以创造新的工业产业。即使提供慷慨的补贴，作用通常也不明显。腓特烈向德洛奈抱怨道：“我不得不迫使我在柏林的工厂主到布罗姆伯格(Bromberg)去建造一个小规模的类似工厂。”②当他的臣民无法或不愿在经济上采取主动时，腓特烈认为他有责任介入。他对德洛奈说：“你必须明白，在我的王国里，有些事情是臣民力所不及的。我有责任承担这些费用，并让他们采摘果实。”③沃尔夫勒姆·菲舍尔(Wolfram Fischer)和阿德尔海德·辛希(Adelheid Simsch)正确地强调，普鲁士国家与私营企业家之间这种灵活合作对普鲁士的经济发展具有重要性。在1766年之后的一段时间里，普鲁士出台了许多促进工业发展的措施。这些措施要么是由税务局的收入资助，要么需要税务局直接干预。“我知道所有这些细节”，德洛奈这样描述他在促进工业发展中的作用，“因为他(国王)让我掌管一切，他甚至命令我为丝绸工厂制订计划。”财政

---

① ‘Vorläufiges Declarationspatent’, p. 294. De Launay, *Justification*, p. 58, 57. ‘Revidirter… Accise-Tarif’, pp. 5397—5532.

② Acta betr das der Splittgerberischen Fabriken erteilte Privilegium exclusivum zur Einrichtung einer Zucker Raffinerie in Bromberg. Gen. Akzise/Zolldept., BII Tit. XXVIII, No. 3.

③ Delaunay, *Justification*, p. 72.

管理和促进工业发展之间的联系在1786年被制度化，当时的消费税管理部门和腓特烈在1740年为促进工业发展而建立的一般管理委员会(General Direktorium)第五部门，已经合并为一个部门。①

普鲁士税务局还通过提供一些有关生产和消费的一手可靠信息，为经济发展做出贡献。腓特烈曾大声抱怨过去的消费税管理，其中有一个原因是，他手下的高级行政人员无法告诉他，他的臣民每年喝多少咖啡。在专业的法国行政人员来到了普鲁士之时，现代的会计和统计方法也随之而来。国王第一次能够了解到在奥德(Oder)河畔法兰克福的一个集市上(该集市在普鲁士最为重要)相关商品的数量、来源和类型的细节。对于像腓特烈这样关注控制和调节经济发展的政府来说，这种信息最有价值。在其他领域，普鲁士税务局也起着质量控制的作用。为了保护消费者，新税收甚至作出了这样的规定：酿造一定数量的啤酒需要使用多少谷物。②

由普鲁士税务局引入的变化，让税收总收入增加了约2 700万泰勒。确切的增长是难以量化的，因为资料来源不完整，而且与普鲁士税务局相关的收入增长很难与经济活动的波动分开。当时关于普鲁士税务局成功或失败的争论，以及历史学家的诸多争论，大多集中在普鲁士税务局产生了多少盈余这个问题上。然而，这个问题可能不仅难以回答，而且会引起误解。普鲁士税务局更为持久的影响，与其带来的结构变化有关。在七年战争之后，普鲁士朝建立这样一个财政制度迈出了重要的一步，即该制度能将普鲁士各省的共同经济发展置于社会特权之上。普鲁士财政当局与纳税人之间的互动日益密切，而且不考虑纳税人的社会地位和地域出身。这样做，不仅促进了普鲁士的经济

---

① Delaunay, *Justification*, p. 78, 60. ‘Acta betr. Das der Splittgerberischen Fabriken erteilte Privilegium exclusivum zur Errichtung einer Zucker Raffinerie in Bromberg’, Gen. Akzise/Zolldept., BII Titel XXVIII, Nr. 3. Delaunay, *Justification*, p. 72. Fischer/Simsch, ‘Industrialisierung in Preussen’. De Launay, *Justification*, p. 74. ‘Acta betr. Die den Seiden Fabrikanten auf ihre außerhalb Landes debitierten Saiden Waaren bewilligten Bonificationen, 1768—1782’, Gen. Akzise/Zolldept., A Titel XXV, Sect. 11, No. 1. ‘Acta betreffend die Verbindung des 4. und 5. Departements des General Direktoriums mit der General Accise und Zolladministration zu einem Departement mit dem Namen: General Fabriken und Comerzial-wie auch Accise und Zoll Departement, 1786—1803’. Gen. Akzise/Zolldept., A Titel I, Section 2, No. 2.

② Johann Preuss(ed.), *Urkundenbuch zur Geschichte Friedrichs des Großen* (5 vols, Berlin, 1832—1834), Ⅲ, p. 10. Delaunay, Justification, p. 36. ‘Vorläufiges Declarationspatent’, p. 301.

发展，也为普鲁士国家建构做出了贡献。[①]

普鲁士税务局的终结

腓特烈二世死于1786年。继位的腓特烈·威廉二世(Frederick William Ⅱ)的首要决定之一是暂停德洛奈的活动，并成立一个修正委员会(Revisions Kommission)。委员会最终的调查结果，主要带来了三个方面的变化。第一，来自法国的行政官员被解雇，取而代之的是普鲁士人，他们中的许多人都在普鲁士税务局接受过训练；第二，废除原来对某些特定的税收所做的变动，其中包括废除谷物消费税；第三，消费税官员进行检查和搜查的权力受到限制，但是，由普鲁士税务局引入的行政管理和税收结构基本上保持不变。这些具有长期影响的最为重要的行政改革包括：对几乎普鲁士各省的大部分间接税实行单一行政管理；建立起一个专门从事间接税管理、技能熟练的公务员队伍；为行政管理制定明确和有效的规则，包括控制机制、个人责任和合作；在普鲁士领土的边界实施海关管制，减少对各省内的城门和省内其他地方的管制。普鲁士税务局在税收领域最重要的遗产，可能是在几乎所有的普鲁士省份之间实现税收协调。此外，即使在1787年的改革之后，普鲁士的税收结构仍然反映了当初设计的目标：优先考虑经济发展、财政公正和关税协调，而不是优先考虑财政特权、税收收入的短期增加和地方的特殊利益。

尽管普鲁士税务局取得了巨大的成功，但是它为什么会被部分地废除？它带来了什么性质的变化？要充分解答这些问题，需要在更宏大的普鲁士社会历史背景下进行。腓特烈·威廉决定改革普鲁士税务局的主要原因是遭到了不同社会群体的广泛反对。在腓特烈统治时期，这种反对就已经在不断地增加。然而，尽管会偶尔抱怨普鲁士税务局的官员，但腓特烈仍然继续支持行政部门及其所设立的目标。相比之下，腓特烈·威廉政府则更多的是建立在与土地贵族妥协的基础上，而不是以经济和行政改革为导向。新国王不仅能力较弱，而且也不愿意抑制日益增长的反对普鲁士税务局的势力。这样的反

---

① Schultze, *Preußische Regieverwaltung*, p. 166.

对以不同的形式表现出来，其中包括民众起义，走私活动的数量增加，个别纳税人的投诉，公司、城市、社会和地方团体其他代表的不满，以及一般管理委员会的反对和蓄意阻挠。然而，不同形式的反抗有一个共同的起因，那就是普鲁士税务局缺乏合法性。这一问题与社会及知识分子的发展有关，主要表现在以下三个方面：王权和土地贵族在税收问题上的冲突升级，资产阶级公共领域的兴起，民族认同情绪不断上升。

普鲁士税务局的创建，是王权和土地贵族在财政特权、征税权和税收管理等方面长期冲突的结果。普鲁士税务局的引进完成了一个进程。在此进程中，土地贵族在消费税管理方面的作用大大削弱。有了普鲁士税务局，普鲁士国家第一次建立了消费税管理机构，在纳税人和国王之间建立起直接的联系。一方面，这对王室而言是巨大的成功，国王增加税收收入的能力显著提高；另一方面，新形势也带来了问题。土地贵族参与财政管理是一种机制，该机制给予税收某种形式的批准，从而确保一定程度的财政合法性。反过来，普鲁士税务局的结构不包括任何创造合法性的机制，它完全依靠王权。这并非巧合：普鲁士税务局的最初目的是在未经同意的情况下实施财政改革，但这样的性质也导致自身的终结。

普鲁士税务局受到越来越多的反对的第二个原因来自社会冲突。这些冲突涉及纳税人抗议政府干预生产、商业、消费的活动并抵制国家代表闯入私人住宅。开始兴起于城市中的早期现代的法团资产阶级（corporatist bourgeois class）不断地说，经济活动和私人住宅是私人领域的一部分。当政府和这个新兴私人领域之间持续地行政接触时，就会产生冲突；而税收管理是私人领域和政治领域之间最重要的接触区域。

税收国家建立在明确区分政治和经济不同领域的基础上，但税收同时又是这两个领域相互连接的唯一的重要机制。冲突是不可避免的，特别是在国家增加征税数量和范围的时期。普鲁士税务局的案例说明，早期现代的财政管理在很多情况下干预了诸如商品的生产、运输、交换、消费等经济活动方式。许多城市居民、小制造商和商人反对普鲁士税务局，动机在于拒绝它对商业事务的干涉。一个典型的例子是，由《明确声明》中禁止生产低质量啤酒的规定引发了冲突。这一规定遭到强烈的反对，因为在许多城市，雇佣工的一部分工资是用一定数量的啤酒支付的。所以，禁止生产最低质量的啤酒，就会导致许多制造商的劳动力成本大幅度增加。于是，这一规则通过调节产品质量和改变就业条件干预了生产过程。普鲁士税务局官员有一个不那么讨喜的绰号就是在这种背景下创造出来的：这些官员被称为"洞穴老鼠(rats de cave)"，因为他们经常去控制酿酒厂的酒窖。此外，在其他许多情况下，普鲁士税务局还制定质量标准，禁止生产某种质量的商品，或者管制贸易。对普鲁士税务局这些干预的普遍愤慨，表现为公司、城市、个人提出的大量投诉和诉讼。

在资产阶级家庭的私密环境中，他们也以相似的憎恨拒绝普鲁士税务局的闯入。为了加强对咖啡的专卖权，税务局的官员搜查私人住宅，以查获走私的咖啡。在一幅画中，商人出身的画家路易·卡岑施泰因(Louis Katzenstein)生动地表达了对这种做法的愤慨：两位身穿制服的税务局官员骚扰一群妇女，而这些妇女正平静地聚集在一个资产阶级家庭里喝咖啡、吃蛋糕。这种事情为普鲁士税务局管理者提供了另一个流行的绰号："咖啡嗅器"(Kaffeeriecher)。但泽(Danzig)参议员的女儿，也是哲学家亚瑟·叔本华(Arthur Schopenhauer)的母亲，她就曾表达对侵犯最私密领域的愤怒："当时流行一种箍裙，里面有很大的口袋，从外面很难看到里面的东西，这成为那些法国税务官们怀疑的主要对象。"这些抱怨说出了她的全部愤慨，因为在普鲁士税务局到来之前，她肯定只会受到非常宽松的搜查，特别是在她父亲担任参议员的那个城市的城门口。这样的投诉以及其他的抱怨可以表明，城市中的许多居民在相当大程度上认为普鲁士税务局的运作缺乏合法性。①

导致普鲁士税务局终结的第三个方面，是在绰号为"北方魔术师"的哲学家约翰·乔治·哈曼(Johann Georg Hamann)(1730—1788)的信中表达出来

---

① Habermas, *Strukturwandel*, p. 24, 83. Schultze, *Preußische Regieverfassung*, p. 222. 'Actes concernant la formation des nouveaux tarifs d'Accises, 1768—1772', Gen. Akzisel/Zolldept., A Titel XV, Sekt. 1, No. 1. Beguelin, *Akzise und Zollverfassung*, p. 127, 170. 有关地方一级的投诉和诉讼，参见 for example, the files for East Prussia: 'Acate betr. Die von einem Gebraude Bler zu ziehende Anzahl Tonnen Courant oder Tafelbier und Versteuerung derselben, 1766—1794'. BI Titel XI, No. 6. 'Acta gen. Die zu Entscheidung und Bestrafung der Accise Verbrechen angeordneten Behörden und die dazu eingegangenen Verordnungen betr. Bd. 1 1767—1776. Bd. II 1777—1786', BI Titel XXXII, No. 1. 'Acta gen. betr. Die zur Verhütung der Defraudationen und Contraventionen getroffenen Maßregeln, 1771—1798', BI Titel XXXII, No. 2. Louis Katzenstein, *Die Kaffeeriecher des Alten Fritz*, painting 1892. Clted in Bernt Engelmann, *Preußen* (Munich, 1979), p. 123.

的。为了谋生,他在伊曼努尔·康德(Immanuel Kant)的帮助下获得了一个职位,在东普鲁士担任税务局的翻译。他对自己所服务的机构的憎恨很大程度上来自这一机构被外国人控制的事实。在写给腓特烈二世的一封信中,他抱怨说税务局的一名法国雇员,称他是"一个暴发户……我的祖国曾见过这样的人:来时衣衫褴褛,走时却带着侯爵般的奢华"。哈曼并没有对一般的财政管理提出抱怨,而是特别攻击对外国人的雇佣。目前尚不清楚哈曼心中的"祖国"是他的出生地东普鲁士,还是普鲁士,或者他否认自己是某种形式的德国人。然而,从贝格兰(Beguelin)对普鲁士税务局的批判中,清晰地浮现出一个关于普鲁士统一和排斥一切非普鲁士事务的概念:"似乎所有的普鲁士臣民都暗地里发誓,要永远敌视'普鲁士税务局'及其主管。"他可能夸大了自己对想象的"瑞特利誓约"(oath on the Rütli)的描述。在此誓约中,普鲁士各省居民在面对来自外国的税务员的压迫时联合成为普鲁士人。然而,普鲁士税务局缺乏合法性的很大一部分原因是,民众反对"由永远不可能成为国人的外国人征收消费税"。在这种背景下,"民族"(nation)的概念仍然是模糊的。随后拿破仑战争期间,被法国占领的经历成为民族主义情绪在更大范围内蔓延的催化剂。可见,普鲁士税务局不仅在行政层面上促进了统一的普鲁士国家的发展,而且在18世纪后期的普鲁士引发了最初阶段的民族主义情绪。这些情绪被消极地表达为拒绝外国干涉,此时尚没有明确定义的民族可被尊奉为忠诚的对象。然而,虽然在很大程度上这仍是一种没有国家的民族主义,但它大大削弱了普鲁士税务局的合法性。①

对这个有助于社会发展的普鲁士税务局的反对声音,往往是在一个封闭的行政管理环境中发出的,例如,当一般管理委员会1765年拒绝执行腓特烈的财政改革计划时,或者在税收及修订委员会活动的背景下。这主要是因为,早期现代国家的财政有秘密性。然而,在冲突的过程中,公开争论变得越来越重要。在某种程度上,这是不可避免的:纳税人与行政当局之间的沟通,是财政管理的

---

① Anselm Kiefer, 'Vorrede', In idem (ed.), *Welsheits-Sprüche und Witzreden aus Johann Georg Hamann's und Immanuel Kant's sämtlicher Schriften* (Amberg, 1828). p. 2. Johann Georg Hamann to Frederick 11, king of Prussia, 1 Jan., 1783, in Walther Ziesemer und Arthur Henkel (eds), *Johann Georg Hamann Briefwechsel* (7 vols, Frankfurt, 1957), V, p. 1. Beguelin, *Akzise und Zollverfassung*, p. 118, 161. My emphasis.

一个组成部分。在普鲁士税务局的情况下，君主和新政府从一开始就超越了所谓的“必要”，而直接与公众沟通。该法令试图让纳税人相信，新税收促进了经济发展，更公正地分配了税收负担，而且在许多方面保护了消费者免受欺诈。在“消费者政治”的早期例子中，《明确声明》寻求消费者支持那些遭到众多制造商和商人反对的措施。《明确声明》部分地反映了腓特烈试图将他的政府置于启蒙思想的影响之下。与此同时，在缺乏政治机构支持税收的情况下，该《明确声明》还尝试通过直接与纳税人沟通来创造合法性。这一尝试也符合拟议中财政改革的行政效果，因为改革建立起纳税人与中央政府的直接联系。①

鉴于有这么多人反对财政改革，君主和普鲁士税务局鼓励与公众展开交流。然而，人们的反应却不是腓特烈所希望的。城市和法人(corporations)纷纷抱怨新的行政当局，而政府又不得不采取严厉的措施来镇压民众的骚动。不幸的是，目前的文献对这些早期暴力抗议活动的社会构成并未展开研究。在随后的二十年里，公众对普鲁士税务局的批判和抗议成为政治交流的习惯性内容，并主要发生在城市受过教育的和具有资产阶级背景的人群中。然而，这种敌意并不仅仅局限于哈曼、叔本华等人。许多用来表达蔑视普鲁士税务局官员的绰号表明，对他们工作的抱怨是人们日常谈话的一部分。与此同时，普鲁士税务局缺乏合法性带来了公众暴力的升级。走私变得更加频繁，而且走私者对普鲁士税务局官员采取了越来越激进的行动。国家对此给予了严厉的惩罚，在1784年演变成为以下强制性的处罚：任何杀害普鲁士税务局官员的人都会被车轮碾碎。这样的判决在普鲁士税务局官员执行任务的城市里公开执行。公众暴力的升级，进一步削弱了普鲁士税务局的合法性。贝格兰描述了用作示范的惩罚行动中受害者却成了民众抗议的“殉道者”。②

在这种情况下，腓特烈·威廉成立了修正委员会，以便改革税务局。委员会的行政工作和公开表示反对意见之间的界线是模糊的。自委员会成立以来，由于行政当局有可能要发动改革，公众的争论于是愈演愈烈。委员会征集

① ‘Vorläufiges Declarationspatent’, pp. 294ff.

② Begueiin, *Akzise und Zollverfassung*, p. 127, 118. ‘Königliche Kabinetts Order wie die Contrebandiers bestraft werden sollen. De Dato Potsdam, 23 März 1784’, *Novum Corpus*, VIII, pp. 2821—2822, p. 2821.

有关财政改革的建议时，一些最重要的行动者向委员会及公众表达了自己的观点。在这场公开争论中，贡献最大的人是米拉波和德洛奈。这种对有关财政事务进行公共沟通的文化始于18世纪60年代的法国，他俩对此早已习惯，并积极促成了在普鲁士展开第一次此类争论，而那时的普鲁士财政事务仍被“最隐秘的秘密”之名义所遮盖。在普鲁士，随后发展了一种抗议的语言，其中包括对侵犯商业和隐私的“烦恼事”(vexations)的频繁抱怨。腓特烈·威廉的改革法令，不仅在实质上满足了此次争论中所提出的要求，而且还采用了资产阶级的抗议性话语。比如说，该法令承诺终结“烦恼事”“讨厌的手续”“滥用公民”。与腓特烈曾在1766年法令中提议的经济推理类型相对应，他的继任者承诺的是，为了实现繁荣而公平地对待商人、运货者和水手。这些人曾因“耗时的迂回和手续，对他们货物的不必要搜索，粗鲁的遭遇，频繁且昂贵的过程和不公平的罚款”而被赶出了普鲁士。对财政事务的一般争论，并没有随着1787年的法令而结束。在公众争论中，这个议题仍然很重要。宫廷和行政当局继续处理针对普鲁士税务官员的诉讼。在这场耗时最长的法庭案件中，有一个案件是针对库尔马克(Kurmark)省税务主管尼古劳斯·奥伊洛德·马尔斯(Nicolaus L'Oeillot de Mars)的，他被指控在1766年至1786年有不正当行为。该指控直到1810年才得到彻底解决。①

在废除普鲁士税务局的背景下，公共争论的重要性对普鲁士来说是重大的社会发展，说明了公共争论在普鲁士政治中变得日益重要。唯一有类似影响的另一次公开争论，发生在物理学家塞缪尔·科尼格(Samuel König)和普鲁士科

① 'Acta auffassend die Inspektion für die Accise und Zoll Revisions Commission und die von derselben abgehaltenen Konferenz Protocolle. 1786—1787', Gen. Akzise/Zolldept. , A Titel I, Section 3, No. 1. 'Acte die bezügl. der Accise Revisions Commission erforderlich gewordenen Officanten, darunter bei Ausarbeitung der neuen Tarife und die ihnen dafür bewilligten Diäten und Gratificationen betreffend. 1786—1787'. Gen. Akzise/Zolldept. , A Titel I Sectlon 3, No. 2. 'Acta die von der Accise Revision Commission betreffs lhrer Operationen eingegangenen Nachfrange, Extrakte, Akten pp und deren Rückgabe betreffend Vorschläge', Gen. Akzise/Zolldept. , A Titel I, Sect. 3, No. 3. Mirabeau, *De la monarchie*, p. 2, 142. Beguelin, *Akzise und Zollverfassung*, p. 147. 'Accise Tarif für Berlin und sämmtiiche Chur-und Neumärkischen Städte. De Dato Berlin den 20. Februar 1787', *Novum Corpus*, Ⅷ, pp. 321—775, p. 255. 'Acta betreffend den Provinzial accise und Zoll Director Loeillot zu Cuestrin. 1780—1799'. Abt. 24, Gen. Akzise/Zoildept. B V, Titel 1, No. 1. 关于 L'Oeillot 家族的宗谱和贵族身份，参见 documents in the Heroldamt, GStAPK, HA 1, 176, VI, L, nos. 60 and 441.

学院院长皮埃尔·德莫佩尔蒂(Pierre de Maupertuis)之间，主题是物理学发现的“最小作用原理”。腓特烈二世一直支持莫佩尔蒂去反对毫无根据的剽窃指控，但公开争论对这位科学院院长的伤害是如此之大，以至于1753年他不得不辞职。这两次事件都表明了公共领域在普鲁士的兴起，反映了普鲁士政府对隐私以及其他社会发展与知识进步的关注。其结果是，公开争论以一种不能再被忽视的方式表现出来。这种争论日渐增加的重要性是普鲁士潜在的社会发展和冲突的结果。但是，值得注意的是，在科尼格事件和普鲁士税务局事件中，来自法国的公众知识分子(publicists)在争论中发挥了重要作用：1752年，伏尔泰领导了对莫佩尔蒂的公开批评；1786年，米拉波是对普鲁士税务局法国管理者最直言不讳的反对者。在这两个事件中，作为法国更为生动的公共争论环境的一部分，公众知识分子的出现也促进了在普鲁士的类似发展。

结　论

正如施莫勒所指出的，如果普鲁士真是“1786年欧洲最现代化的国家”，那么在很大程度上也是由普鲁士税务局的发展带来的。在其他对发展的研究中，“现代时期”是根据税收国家和工业化的兴起来定义的。但在普鲁士的案例中，这两个过程都与普鲁士税务局所引进的变革密不可分。并不是所有在1766年至1786年期间所做的改革，都能在普鲁士王朝的更替中得以幸存，但有一些更加重要的改革仍然幸存，并以多种方式为19世纪早期普鲁士的社会和经济发展做出了准备。最为重要的是，普鲁士税务局的案例表明，只有基于跨国背景和更广泛的普鲁士社会历史背景，我们才能完全理解普鲁士在18世纪下半叶的根本财政转型。来自法国的思想传播和人员转移，对普鲁士税务局的创建和演变至关重要，但是这样的发展最终又导致了普鲁士税务局的终结。对此只有将其理解为普鲁士社会变革的一部分，才能得到人们充分的注意。最为重要的是，普鲁士税务局是欧洲税收国家发展过程中相互联系的一个突出但并非唯一的例子。1786年，普鲁士税务局废除后，仅仅20多年就发生了下一波重要的财政重组浪潮，而在这波新浪潮中，跨国传播对普鲁士税收国家的发展又产生了显著的影响。

4 在意大利的拿破仑帝国:税收思想与政治合法性的传播(1802—1814)

亚历山大·葛莱伯(Alexander Grab)

1814年4月20日,在意大利拿破仑王国的米兰,一大群激动不安的人聚集在参议院大楼外。两周前的4月6日,法国皇帝拿破仑退位。现在,在米兰的拿破仑政府反对者正在策划一场起义,希望利用群众推翻政权。反法的气氛很明显。人群闯进了正在开会的参议院,破坏了大楼内部,迫使参议员们逃离。随后人群被鼓动前往圣费迪勒(San Fedele),那里是人们憎恨的财政部部长朱塞佩·普里纳(Giuseppe Prina)的住所。愤怒的暴民一进入就将房内洗劫一空,痛打了普里纳,并把他扔出窗外。这位可怜的财政部部长遍体鳞伤,在大街上继续被殴打和刺伤,直到死去。[①] 不久以后,奥地利人进入米兰,意大利王国灭亡。普里纳之死象征着北部意大利拿破仑政权的终结。该政权之所以失去合法性,很大程度上是由于它征收重税和严苛征税。

在历史学家们来看,拿破仑剥削他的卫星国(pays conquis)和被吞并领土(pays réunis)的财政资源是司空见惯的事。这是拿破仑在那些被占领的土地上最重要的两大利益之一。另一大利益是为他的大军团(Grande Armée)征募士兵。法国的财政收入不足以支付他的军事行动。特别是在1806年以后,拿破仑将其财政政策建立在"以战养战"的原则之上。[②] 法国统治者从被征服的领土上榨取的资源越多,很自然拿破仑需要从法国获得的资源就越少,国内

---

① John Rath, *The fall of the kingdom of Italy* (1814) (New York, 1975, a reprint), pp. 98—120.

② Louis Bergeron, *France under Napoleon* (Princeton, 1981), p. 40.

对其税收政策的反对就会因此减少。据估计,在1804年至1814年期间,被占领的欧洲支付了拿破仑一半的军费。[①] 除了税收和征用,法国皇帝还强迫卫星国维持耗资巨大的国民军(然后他将这些军队并入自己的大军团中),并要求他们支付驻扎在自己领土上的法国军队的维持费用。总而言之,如果没有来自被占领土的大量财政支持,拿破仑就无法维持和扩展他的帝国。

对拿破仑而言,北部意大利构成了一个非常重要的收入来源。伦巴第(Lombard)平原拥有高度发达的农业,其他地区包括威尼托(Veneto)及教宗国北部辖地(Papal Legations)博洛尼亚和菲拉拉(Ferrara),而一旦对这些地区进行改革,也都有着稳定的经济增长潜力。除了征兵外,对意大利共和国和王国(1802— 1814)的拿破仑政权来说,财政问题是最具挑战性的。财政是它们同法国的关系中的一个关键因素,涉及国家权力和合法性、行政效率、政治和经济利益以及社会正义等问题。作为财政核心的新税收政策思想,通过两个来源传播到北部意大利:法兰西帝国本身和革命前的奥地利统治下的伦巴第。与拿破仑改革的其他领域一样,皇帝下令在意大利实施法国的税收政策。这种税收思想和政策的输出是由拿破仑的信念所驱动的,他认为法国的税收制度比当地结构更有效率,也更优越,因此会带来更高的税收收入。此外,将法国制度引入他所占领的土地和卫星国,旨在统一和巩固法兰西帝国,从而巩固拿破仑的统治。在这里必须强调的是,意大利共和国或王国构成了拿破仑卫星国中变化最大的国家之一。[②] 这是由于法国在北部意大利的统治持续时间相对较长,当地精英也合作。至于奥地利统治下的伦巴第,是拿破仑忠诚的财政部部长普里纳的税收思想和改革的源泉。普里纳恢复了奥地利开明的专制主义者玛丽娅·特蕾莎和约瑟夫二世(Joseph Ⅱ)成功建立的一些伦巴第税种。

本章将聚焦于意大利共和国和王国时期的税收制度,新税收思想向新国家的转移,以及法国和奥地利伦巴第税制的相似之处。本章将分析拿破仑的

① D. M. G. Sutherland, France 1789—1815. *Revolution and counterrevolution* (New York, Oxford, 1986), p. 413.

② Carlo Zaghi. , *L'ltalia di Napoleone dalla Cisalpina al Regno* (Turin, 1987), pp. 293—650; Alexander Grab, 'From the French Revolution to Napoleon', in John Davis (ed.), *Italy in the nineteenth century* (Oxford, 2000), pp. 34—41.

财政需求、税收收入、政府启动的改革计划及其执行效率，税收政策对意大利社会、国家权力和合法性的影响，以及民众对这些政策的反应。它还将展示财政如何影响拿破仑统治下的法国及其与意大利卫星国之间的关系。

意大利拿破仑式的国家建构

1796 年 4 月，拿破仑发动了他在意大利的第一场战役，打败了奥地利人，在北部意大利建立起法国霸权。1797 年 6 月，他创建了意大利最长、最重要的"姐妹共和国"——南阿尔卑斯山共和国(Cisalpine Republic)，一直持续到 1799 年 4 月。1802 年 1 月，拿破仑用意大利共和国取代了南阿尔卑斯山第二共和国(Second Cisalpine Republic)，并被推举为总统。1805 年 3 月，拿破仑加冕为皇帝后，将这个共和国变成了意大利王国(Regno d'ltalia)，他任国王，他的继子尤金·德波哈内斯(Eugène de Beauharnais)是他在米兰的总督。这一王国包括以前属于奥地利帝国的部分地区、皮埃蒙特、摩德纳公国(Duchy of Modena)、威尼斯共和国(Venetian Republic)和教宗国(Papal State)，一直持续到 1814 年。该王国在鼎盛时期占地 90 644.75 平方千米(35 000 平方英里)，有居民人口 670 万。共和国/王国的行政管理是集中统一的，并以法国为样板。

拿破仑认为北部意大利，尤其是伦巴第，是一个富裕的国家，有能力承受他所强加的任何财政负担，而且他似乎不关心财政负担对人民的影响。1806 年，他给尤金的信中写道："你们拥有世界上最繁荣的财政。"[①]1810 年 1 月，尽管财政赤字不断增长，拿破仑还是宣称"意大利王国是富有的，拥有一些重要的资源"。[②] 这种对意大利财政状况的乐观看法，解释了拿破仑无法接受王国最后几年财政状况的恶化。皇帝从北部意大利征缴了越来越多的捐税(contributions)来支持他的军事行动，并下令建立一支耗资巨大的意大利军队。

---

① *Correspondance de Napoléon I publié par ordre de I'empereur Napoléon* Ⅲ(Paris，1863)，25 April，1806，vol. 12，p. 307.

② Melchiore Roberti，*Milano capitale napoleonica. La formzaione di uno stato moderno* 1796—1814(Milan，1946—1947)，vol. 2，p. 372，n. 2.

为了满足这些要求，意大利当局提高了现有税收的水平，并设立了新税种，改革了财政管理，包括税款征收，旨在使其更加统一和高效。在推行这些改革的过程中，政府借鉴了拿破仑时代法国和奥地利伦巴第的理念。这些创新的实施，使意大利财政管理机构成为拿破仑时代欧洲管理最完善的部门之一。然而，与此同时，更大的财政压力使人民敌对，从而损害了国家的合法性，破坏了政治稳定。事实上，北部意大利的财政政策就是一个很好的例子，它展示了拿破仑政权的双面性，即服从、剥削与创新、进步的结合。① 在很大程度上，新的财政管理机构是以法国模式为基础的。②

这并不奇怪，因为拿破仑的主要成就"属于财政管理领域，而他的财政管理是对已有的或者完全古典的军火供应网络更加严格的应用"③。就如在法国一样，由国库和财政两个独立的部门负责财政管理。国库接收和管理税收收入和其他类型的收入，并支付款项。财政部部长接收关于所有这些活动的报告，没有他的签字，就不能付款。④

财政部部长是两者之中比较重要的那个，他负责确保直接税、间接税的征收，以及从海关和国有财产获得收入。⑤ 意大利共和国/王国财政政策背后的主要设计师是财政部部长朱塞佩·普里纳(1766—1814)。⑥ 他在共和国/王国里担任了整整12年的财政部部长。普里纳是来自努瓦拉市(Novara)的本地人，18世纪90年代曾在皮埃蒙特的行政部门任职。1802年4月，拿破仑任命他为意大利共和国的财政部部长。普里纳表现出对拿破仑的完全忠诚，尽一切努力满足拿破仑的财政需要。他的主要目标是增加国家收入，平衡预算。通过不懈的努力和多项改革，普里纳使财政体系现代化，使之更加高效、统一和有利可图。皇帝在写给尤金的信中表达了他对普里纳工作的评价："没有人

① Alexander Grab, *Napoleon and the transformation of Europe* (London, 2003), pp. 19—33.

② 关于法国财政系统，Jacques Godechot, *Les Institutions de la France sous la Révolution et l'empire* (Paris, 1968), pp. 638—655.

③ Bergeron, *France*, p. 38.

④ Roberti, *Milano capitale*, vol. 2, pp. 185—186.

⑤ *Bollettino delle leggi* (henceforth *Bdl*), 25 May, 1802, p. 95.

⑥ Albert Plngaud, *Les hommes d'état de la république italienne* 1802—1805 (Paris, 1914), pp. 94—106; Luigi Ceria, *Leccidio del Prina e gli ultimi giorni del Regno d'Italia* (Milan, 1937); Alexander Grab, 'Giuseppe Prina and the politics of finance in the Kingdom of Italy', in *The consortium on revolutionary Europe* 1750—1850 (Florida State University, 2002), pp. 360—366.

比财政部部长更重要,他精通自己的领域,是一个努力工作的人。"[①]然而,在他热切满足拿破仑财政需要的过程中,普里纳给人民强加了越来越重的负担,引起了人们的不满。为了与法国的体制和拿破仑的目标保持一致,普里纳竭尽全力创建了一套中央财政管理机构,旨在增加国家收入,巩固国家权力,削弱在旧体制下控制和操纵财政制度的地区精英的权力。他决心建立一套高效的官僚机构,使官僚忠于国家、择优选用,让征税常规化,并消除财政特权、降低行政成本。普里纳强调了财政标准化带来的政治利益:"统一组成共和国各省的不同财政制度,将巩固其多样化人口的道德联盟。"[②]

在王国成立后,普里纳重组了他的部门,旨在集中财政机构,使之更加有效。要创设新的直接税和间接税种以及将新领土并入王国,都需要对财政机构进行改组。在财政管理方面,普里纳希望更大程度的专业化。他还试图完全控制财产税,而在共和国时期是要分享这一权利的。1805 年 6 月 7 日,政府将人口普查(censo)的管理权置于财政部之下,任命经验丰富的官员安布罗乔·比拉戈(Ambrogio Birago)去执掌该管理权。然后,在 1805 年 6 月 28 日,当局成立了七个独立的部门——国家管理局(direzioni nazional),全部置于财政部部长管辖之下:海关,盐、烟草、火药和消费关税,国家财产和综合税,人口调查(censo)和直接税,彩票,铸币厂,邮局。[③] 普里纳通过改革,构建了一套由合格和忠诚的官员组成的科层机制,旨在加强他对财政系统的控制、打击违法行为,并最终增加国家收入,为拿破仑提供准确和详细的年度预算。

两个最重要的管理局(direzioni)是人口调查局和间接税局。前者包括一个总干事(direttore generale)和四个主管(direttori),每个主管管理不同的领域,包括地籍和财产税、个人税和职业税的征收。每个省都有一个"人口普查办"(direzione del censo),每个地区都有一位"人口普查官"(cancelliere del censo)。[④] 1807 年,地籍调查开始后,登记员(cancellieri)负责监督其进展、管

---

① *Correspondance*, 7 June, 1805, vol. 10, p. 490; 5 August, 1805, vol. 11, p. 64.

② Roberti, *Milano capitale*, vol. 2, p. 343.

③ Bdl, 1805, pp. 347—355; Roberti, *Milano capitale*, vol. 2, pp. 383—391.

④ Bdl, 8 June, 1805, p. 144.

理地图和登记，并对估计数字进行更正。他们保存纳税人的名单，并向收税员提供重要的信息。

垄断和消费税综合办(direzione generale)由一个总干事和四位管理人员组成，每位管理人员负责一种征税物品：盐、烟草、火药、消费关税。他们管理生产、运输、销售、关税，并与违法行为做斗争。财政部大规模地雇用工作人员，表明财政部的职能越来越多、专业化程度越来越高。财政部部长有 245 名雇员，全国有 5 198 名员工。[①] 1811 年，415 人从事地籍调查工作。

财政制度的成功，取决于有效的税收征收。普里纳投入了大量的精力来改进征税，使其更加严密，并将税务人员置于严格的审查之下。1804 年 3 月 26 日，政府当局参照法国的制度，对直接税进行了重整。[②] 在此区域内，权力从地方政府手中转移到中央政府手中；负责的主要官员是公共税务官(ricevitori comunali)，这是法国公共税务员(communal percepteurs)的对应职务。他们被要求签署一份为期 3 年的可续签合同，并缴纳押金，这相当于法国的保证金(cautionnement)。这些人被禁止停止征税，除非有战争、水灾或瘟疫发生。收税员不能与地方官员有关系，本身也不能成为公职人员。他们是通过拍卖的形式选出来的，选中者是那些报酬要求最低的人。晚交税的纳税人需要缴纳罚款，而收税员保存这笔罚款。在拖延纳税超过 15 天后，收税员被授权可以没收拖欠者的财产，并将其出售以抵缴未缴税款。公共税务员有义务将税收移交给与法国总收税员(receveur général)对应的部门收税员，而无论他们是否提高了税收。地方行政长官是确保所有规则都得以遵守的最高权威。到了年底，收税员必须把他们所有的账目呈交给公共委员会。在 3 年任期结束时，他们必须向财政部部长提交账目。在这些规则中，有许多适用于作为国家雇员的部门收税员，比如说他们必须在 5 天内把从公共收税员那里收到的税款交给财政部。

为了征收间接税，共和国被划分为 22 个财政区：12 个管理区(regolato-

① Archivio di stato di Milano(henceforth ASM)，*Aldini*，*cartella*(henceforth c.) 89，两个文件名为'Ruolo del Ministero delle fiananze' and 'Riassunto del numero e de' soldi impiegati nel Ministero delle finanze e nelle diverse amministrazioni da esso dipendenti'.

② ASM，*Censo*，*parte moderna*(henceforth，p. m.) c. 496；Bdl，1804，pp. 149—160. 关于法国制度，Bergeron，*France*，p. 47，50；Godechot，*Les institutions*，pp. 640—641.

rie)和10个财政代表团(delegazioni di finanza)。前者在12个省征税,而后者的代表(delegati)在10个主要城市征税,政府一共雇用了2 351名下属来完成这项任务。1805年6月,当局对这些办事处进行了改造,贴上了"监管处(intendenti)"的标签,并把它们归入盐、烟、粉、消费税综合办(direzione generale)。[①] 当王国扩张时,监管处的数量增加到27个,并得到1804年6月成立且人数超过2 000人的财政警卫队(Guardia di Finanza)的协助。然而,更有效的税收征管也给当局带来了政治合法性问题。正如我们看到的,大多数纳税人不习惯如此有效和准确的税收制度,这增加了他们对拿破仑政权的不满,并遭到反对。尽管政府计划在每个公社(comune)都设一个收税员,但事实证明这么做是困难的。阿迪格省(Adege)、巴基利奥内(Bacchiglione)和帕萨里亚诺(Passariano)的省(departments)行政长官报告说,没有人申请那些偏远山区公社的职位。[②] 普里纳悲叹道:"(每一个公社)都缺少收税员,导致这些税款的缴纳大大延迟,对公共服务造成了非常严重的损害。"[③]他接着列举了许多市镇缺少收税员的省份(departments):帕萨里亚诺,大约有100个公社;亚地里亚海(Adriatico),有6个;塔利亚门托(Tagliamento),有32个;里诺(Reno),有21个。他敦促当地官员尽最大努力为每一个公社找到一名收税员。然而,问题依然存在。当局最后颁布法令说,凡是找不到收税员的地方,行政长官将任命1名临时收税员,任期1年。[④]

公共支出

财政官僚机构扩大和集中的背后,一个主要的动机是增加公共收入,并支持日益增长的军事开支和其他国家需要的能力。公共开支由7个部门分别执行:战争和海军部、内政部、财政部、国库、司法部、外交关系部、宗教部。另外

① Bdl,1805,pp. 344—346.

② ASM,Censo,p. m. c. 497,Bono的来信,the Consigliere de Stato Direttore Generale dell'amministrazione de' comuni,to interior minister,3 January,1810.

③ ASM,Censo,p. m. c. 497,letter 28 September,1811.

④ Bdl,23 December,1811,pp. 1214—1220.

还有两项重大开支是支付给意大利的法国军队费用以及偿还公共债务。[①] 表4.1显示了共和国1804年和王国1807、1811两年的公共开支。

表4.1　　共和国1804年和王国1807、1811两年的预算拨款　　单位:百万里拉

年　份	1804	1807	1811
战争和维持法国军队	52.0	70.0	84.7
内政	10.5	15.3	16.6
财政	24.8	2.0	3.1
国库	0.16	0.6	2.0
司法	1.2	6.0	7.6
外交	1.4	1.0	0.8
宗教	0.13	0.2	0.2
公债	—	15.6	21.0
总　计	90.19	110.7	136.0

资料来源:《意大利王国财政行政账户》(*Conto dell'amministrazione delle Finanze del Regno d'Italia degli anni*) 1804,1807,1811.

公共开支在1802—1811年期间增加了1倍,从7 060万里拉增至1.424亿里拉。开支的增加,在很大程度上源于军事开支的增加,这是迄今为止预算中最重要的一项。共和国和王国为驻扎在意大利的法国军队和被征召的意大利军队提供资金。[②]

用于意大利的法国军队和意大利军队的支出总额,占到预算的一半以上。军事费用加上总督法庭的年度开支(内务开支),占预算的60%以上。扣除每年偿还公共债务的费用(10%至15%)后,其余6个部门只剩下25%至30%。内政部门的预算占国家开支的11%至15%,它涵盖了政府官员的工资、公共教育、卫生、监狱、对艺术和制造业及贸易的补贴、福利、国家庆典、交通基础设

① 预算数据、支出和收入可以在1802—1814年由Prina发送给拿破仑,题为"*Conto dell'amministrazione delle finanze del Regno d'Italia*"的年度预算报告中找到。它们位于Bibliotecca Braidense, segn. 8. 16. F. 1—7.

② 关于意大利军队,参见Franco Della Peruta, *L'esercito e societa nell'Italia napoleonica* (Milan, 1988); Alexander Grab, 'Army, state and society: conscription and desertion in Napoleonic Italy (1802—1814)', *The Journal of Modern History*, 67 (March, 1995), pp. 25—54.

施的维护和扩建等。国库和财政部门主要支付薪金和办公室开支。由于《拿破仑法典》的引进实施和司法制度的扩大，在王国的统治下，司法系统的预算因此大大增加。外交部门的预算用于支付薪金和其他费用，比如外交代表团在不同城市，特别是在巴黎的旅费、邮费和信使费，以及外交部门在米兰的费用。宗教部门的预算是最小的，由官僚机构的开支和官员薪金组成。

拿破仑时期的意大利税收政策

直接税

意大利共和国和王国的收入，包括税收、出售国家财产、海关和彩票，其中，税收是国家收入的主要来源。为了应对拿破仑日益增长的财政压力和增加公共收入，州政府改革了税收制度，提高了现有税收的数量并创造了新的税收。普里纳从伦巴第的经验中获得了征收新税的想法，在法国军队来到之前伦巴第还在哈布斯堡王朝（Habsburgs）的统治之下。普里纳为增加国家收入所做的努力，在很大程度上得益于 1806 年至 1810 年期间王国领土的扩张，以及数万名新增的纳税人。普里纳将新的税收和征税方法转移到这些土地上，包括威尼托、部分教宗国和南提洛尔（South Tyrol），旨在将它们并入意大利王国，以增加税收收入。

税收分为两大类，即直接税和间接税。直接税包括土地税、个人税和对自由职业者、工匠和商人征收的税。

土地税是最重要的收入来源，占国家收入的 1/3 以上。自 1791 年开始，法国征收地产税（la contribution foncière），而在奥地利伦巴第与之相似的土地税（I'imposta fondiaria）则于 1760 年征收。意大利当局制定了一项年度土地税率，要求土地所有者为每一斯库多（scudo）的财产价值支付固定数额的德纳里（denari）。1812 年，全国土地的总价值为 297 080 366 斯库多。普里纳努力将土地税保持在一个相对适度的水平。然而，为了满足拿破仑的军事需要，他有时不得不征收附加税（sovrimposta）。1805 年和 1806 年，他将地税从

40 德纳里(denari)提高到 60 德纳里和 61 德纳里。[①] 1808 年,他将其降至 48 德纳里,并且在拿破仑统治的剩余时间里一直保持这个水平。普里纳支持土地所有者的政策引人注目,因为自 1806 年以后,国家开支逐步增加,农产品价格也不断上涨,这意味着土地所有者缴纳的税款按比例计算变低了。[②] 这一政策的动机是,他希望获得作为该政权最重要的社会基础的土地所有者的支持。此外,该政策还反映出拿破仑在法国实行同样的土地税政策的事实,即法国地产税的金额从 1791 年的 2.4 亿法郎降低至 1810 年的 2.08 亿法郎。[③] 就像在法国一样,将土地所有者阶层团结在政权之下,目的是加强国家权力和政治合法性。来自新领土纳税人的人数增长以及间接税的频繁增加(这一政策损害了下层阶级的利益),使普里纳得以维持适度的土地税水平。然而,在普里纳降低土地税的同时,政府对各省和公社施加了新的支出要求,这迫使它们提高地方财产税。简而言之,土地所有者的负担高于确定的国家土地税(见表 4.2)。

表 4.2　　土地税总收入(1801—1812 年)

年　份	国　家	部　门	社　区	合　计
1801	50 771 644	5 230 806	—	56 002 450
1802	37 027 445	5 276 180	—	42 303 625
1805	45 323 501	8 344 501	6 086 348	59 754 350
1808	49 098 440	1 238 819	7 392 868	57 730 127
1810	50 981 846	1 568 624	8 472 621	61 023 091
1812	51 120 347	5 235 069	11 166 628	67 522 044

资料来源:账户(Conto),1804、1805、1808、1810、1812。

很难准确地估计出土地所有者缴纳的土地税占其收入的百分比。当代米兰经济学家朱塞佩·佩基奥(Giuseppe Pecchio)估计,这一比例介于 1/3 到 1/4 之间,甚至更低。但是,他坚持认为,“总的负担虽然沉重,但并不过分”,

---

① Bdl,8 September,1805,pp. 481—482;15 December,1805,pp. 614—615.

② Pecchio. *Saggio storico sull'amministrazione finanziaria dell'ex-Regno d'Italia dal 1802 al 1814*(London,1830),p. 7.

③ Godechot,*Les institutions*,p. 643.

这可以通过农业繁荣和少数人拖欠得以证明。[①] 事实上，在大多数年份里，至少 90%的土地税是按时缴纳的。1805 年至 1809 年期间，土地所有者总共缴纳了 2.586 亿里拉的土地税。截至 1811 年 10 月 1 日，土地所有者们除 300 万里拉(1.16%)外，付清了全部土地税。[②]

土地税制度最严重的缺陷是缺乏统一的土地评估。伦巴第省拥有著名的特蕾西亚(Theresian)地籍簿[③]，可同时其他省份要么没有测量，要么使用的是古老的和不可靠的测量。税收评估的差异造成纳税人之间税负巨大的不平等。内政部部长抱怨说，梅拉(Mella)和塞里(Serio)两地的纳税人在待遇上存在巨大的差异。[④] 梅拉、卢比孔和塞里三地的官员，曾经报告了土地评估方面的不法行为和纳税人的不满。[⑤]

1806 年并入王国的 6 个威尼托省(Veneto departments)造成了特别严重的问题，危及国家的合法性，削弱了国家对新部门的支持力度。在它们被吞并后不久，当局对威尼托征收了 1 225 万里拉的财产税。[⑥] 1808 年 3 月，政府为整个地区制定了一项分省估计数(provisional estimo)，共计 90 898 442 斯库多(scudi)，并将它分配到各部门。[⑦] 这些改革引起了土地所有者的极大不满，他们认为新的估价(estimo)过高。在亚德里亚海(Adriatico)的省份，土地所有者们抱怨他们所缴纳的税收超过了他们的收入。[⑧] 在塔利亚门托，“许多业主消失了，因为他们无力缴纳一项对他们不当适用的税收”。[⑨] 在巴奇吉利昂(Bachiglione)，官员们得出结论说，这种估计需要修正；并报告说，种植者为了降低桑树的财产价值而将其铲除。[⑩] 帕萨里亚诺对估征土地税的强烈抗议，

---

① Pecchio, *Saggio storico*, p. 10.

② *Conto*, 1812, pp. 2—3.

③ 关于伦巴第的地籍簿，参见 Carlo Capra, ‘II Settecento’, in Carlo Capra-Domenico Sella, II Ducato di Milano dal 1535 al 1796(Turin, 1984), pp. 310—316; Daniel Klang, *Tax reform in eighteenth-century Lombardy*(Boulder, New York, 1977), pp. 338—350.

④ ASM, *Censo*, p. m. c. 132, 25 February, 1804.

⑤ ASM, *Censo*, p. m. c. 128, 131, 132.

⑥ Bdl, 1806, pp. 761—762.

⑦ Bdl, 12 March, 1808, pp. 201—204.

⑧ ASM, Censo, p. m. c. 125, letter by prefect of Adriatico, 7 August, 1811.

⑨ ASM, Censo, p. m. c. 127, letter, 9 September, 1811.

⑩ ASM, Censo, p. m. c. 127, letter, 2 October, 1812.

迫使当局将其减少了540万里拉。[①]

为了解决这些问题,需要进行一项标准化的财产调查。普里纳参考的主要模式是成功的特蕾西亚地籍簿,该地籍簿于1760年在伦巴第生效。财政部部长强烈支持统一的土地评估,认为这将增加应纳税土地的数量。[②] 尤金对此表示赞同,并强调了这种改革的好处:"这种行动非常必要。毫无疑问,它将增加国库的利润,同时在纳税人之间实现公正的平等。"[③]此外,通过推行地籍簿,国家将加强自己对税收系统的控制,从而增强政治权力。然而,在共和国时期,地主阶级成功地阻止了任何改革,因为他们担心更高的税收和自己失去操纵这一体制的能力。普里纳总结了这些反对意见:"地籍簿的敌人是全部的省(entire departments),因为它们知道自己所缴的税比应该缴纳的要少。"[④]

随着意大利王国的建立,理顺财产税的需求变得日益迫切起来。发起一项由中央政府控制的统一地产调查,是当局将不同省份整合成一个强大、统一的国家的努力的一部分。此外,编制地籍簿的明确目的是建立一套更加精确和有利可图的财政系统,能够更好地满足国家不断上升的开支要求。拿破仑将地籍视作对私有财产权利的认可,这是他的《民法典》的核心,并在1805年5月的加冕演说中提到了这一改革。[⑤]

1807年1月12日,皇帝下令在意大利王国开始土地调查。[⑥] 4月13日,政府发布了测量和制图的规则。[⑦] 法国(1807年9月15日)和荷兰王国(1807年1月20日)的土地评估也与此相一致。[⑧] 在意大利王国,每个省份都被划分为调查过的公社,而且每个公社都绘制一张标明业主地块的地图。土地测

---

① Bdl, 23 August, 1811, p. 848.

② ASM, *Aldini*, c. 97, Prina to Eugène, 15 July, 1806.

③ ASM, *Aldini*, c. 97, letter to Napoleon, 24 October, 1807.

④ ASM, *Aldini*, c. 97, letter to Napoleon, 15 July, 1806.

⑤ Roberti, *Milano capitale*, vol. 2, p. 503.

⑥ Bdl, 1807, p. 25.

⑦ Ibid., pp. 193—203.

⑧ 关于法国土地调查,参见 Marcel Marion, *Histoire financière de la France depuis* 171S. 1797—1818. *La fin de la révolution, le consulat et I'empire la liberation du territoire* (New York, 1925), vol. IV, pp. 307—312; In the Kingdom of Holland, Roger Kain and Elizabeth Baigent, *The cadastral map in the service of the state. A history of property mapping* (Chicago and London, 1992), pp. 225—229, 32—36.

量员必须准备一份登记册(sommarione),上面要注明土地所有者的姓名、面积、土地质量、种植的作物。国家、各省和公社共同承担这次行动的费用。[①]

在普里纳的监督下,这项工作进展顺利。他坚持认为,地籍簿用秩序取代了“几个世纪的困惑和抱怨”,是唯一能够“在纳税人之间建立合理、平等的基础”的方法。[②] 1811 年,共有 415 名评估员在 15 个省份开展财产调查。1812 年年底,普里纳通知拿破仑,整个国家将近 50%的面积,即 83 826 712 蒲提(pertiche)中的 40 781 352 蒲提,已经得以评估。[③] 由于总面积为 15 824 898 蒲提的 5 个省——阿戈纳(Agona)、阿尔托波(Alto Po)、拉里奥(Lario)、明西奥(Mincio)和奥罗娜(Olona),在以前的制度下已经准确地完成了土地调查,这就意味着截至 1812 年,只有 27 220 462 蒲提的土地尚未得到评估。普里纳预期,1816 年或 1817 年可以完成整个事业。虽然拿破仑政权从未结束土地调查,但它构成了一项意义重大的改革,增加了税收收入。此外,它还在纳税人之间建立了一致性和公平性,强化了中央政府,并帮助削弱了控制旧制度的地方精英的传统自治。

剩下的两项直接税——个人税和对自由职业者、工匠、商人的收入征税,都是普里纳将税收思想转移到新国家的好例子。这两种税都起源于奥地利的伦巴第,后者的一个版本就是所谓的“专利(patent)”,也存在于法国。在意大利王国时期,为了应对拿破仑日益增长的财政压力,普里纳重建了它们。在哈布斯堡王朝时期,个人税为 7 里拉,由 14 至 60 岁的男性人口支付,由此获得的财政收入由国家和公社平分。革命当局在 1796 年废除了归国家所有的那一半税,在 1801 年废除了归公社所有的那一部分税。1802 年 7 月,普里纳重新将这一税收分配额引入,给予无城墙公社(comuni aperti)用于地方开支。1805 年 12 月,他又重新规定了归国家所有的征收比例。[④] 只有农村(rural)人口(居住在无城墙的公社内),才缴纳个人税。虽然国家收取归属于它的个人税的全部配额,但公社通常征收低于其份额的税款,以减轻下层阶级的税收负

① *Bdl*,1807,P. 200.

② *Conto*,1870,p. 13.

③ *Conto*,1812,p. 15.

④ *Bdl*,15 December,1805,p. 616.

担。1807 年，人均个人税达到了 4.62 里拉，1811 年上升到 5.10 里拉。

个人税构成了贫穷的乡村人口(country population)的一项主要负担，是下层阶级在拿破仑统治下税负日益加重的具体例子。1806 年以后，为了抵消土地税减少的不利后果，个人税作为一项永久税继续课征。征收这种令人厌恶的个人税，遭到了一些反对。地方官员面临着纳税人不遵从新税的压力，许多官员无法按纳税人的名单完成征税。普里纳抱怨说，虽然农村人口增加了，但纳税人的数量减少了。许多人没有按时交税。在 1809 年和 1810 年，分别只有 70％和 83％的人在到期前缴纳了税款。为了打击这些逃税行为，普里纳发布了一份条例(Regolamento)，旨在加强税收管理。① 1812 年，普里纳报告说，纳税申报表"更加准确了"。个人收入从 1806 年的 320 万里拉增加到 510 万里拉，主要是由于领土扩张。

第三种直接征税落在资产阶级身上，主要由自由的专业人士、商人、工匠组成。在奥地利伦巴第，这种税只影响商人和工匠。由此获得的财政收入，也由国家和公社分享。这项税收在 3 年革命期间(Revolutionary Triennium)(1796—1799)被取消，尽管南阿尔卑斯山共和国后来又宣布对商人征税，但从未实施。

拿破仑的要求迫使普里纳决定恢复征税(1805 年 12 月)。他命令专业人士、商人、工匠捐出 125 万里拉，以帮助完成拿破仑特别征收的 1 500 万里拉的税款。② 1807 年，政府把它变成了一种永久税③，国家从中获得了 3/4 的税收，而公社获得其余部分。为此，地方行政人员不得不编制那些商人和专业人士的纳税清册。普里纳认为，一套渐进的税率将鼓励纳税人遵从。当局根据商人和专业人士的职业和地点，将他们划分为不同的纳税等级。大城市居民缴纳的税收比小城镇居民更多。在米兰，专业人士和商人缴纳的税最多。

在 1806 至 1812 年期间，主要由于王国的扩张，这项税收的收入从 150 万里拉增加到 230 万里拉。1810 年至 1811 年，税收收入的下降使普林斯感到

① ASM，*Censo*，*p. m. c.* 929，decree，23 May，1809.

② *Bdl*，15 December，1805，pp. 614—619；11 April，1806，pp. 299—303.

③ *Bdl*，20 January，1807，pp. 81—94；22 June，1807，pp. 317—341.

沮丧，他指责市政当局实施了税收减免，并将许多纳税人置于低税收等级。[1] 1812年，该项税收收入继续下降，一个更为重要的原因是由于大陆经济封锁政策(Continental System)的限制，引发经济和商业活动急剧下滑。为了扭转税收下降的趋势，国家当局决定施加压力，在1811年6月命令市政官员任命专门的检查员来编制纳税清册。[2] 这些视察员被授权可以访问纳税人的住所，以核实他们的税收分类是否正确。而专业人士和商人也必须持有执照才能营业。这是拿破仑时期对公民生活施加越来越大压力的又一个例子。毫不奇怪，纳税人厌恶并抱怨这些侵扰性的规定。[3]

间接税

当局对一长串消费品名录征收间接税。其中有一些间接税，尤其是对盐和烟草实行专卖，起源于奥地利的伦巴第。间接税非常有利可图，约占国家年收入的30%。意大利政府逐步增加消费税，以抵消土地税减少的影响，从而加重了穷人的财政负担。从这一政策可以看出法兰西帝国在拿破仑时期的税收政策。

盐税(gabelle)是最有利可图的间接税，由此获得的收入仅次于财产税。此外，由于盐是基本必需品，因此也是一项安全的收入来源。欧洲许多国家对盐税实施专营长达几个世纪。在伦巴第，对盐的专营始于1395年，并在西班牙和奥地利的统治下持续存在。

西萨尔比尼亚(Cisalpinian)政府支持盐税，而不像大革命中的法国那样在1791年废除了这项令人厌恶的税收。[4] 然而，受不断增长的军事成本的困扰，拿破仑于1806年在法国恢复了盐税。普里纳意识到盐税的重要性，并在加强国家法规和管理方面作出了巨大努力。1803年1月，政府确认了盐业专营，规定除非得到许可，否则禁止销售盐。[5] 盐只能在国营商店里买到，而且装运超过15个利伯(libbre)的盐需要持有许可证。在1806年，要满足人口的

---

① *Conto*, 1811, p. 46.

② Bdl, 13 June, 1811, pp. 621—637.

③ Pecchio. *Saggio storico*, p. 25.

④ Godechot, *Les institutions*, p. 645.

⑤ *Bdl*, 18 January, 1803, pp. 12—14.

需求,瑟维亚(Cervia)和伊斯特里亚(Istria)的盐矿再加上进口,盐的总量超过100万公担(quintali)。[①] 矿主们必须以固定的价格把他们的盐卖给当局,而政府经常提高食盐的价格来增加国家收入。五口之家,平均每人每年消费15个利伯(libbre)的盐,在1811年就要比1804年多支付7.5里拉。[②] 阿尔迪尼(Aldini)评论说,盐价已经涨到一个非常高的水平,并敦促拿破仑降低盐价。[③]

盐价上涨主要伤害了下层阶级,并增加了他们对拿破仑政权的敌意。价格上涨导致消费有所下降,并造成大量的违反食盐法规的行为,包括走私和从盐矿盗窃。在1809年的起义中,土匪夺取了大量的盐,并予以分发或以低价出售。[④] 作为回应,政府在盐矿中部署了武装警卫,并禁止生产海盐,但这很难监控。尽管存在着这些违规行为,来自盐的收入在1802—1811年期间仍翻了1倍多,从1 150万里拉增加到2 540万里拉。1811年,扣除运输费、提炼费和工资后,财政净收入达到2 100万里拉。

国家对烟草的专营也存在于意大利的旧政权(ancien régime)中。由于烟草的广泛使用,以及1利伯烟草的售价是其原来成本3倍的事实,让烟草专卖成为一项利润丰厚的事业。[⑤] 起初,西萨尔比尼亚(Cisalpinian)政府放开了烟草行业,但后来又恢复了国家的专营。[⑥] 普里纳意识到烟草的财政价值以及普遍存在的欺诈行为,尤其是走私,而这些困扰着烟草的贸易,损害了国家的收入。于是他加强了国家对烟草种植和零售的控制,要求烟草种植、销售和运输必须获得许可证。[⑦] 1804年2月,当局重申了国家专营,并制定了更为严厉的惩罚措施。由于大部分生烟草是进口来的,于是放在7家国有工厂生产。

---

① *Conto*, 1807, p. 37.

② Pecchio, *Saggio storico*, pp. 50—51.

③ ASM, *Aldini*, c. 9, 27 March, 1809.

④ Alexander Grab, 'State power, brigandage and rural resistance in Napoleonic Italy', *European History Quarterly*, 25(January, 1995), p. 57.

⑤ Bruno Caizzi, *Industria, commercio e banca in Lombardia nel* XⅧ *secolo* (Milan, 1968), p. 265.

⑥ *Raccolta degli ordini* (ed. Veladini), 20 July, 1798, vol. V, pp. 209—210.

⑦ *Foglio officiale della Repubblica italiana*, 14, 20, 21 July, 1802, pp. 134—136, 141—142, 145—148; *Bdl*, 13 July, 1802, pp. 140—141, 4 October, 1802, pp. 386—387.

就像盐一样，政府多次提高烟草价格以增加国家收入。[1]

昂贵的价格减少了烟草的消费，增加了走私，特别是来自提契诺州（Ticino Canton）的走私，那里的种植者自由地种植烟草。当局采取行动没收走私的烟草，在1810年查获的烟草达到了创纪录的42.104利伯。[2] 烟草种植中的欺诈行为也很普遍，这促使当局对种植者实施打击。政府还提高烟草质量，增加烟草品牌数量，以扩大消费，从而提高了烟草的收入。价格的上涨、更严格的规定、国家的扩张，使1802年至1812年间的总收入翻了1倍，从540万里拉增加到1 180万里拉。[3] 1812年，包括烟叶价格、运输和管理在内的各项费用共计310万里拉，净利润达870万里拉。事实上，在意大利获得的高额税收很有可能说服了拿破仑在1810年恢复法国境内对烟草购买、生产和销售的国家垄断。换句话说，这是一个税收思想从卫星国向法兰西帝国转移的例子。

消费税（dazi di consurno）是另外一项重要的间接税。它包括两种类型：（1）对进口到有城墙城市的酒、面粉、肉、油和干草等货物征收的过关税（货物入市税，octroi）；（2）在没有收费站的无城墙小公社，由面包、肉类、葡萄酒和烈性酒商贩每年支付的执照费。

城市的货物入市税存在于大革命前的法国。税收目录（The Directory）在1798年末引入了这一税制，对烟草、扑克牌、马车和金银器皿征收过关税。奥地利的伦巴第曾征收消费税，当局根据规模将主要城市分为三类分别征税：（1）米兰；（2）曼图亚（Mantua）；（3）克雷莫纳（Cremona）、帕维亚（Pavia）和洛迪（Lodi）。1801年，阿尔卑斯第二共和国（Second Cisalpine Republic）的政府在所有城市都用单一税（single duty）取代了这些过关税。[4] 在意大利共和国，这一制度继续存在，但货物入市税广泛地滥用和无效地执行，导致了国家收入的下降。普里纳指示官员对违法者采取严厉措施，而梅尔齐（Melzi）则命令市政官员修复城墙并适当关闭城门，以防止走私。[5] 当局根据人口规模将该州

---

① *Bdl*, 18 September, 1805, pp. 488—489; 5 September, 1806, pp. 917—921; *Conto*, 1808, p. 57; *Conto*, 1809, p. 53.

② *Conto*, 1811, p. 60.

③ *Conto*, 1804 and 1812, p. 13 and 63.

④ Pecchio, *Saggio storico*, p. 41.

⑤ *Foglio officiale*, 14 July, 1802, pp. 136—139; 23 June, 1804, pp. 86—87.

的26个城市划分为5类,并对每一类城市征收不同的过关税。[①] 对进口到最富裕城市米兰的商品征收最高税率。米兰对1公担葡萄酒的关税是18个索尔迪(soldi),而在一个五等城市只有8个索尔迪。尽管在1806年税收收入有所增加,但违规和逃税行为依然存在,当局则以更为严格的规章和更严厉的惩罚作为回应。他们要求纳税人在收到一份确认纳税的正式收据后,将收据交给市政办公室。[②] 谷物和面粉只能通过一个入口进出磨坊,而动物则必须通过指定的大门进入城市屠宰场。然而,征税中的弊端行为仍在继续,迫使当局在1813年颁布了更多的规定。[③]

货物入市税给国家带来的收入,远远超过了在农村无墙城镇的年度执照费。例如,在1807年,一个大城市一人平均支付18.15里拉,而一个开放小镇的居民支付不到1里拉。[④] 普里纳认为农村人口有能力缴得更多,并修改了开放公社的税收制度。1809年3月,政府提高了磨坊主、面包师、屠夫和客栈老板的执照费,并对在这些城镇出售的面粉、葡萄酒、供屠宰的动物和酒类征收新税。[⑤] 1个月后,当局颁布了89项旨在规范消费者纳税的繁琐规定。[⑥] 更糟糕的是,它颁布了一项新的磨坊收费(milling fee)和24项旨在规范磨坊收费的新规定。1809年7月,新的征税政策,尤其是磨坊方面的税收,引发了一场大规模的农村起义。这是王国历史上最广泛的起义,导致2 000人死亡,其中大部分是农民。[⑦] 起义迫使普里纳暂停对磨坊收费。

消费税收入稳步增长。1802年至2012年期间,大城市的总收入从750万里拉增加到1 540万里拉,增加了两倍多;无城墙公社的收入从280万里拉增加到700万里拉,增加了近3倍。此外,它们占国家总收入的百分比从8.5%增长至16%左右。税率的上升、纳税人数量的增加、对以前免税产品征税范围的扩大以及警察监管措施的收紧,都能解释收入的增长。

① Pecchio. *Saggio storico*, p. 41.

② *Bdl*, 4 May, 1807, pp. 241—250.

③ *Bdl*, 6 August, 1813, pp. 423—430.

④ *Conto*, 1807, pp. 0—61.

⑤ *Bdl*, 27 March, 1809, pp. 92—93.

⑥ *Bdl*, 19 April, 1809, pp. 137—160.

⑦ Melzi d'Eril, *I carteggi di Francesco Melzi d'Eril duca di Lodi Il Regno d' Italia* (Milan, 1965), p. 93; Grab, 'State power, brigandage', pp. 39—70.

事实上,这种增长进一步说明了当局有增加间接税和增加下层阶级负担的倾向,因而激起了下层阶级对政权的不满和反对。事实上,当把个人税、盐和烟草专营的国家收入、消费税等加总在一起时,所有这些都使穷人的生活状况更为恶化。我们可以看到(见表 4.3),这些收入的绝对值以及占国家收入的百分比都有上升。另外,财产税的绝对数额也有所上升,但在 1808 年以后,在国家预算中的比例有所下降。

表 4.3　　土地税、个人税和间接税(1804—1811 年)

年　份	土地税	个人税和间接税
1804	35.1(34.6%)	32.8(32.3%)
1808	48.8(39.4%)	46.3(37.3%)
1810	50.6(37.6%)	53.1(39.4%)
1811	50.9(37.0%)	55.0(40.9%)

资料来源:账户(Conto),1804,1808,1810,1811。

除了三大专营和消费税以外,政府还从对法律文书、报纸、执照征收间接税以及各种其他收费中获得收入。作为对拿破仑日益增长的财政压力的回应,王国在很大程度上创造或扩大了这五种税。其中一些税存在于奥地利伦巴第,意大利当局保留了下来。为了使它们更加有利可图,并且提高其征收效率,普里纳在王国时期仿照法国的制度制定各种规则。

结　论

在实现财政目标方面,普里纳到底有多么成功呢?他成功地增加了国家财政收入,满足了拿破仑的需要。1802—1812 年期间,国家收入从 81 万里拉增加到 1.411 亿里拉,增长了 74%。不断增长的财政收入,使政府能够支持不断扩大的军事开支,支付近 3 亿里拉用于维持在意大利的法国军队,并开发基础设施和偿还公共债务。

王国领土扩张和纳税人数量增加,是国家收入增长的重要原因。这一目标之所以能实现,更为重要的原因是普里纳的努力和效率。这位财政部部长是一位对拿破仑国家忠心耿耿的官僚的终极典范。普里纳发起了许多税收改革,任命和监督国家公职人员,收集了大量的数据,并且向巴黎提交了准确、详细的预算报告。事实上,由于他的努力,政府能够依靠越来越多有能力和忠诚的官员。他将各财政部门划分成单独的管理局,要求分别负责一个特定领域,从而提高了行政管理效率和专业性。总局(direzioni generali)的首长从各省代表那里接收源源不断的信息,而这些正是普里纳在编制递交巴黎的年度预算时用到的。[①]

财政制度的核心是普里纳实施的税收制度。普里纳增加了现有的税收,并引入了新税,而这些新税是以法国和奥地利伦巴第原有的思想和方案为基础的。这位财政部部长并不是一名税收创新者,而只是借鉴了一些想法和政策,将它们传播到拿破仑统治下的国家,并有效地加以应用。这与皇帝的愿望是一致的,他相信北意大利是富裕的,有能力承受不断增长的税收负担。关于有效执行的一个很好的例子就是财产税,它是国家收入的最重要来源。在1807年宣布新的土地调查时,普里纳采用了特蕾西亚模式。王国的地籍调查,与拿破仑在法国建立地籍簿同时开始。调查工作进展顺利,对各省进行了统一、准确、可靠的财产评估,消除了滥用、过去的不平等和豁免。当然,负责评估过程的是政府。拿破仑倒台后,财产税的征收仍在进行,奥地利政府完成了地籍登记。个人税、商人和专业人员税、盐税、烟草税、消费税,也是这位在意大利的财政部部长有效传播税收思想和政策的好例子。

此外,普里纳还成功地实现了税收的官僚化,将税收置于国家的控制之下。政府固定了税率,规定最后缴纳期限,建立税收征管规则,并命令征税人员迅速将税款转入国库。每年的收集费用仅占筹集总额的8.5%,与其他国家,特别是法国相比,这是相当有利的。[②] 直接税征收比间接税征收更节省成本,分别只占1808年和1812年税收总额的1.4%和2.4%。此外,当局每年都能在本财政年度结束时收缴约90%的税款,并在一年内收到大部分拖欠税款。在1804至1806年拖欠的3.47亿里拉税款中,截至1808年1月1日,只有410万里拉(1.3%)仍未缴纳。[③]

① 这可以从1804年至1812年普里纳每年寄往巴黎的账户(Conti)中看出。

② Pecchio. *Saggio storico*, p. 93.

③ ASM, *Aldini*, *c*. 98, Aldini's report, 8 September, 1808.

尽管有以上这些数字，但必须强调的是，普里纳的政策确实遭到了反对，他的税收政策甚至没能贯彻到全国。事实上，民众对新税收政策及其实施效率的不满，对拿破仑政权的合法性构成了威胁。后来并入王国的威尼托和马尔凯(Marche)的税收征缴，就不如在旧省那样有效。威尼托的业主们强烈抗议财产评估。另外，伦巴第财产税自奥地利时期以来就有准确的评估，因而征收进展顺利。山区的各省不像平原地区的省份那样方便征税员收税。帕萨里亚诺、塔利亚门托、里诺等省的许多公社都缺少收税员。在无城墙的公社征收个人税也遭到反对，盐和烟草被走私，这些都损害了国家的收入。这些行动主要来自社会较低阶层的反对，这些较低阶层因个人税的征收和间接征税的增加而受到最大伤害。

此外，拿破仑不断增加的压力也加剧了法国统治最后几年意大利当局的财政困难。1808 年 8 月，普里纳抱怨当时财政状况构成了"重大的负担"，并警告说，1809 年还会出现更为严重的问题。[①] 他详细阐述了这个王国所面临的经济和财政问题：出售国有财产困难、硬币短缺、海关收入、丝绸出口下滑和部长们拖欠供应的物资。

到 1809 年，历年的赤字已经累计达到 740 万里拉。[②] 到 1810 年，预算只能通过出售价值 830 万里拉的债券予以平衡。1811 年，赤字高达 500 万英镑。1812 年 12 月，梅尔齐向尤金报告说，有几个省和许多公社都无力弥补自己的开支。[③] 普里纳坚称，"每一项税收都被推到了最高水平，普通资源几乎无法满足当前的开支"。[④] 到了 1812 年，国家支出增至 1.494 亿里拉，赤字 400 万里拉。尤金请求拿破仑减少他的需求："陛下，您的意大利王国目前的财政状况需要您采取一些特殊的手段来予以帮助"，并建议皇帝减少在意大利的法国驻军每年 3 000 万里拉的军费。[⑤] 拿破仑拒绝做出任何让步。1813 年，普里纳提议通过增加土地税和颁发特别进口许可证来弥补 2 100 万里拉

---

① ASM, *Aldini*, *c*. 98, letter to Napoleon, 11 August, 1808.

② *Conto*, 1810, pp. 1, 4—5.

③ Melzi, *I carteggi*, *Il Regno d'Italia*, pp. 310—311.

④ ASM, *Aldini*, *c*. 103, Aldini to Napoleon, 19 April, 1812.

⑤ ASM, *Aldini*, *c*. 103, 17 April, 1812.

的赤字。① 财政部部长以一份悲观的声明结束了他的报告："意大利的财政状况不是陛下所期待看到的。"同年，政府采取了孤注一掷的措施来增加国家财政收入：8月，政府提高了土地税；11月，政府要求最富有的业主和商人借款给政府300万里拉，还发行了两套价值2 400万里拉的政府债券。②

然而，这些措施都无济于事，国库濒临破产。梅尔齐在写给尤金的信中说，可能因为缺少买家，发行的债券价值持续下跌。③ 王国已无法在不威胁社会和政治稳定的情况下维持增税。人民日益增加的财政压力提升了民众对拿破仑政府，尤其是对财政部部长的不满和敌意。大多数人将普里纳对拿破仑的奉献精神视作对皇帝的卑躬屈膝，普里纳被认为是法国残酷压迫财政体制的化身。1813年的孤注一掷，更是疏远了有产阶级。他们对省税(departmental taxes)，尤其是公社税(communal taxes)的增加感到愤怒，对失去财政特权、不能再操纵税制而感到愤恨。而下层阶级指责普里纳增加了间接税，并引入了令人讨厌的个税。在实践中，每个人都对国家在收税方面日益提高的效率感到不满。

与此同时，奥地利人入侵王国，迫使尤金的军队向米兰撤退。反法的气氛变得更加紧张，米兰的动荡也在加剧。1814年3月20日，梅尔齐写信给尤金，谈及在首都一种日益增长的"发酵"情绪，以及"对法国人深刻且普遍的仇恨"。④ 当一群米兰人杀死了拿破仑政权最令人憎恨的代表普里纳时，反法气氛达到了顶峰。这次起义和普里纳之死标志着意大利北部拿破仑政权的终结。4月26日，尤金告别了意大利王国的人民，和他的妻子一起前往巴伐利亚(Bavaria)。⑤ 此后不久，奥地利人完成了对这一王国的占领，并恢复了他们在伦巴第—威尼托(Lombardy-Veneto)的统治。

---

① ASM, *Aldini*, *c*. 103, 21 December, 1812.

② Melzi, *I carteggi*, *Il Regno d'ltalia*, 25 October, 1813, p. 434.

③ Ibid.

④ Ibid. p. 551.

⑤ Rath, *The fall*, pp. 124—125.

第二部分

联邦政体

5 税收思想在联邦国家的传播：以德意志帝国为例(1875－1914)[①]

安德里亚斯·蒂尔(Andreas Thier)

自1871年德意志第二帝国建立后，德国的税收政策发生了根本性的变化。德国几乎所有的州都设立了所得税(1874年在萨克森州首次设立)，并把所得税作为税收体系的主导部分。所得税通常又与财产税结合在一起。[②] 与此同时，德意志帝国在中央政府的层面上也引入了财产税的元素。1913年，德国议会在国会大厦(Reichstag)通过了一项法案，这通常被认为是通向帝国所得税的第一步。[③] 在德意志帝国建立之前，帝国各州的税收以对物税(特别是在南部各州)和对人税(如在普鲁士及其他北部各州)的混合体为特征。[④] 然而，

---

① 我要向霍尔格·内林和佛罗莱恩·舒伊对本章所作的有益评论表示感谢。我也要感谢彼得·贝克(Peter Becker)对我在会议上的演讲所作的评论，以及他对这篇论文的有益建议。——撰稿人注

② Joe Metzger and Ulrike Weingarten, *Einkommensteuer und Einkommensteuerverwaltung in Deutschland: ein historischer und verwaltungswissenschaftlicher Überblick* (Opladen, 1989), pp. 40－57; Hans-Peter Ullmann, *Der deutsche Steuerstaat. Geschichte der öffentlichen Finanzen* (Munich, 2005), pp. 72－80.

③ 'Gesetz über einen einmaligen außerordentlichen Wehrbeitrag', 3 July, 1913, *Reichsgesetzblatt* 1913, p. 505. 为了解它的历史起源，参见 Rudolf Kroboth, *Die Finanzpolitik des Deutschen Reiches während der Reichskanzlerschaft Bethmann Hollwegs und die Geld-und Kapital marktverhältnisse* (1909－1913/1914) (Frankfurt/Main, Berne, New York, 1986), pp. 189－318.

④ 对于一项调查，参见 A. Siebert, 'Die Entwicklung der direkten Besteuerung in den süddeutschen Bundesstaaten im letzten Jahrhundert', *Zeitschrift für die gesamte Staatswissenschaft*, 68(1912), pp. 1－52 (on Baden, Württemberg and Bavaria). 在巴登(Baden)的发展，参见 Rosemarie Siegert, *Steuerpolitik und Gesellschaft Vergleichende Untersuchungen zu Preußen und Baden* 1815－1848 (Berlin, 2001), pp. 93－103, 183－238; on Württemberg, cf. Eckart Schremmer, 'Zusammenhänge zwischen Katastersteuersystem, Wirtschaftswachstum und Wirtschaftsstruktur im 19. Jahrhundert: Das Beispiel Württemberg, 1821－1877/1903'. in Ingomar Bog (ed.), *Wirtschaftliche und soziale Strukturen im Wandel. Festschrift Wilhelm Abel* (Hanover, 1974), pp. 679－706. 更普遍地，参见 idem, *Steuern und Staatsfinanzen während der Industrialisierung Europas. England, Frankreich, Preußen und das Deutsche Reich* 1800 *bis* 1914 (Berlin, 1994), pp. 111－113, 123－150; Erwin von Beckerath, *Die preussische Klassensteuer und die Geschichte ihrer Reform bis* 1851 (Berlin, 1912, reprint Bad Fellnbach, 1990), pp. 88－91; Mark Spoerer, *Steuerlast, Steuerinzidenz und Steuerwettbewerb. Verteilungswirkungen der Besteuerung in Preußen und Württemberg* (1815－1913) (Berlin, 2004), pp. 47－60.

内部协调的(coherent)所得税规则,在德国任何一州都不存在。德意志帝国建立之后,各州之间以及各州与中央政府之间的税收制度开始出现趋同。[①]

从宪法史的角度来看,这样的发展似乎令人惊讶。《德意志第二帝国宪法》(1871)明确划分了各州政府和中央政府的税收立法权。[②] 德国各州获得了征收直接税的权力,而帝国本身只被允许征收间接税和海关关税。尽管税收权分散,但是所有的税收立法者都用相似的方式行使权力。这表明概念的流通和解释、税收思想的传播等过程,正发生于德意志帝国的联邦体系中。

有关"传播"的含义,特别是"法律传播",在法律史和比较法的论述中争议颇多,更不用说在比较历史领域内的讨论了。[③] 艾伦·沃森(Alan Watson)将这种"转移"描述为一种"法律移植"的现象,指的是从一种特定法律语境中借用法律制度和规则并将其移植到另一种法律语境中。[④] 尽管存在一些批评,但沃森的理念已经影响深远。[⑤] 在法律学术领域,"法律转移"在相当程度上

---

① Max von Heckel, *Die Fortschritte der direkten Besteuerung in den deutschen Staaten* 1880—1905(Leipzig, 1904).

② 以下内容参见 Art. 4 No. 2 and Art. 35 section 1 of the Constitution of the German Empire: 'Gesetz, betreffend die Verfassung des Deutschen Reiches', 16 April, 1871, *Reichsgesetzblatt* 1871, p. 64. 对德国宪法及其问题的分析:Thomas Nipperdey, *Deutsche Geschichte* 1866—1918, vol. 2: *Machtstaat vor der Demokratie*(Munich, 1995). pp. 85—109.

③ 对于一项简短调查,参见 Margrit Seckelmann. 'Im Labor. Beobachtungen zum Rechtstransfer anhand des Europäischen Verfassungsvertrages', *Rg-Rechtsgeschichte* 8(2006), pp. 70—83 and David Kennedy, 'The methods and the politics', in Pierre Legrand and Roderick Munday(eds), *Comparative legal studies: traditions and transitions*(Cambridge, 2003), pp. 345—433. 关于对这场争论所持的怀疑态度,从历史角度来看,参阅 Chrlstlane Eisenberg, 'Kulturtransfer als historischer Prozess: ein Beltrag zur Komparatistik', in Hartmut Kaelble and Jürgen Schriewer(eds), *Vergleich und Transfer. Komparatistik in den Sozial-, Geschichts-und Kulturwissenschaften*(Frankfurt/Main, 2003), pp. 399—417.

④ Alan Watson, *Legal transplants. An approach to comparative law*(Athens, Ohio, and London, 1993).

⑤ Cf. William Ewald, 'Comparative jurisprudence(II): the logic of legal transplants', *The American Journal of Comparative Law*, 43(1995), pp. 489—510; Daniel Berkowitz, Katharina Pistor and Jean-Francois Richard, 'Economic development, legality, and the transplant effect', *European Economic Review*, 47(2003), pp. 165—195. 对于一项非常严厉的批评,参见 Pierre Legrand. 'The impossibility of legal transplants', *Maastricht Journal of European and Comparative Law*, 4(1997), pp. 111—124.

已被认为是不同交流语境下规则制定过程的事实。[①]

然而,运用“移植”这一概念会忽略掉某些内容,这些内容与外部因素对特定话语的作用相联系。在有些情况下,政治话语中的概念性元素(例如,表现为英国的议会君主制思想)虽未在现实中实现但也可能会产生影响,被当作一个参考点(这可以从德国人关于德国君主立宪制特定结构的讨论中看出)。[②]即使在这种情况下不发生“移植”,这些外部概念元素的存在作为立法讨论时的比较标准,作用也是明显的。思想的传播,并不一定必然伴随着思想的接受。

本书认为,在德意志帝国关于税收的不同话语中,有一些迹象表明存在着这种思想的传播。在中央政府和州一级的税收立法程序受到税收概念的影响,而这些概念有时超出了制度的界限。本章将围绕三个关键领域的思想传播展开:第一,19 世纪 70 年代末期经济学家之间展开的争论及其对税收概念流传和传播的重要性;第二,政府、议会、政党是否以及多大程度上在思想传播过程中发挥作用;第三,财政需求和税收竞争现象是否以及在多大程度上影响了税收概念在德国的传播。经济学家为传播过程提供了框架,但并没有直接参与立法争论。相比之下,政府内部和政府之间的传播要活跃得多。联邦政府的制度框架为税收观念的传播提供了支持,财政需要则是促进各州之间税收概念传播的另一个因素。

---

① David Nelken,‘Comparatists and transferability’,in Pierre Legrand and Roderick Munday (eds),*Comparative legal studies:traditions and transitions*(Cambridge,2003),pp. 437—466,459—466;Gunther Teubner,‘Rechtsirritationen:Zur Koevolutlon von Rechtsnormen und Produktionsregimes’,In Günter Dux and Frank Welz(eds),*Moral und Recht im Diskurs der Moderne. Zur Legitimation gesellschaftlicher Ordnung*(Theorie des sozialen und kulturellen Wandels,vol. 2)(Opladen,2001),pp. 351—381;Marie Theres Fögen and Gunther Teubner,‘Rechtstransfer’,*Rg-Rechtsgeschichte*,7(2005),pp. 38—45,here pp. 41—45.

② Christoph Schönberger,*Das Parlament im Anstaltsstaat. Zur Theorie parlamentarischer Repräsentation in der Staatsrechtslehre des Kaiserreichs*(1871—1918)(Frankfurt/Main,1997),pp. 291—294.

德意志帝国的经济学、税收立法和税收思想的传播

在1872/1873年，社会政策协会(Verein für Socialpolitik)成立。[1] 对诸如古斯塔夫·冯·施莫勒(Gustav von Schmoller)、卢·布伦塔诺(Lujo Brentano)以及阿道夫·瓦格纳等经济学家来说，这个协会为他们提供了一个发表社会改革提案的论坛，而这些提案包括税收改革的建议。[2] 社会政策协会不仅仅是一个纯粹的学术圈。当考察那份关于税收改革目的和手段的重大调查的贡献者名单时，这一点就变得非常清楚。这项调查在1875年召开的大会上进行了争论，并专门讨论了建立所得税的问题。[3] 在大会上做报告的不仅有阿道夫·赫尔德(Adolf Held)、埃尔文·纳斯(Erwin Nasse)和弗里德里希·诺伊曼(Friedrich Neumann)等学术界经济学家，还有来自温茨金科(Wintzingerode)的威尔科伯爵(Count Wilko)和撒克逊商会(Saxonian chamber of commerce)的秘书沃尔特·根赛尔(Walter Gensel)等政治

---

① Erik Grimmer-Solem, *The rise of historical economics and social reform in Germany* 1864—1894 (Oxford, 2003), pp. 67—71 and 171—186; Dieter Lindenlaub, *Richtungskämpfe im Verein für Sozialpolitik. Wissenschaft und Sozialpolitik im Kaiserreich vornehmlich vom Beginn des 'Neuen Kurses' bis zum Ausbruch des Ersten Weltkrieges* (1890—1914) (2 vols), Wiesbaden, 1967), 1, pp. 1—43.

② Rüdiger vom Bruch, 'Gustav Schmoller', in Notker Hammerstein (ed.), *Deutsche Geschichtswissenschaft um* 1900 (Stuttgart, 1988), pp. 219—238; James J. Sheehan, *The career of Lujo Brentano: a study of liberalism and social reform in imperial Germany* (Chicago and London, 1966); Volker Müller, *Staatstätigkeit in den Staatstheorien des* 19. *Jahrhunderts* (Studien zur Sozialwissenschaft, vol. 108) (Opladen, 1991), pp. 376—378. Karl Häuser, 'Adolph Wagner-Leben und Werk', in *Vademecum zu einem Klassiker der Finanzwissenschaft* (Düsseldorf, 1991), pp. 39—55.

③ 'Materialien zu einer Reichseinkommenssteuer IV: Aus den Gutachten des Vereins für Socialpolitik', *Annalen des Deutschen Reiches* 1874, col. 979—984; *Verhandlungen der dritten Generalversammlung des Vereins für Socialpolitik am* 10., 11. *und* 12. *Oktober* (Schriften des Vereins für Socialpolitik, vol. 11) (Leipzig, 1875), pp. 15—70 (debates on the 10 Oct., 1875). 有关报告参见 *Die Personalbesteuerung. Gutachten auf Veranlassung der Eisenacher Versammlung zur Besprechung der socialen Frage* (Schriften des Vereins für Socialpolitik, vol. 3) (Berlin, 1873); Friedrich J. Neumann, *Die progressive Einkommensteuer im Staats- und Gemeindehaushalt. Gutachten über die Personalbesteuerung* (Schriften des Vereins für Socialpolitik, vol. 8) (Leipzig, 1874).

和行政实践者。[1]

尽管参与者对协会所做的这项调查,就细节问题意见不一,但大多数人都要求建立一套带有最小"免征额"和累进级距的所得税制度。[2] 他们还建议对资本收益和土地收入征收一般财产税或特别税。相反,他们批评间接税和关税制度是对社会较贫穷阶层的不公平负担。协会的全体大会采纳了这些建议,而且会议的最终决议要求建立"较低水平带有累进级距的一般所得税与作为主要直接税的一般财产税相结合"的税收体系。[3] 仅仅过了一年,也许是那个时代最著名的经济学家——阿道夫·瓦格纳,开始为税法重组构想出一套复杂的概念。[4] 与社会政策协会一样,瓦格纳主张征收带有累进税级表的一般所得税,并作为各州的主要税种。巨额的财富需要负担遗产税(estate duty),而消费税只发挥辅助功能。瓦格纳的概念和社会政策协会的要求,对学术讨论产生了巨大的影响。1881 年,古斯塔夫·施莫勒断言:"……对建立一套正确且更高累进程度的税率表,以及在税法中区分财产所得和劳动所得的需求越来越大、越来越强烈。"[5]

在当时,整个帝国对于税收基本结构的要素存在广泛的学术共识。就此而论,由经济学家及其协会组成的学术界,以及诸如《财政文献》(*Finanzarchiv*)等期刊,可以被视作在德国联邦系统中传播税收思想的机制。[6] 此外,一

---

① Gerhard Stavenhagen, 'Held, Adolf', in *Neue Deutsche Biographie*, vol. 8 (Berlin, 1969), pp. 461—462; Georg von Below, 'Nasse', in *Allgemeine Deutsche Biographie*, vol. 55 (Leipzig, 1910), pp. 844—848; Wilhelm Kosch, 'Eugen Kuri', in *Biographisches Staatshandbuch*, vol. 2 (Berne, Munich, 1963), p. 915; 'Gensel, Walter (Julius)', in *Deutsche Biographische Enzyklopädie* (Munich, 2004); Bernhard Mann, Martin Doerry, Cornelia Rauh and Thomas Kühne (eds), *Biographisches Handbuch für das preussische Abgeordnetenhaus* 1867—1918 (Düsseldorf, 1988), No. 2560.

② 以下内容参见 Andreas Thier, *Steuergesetzgebung und Verfassung. Staatssteuerreformen in Preußen* 1871—1893 (Frankfurt/Main, 1999), pp. 280—290.

③ *Verhandlungen der dritten Generalversammlung des Vereins für Socialpolitik*, pp. 68—69.

④ 以下内容参见 Thier, *Steuergesetzgebung*, pp. 295—299. 最近,Katharina Hoppe 也研究了瓦格纳关于私法重大改革的概念,*Eigentum, Erbrecht und Vertragsrecht: die Reformvorstellungen des Nationalökonomen Adolph Wagner* (1835—1917) (Berlin, 2003).

⑤ Gustav Schmoller, 'Theorie und Praxis der deutschen Steuerreform in Reich, Staat und Gemeinde', *Jahrbuch für Gesetzgebung, Verwaltung und Volkswirthschaft*, new ser. 5 (1881), pp. 421—487, here p. 438.

⑥ *Finanzarchiv. Zeitschrift für das gesamte Finanzwesen* (Tübingen, 1884—1931, old series). 对于一项简短调查,参见 Grimmer-Solem, *Rise of Historical Economics*, pp. 83ff.

些经济学家还扮演了政治家的角色，而且他们的有关税收思想的传播通过这些渠道得到了支持。1879 年，阿道夫·瓦格纳与阿道夫·斯托克(Adolf Stöcker)一起成立了反犹太的基督教社会党(Christian Social Party)。后来，从 1882 年到 1885 年，他担任了德国保守党普鲁士下议院的议员。①

然而，问题在于我们如何才能评估这些活动的政治影响。一些历史学家和法律学者认为，德意志帝国的税收立法依赖于经济学家提出的概念。例如，雷金纳德·汉森(Reginald Hansen)指出，19 世纪晚期，德国的税收政策实际上是古斯塔夫·施莫勒和阿道夫·瓦格纳思想的产物。② 然而，几乎没有证据表明学术研究对整个德国的税收立法产生了影响。德国中部各州(巴伐利亚、巴登、萨克森)的情况仍有待历史学家去研究③，我们有更多一些关于普鲁士和德意志帝国的信息。④ 19 世纪 80 年代早期，阿道夫·瓦格纳作为普鲁士议会的一员，试图在一系列的演讲中赢得对其理念的支持，最后他甚至在自己的派系中也失败了。在普鲁士下议院中，没有人支持他对高额财产税负担的激进要求和对国家社会主义税收筹资形式的呼吁。⑤

对于学术研究影响政府起草税收法案，我们也缺乏具体的证据。这些法案由政府官员和公务员准备，在大多数情况下这些政府官员和公务员开展工作时是没有任何外部专业支持的。这一点可以从税收改革法案的历史中得到证明，这些法案是 1879 年至 1881 年根据财政部部长比特(Bitter)的指令起草

---

① Uwe Puschner, 'Stoecker, Adolf', in *Biographisch-bibliographisches Kirchenlexikon X* (Hamm, 1995), coll. 1507—1511; Hans Fenske, *Deutsche Parteiengeschichte* (Paderborn, 1994), pp. 140—141; Mann et al., *Biographisches Handbuch*, No. 2417.

② Reginald Hansen, *Die praktischen Konsequenzen des Methodenstreits. Eine Aufarbeitung der Einkommensbesteuerung* (Berlin, 1996), pp. 203—228.

③ 对于梅克伦堡(Mecklenburg)，参见 Gerald Rosenberg, *Finanzen und Finanzverfassung in den beiden Grossherzogtümern Mecklenburg von* 1850 *bis* 1914 (Münster, 1999), pp. 927—962 and pp. 1119—1143.

④ 对于普鲁士，参见 Andreas Thier, 'Die Gesetzgebungsverfassung der deutschen konstitutionellen Monarchie als bewegliches System: Preußische Steuergesetzgebung 1879—1893', in Bärbel Holtz and Hartwin Spenkuch (eds), *Preußens Weg in die politische Moderne: Verfassung-Verwaltung — politische Kultur zwischen Reform und Reformblockade* (Berlin, 2001), pp. 285—320. 对于帝国，参见 Peter-Christian Witt, *Die Finanzpolitik des Deutschen Reiches von* 1903 *bis* 1913, *eine Studie zur Innenpalitik des Wilhelminischen Deutschlands* (Lübeck and Hamburg, 1970).

⑤ Thier, *Steuergesetzgebung*, pp. 369—371.

的。[①] 在这些预备报告中,只有在一份 1880 年由西奥多·艾勒斯(Theodor Eilers)撰写的《关于普鲁士直接税改革的备忘录》中,我们可以找到对学术界经济学家观点的直接接受(和批判性审视)。[②] 在这种情况下,非常典型的是艾勒斯的声明,"没有……进行详尽的理论分析的余地"。[③] 尽管如此,税收改革的概念,诸如艾勒斯及其同事们所使用的那些概念,至少在一定程度上类似于学术界经济学家的思想:例如,他们支持累进税率表,或者有时要求纳税人履行自行申报义务。[④] 在大多数情况下,普鲁士的行政专家们都是按照自己的意愿行事的,很少听取学术专家的建议。高级官员,特别是财政部官员的自治权,几乎众所周知。俾斯麦(Bismarck)曾经不无讽刺地将财政部称为"高级公务员共和国"。[⑤]

约翰内斯·米克尔(Johannes Miquel)可能是普鲁士最有影响力的财政部部长,即使在他的任期内,这种情况开始略有改变,但经济学家与财政部政府官员之间的直接接触仍然是例外而且非常规的。[⑥] 米克尔询问了一些经济学家对财富税(wealth tax)概念的看法。[⑦] 但是诸如冯施莫勒、科恩或瓦格纳

---

① 为了解详细情况,参阅 Thier, *Steuergesetzgebung*, pp. 306—319.

② *Denkschrift, betreffend die Reform der direkten Steuern in Preußen* (6 June, 1880), in Geheimes Staatsarchiv Preussischer Kulturbesitz (hereafter cited as GStA PK), I. HA Rep. 151 HB, no. 1681, fol. 77r—159r. 艾勒斯(Eilers)的传记,参见 Hartwin Spenkuch, *Die Protokolle des Preußischen Staatsministeriums* 1817—1934/38, vol. 7: 8. *Januar* 1879 bis 19. *März* 1890 (Hildesheim, 1999), p. 375.

③ Eilers, *Denkschrift*, fol. 90r.

④ 对于普鲁士高级官员的另一个改革概念,参阅,例如, Marot, *Vorläufige Denkschrift betreffend Reform der Einkommensteuer* (12 Sept., 1879), in GStA PK, I. HA Rep. 151 HB, No. 1681, fol. 3r—21v; Eilers, *Denkschrift*, fol. 116r—121v; Burghart, *Bemerkungen zu der vorl. Denkschrift betr. Reform der direkten Steuern* (concerning Marot's memorandum [earlier in this note]), in GStA PK, I. HA Rep. 151 HB, No. 1681, fol. 22r—24v, 24v.

⑤ 参见 Otto v. Bismarck, letter to Wilhelm i, 1 July, 1879, in idem, *Die gesammelten Werke* (*Friedrichsruher Ausgabe*), vol. 6c: *Politische Schriften*, Werner Frauendienst (ed.) (Berlin, 1935), No. 161, pp. 150—152, 151: Finance Ministry as *Republik der Ministerialräthe*.

⑥ Hans Herzfeld, Johannes von Miquel. *Sein Anteil am Ausbau des Deutschen Reiches bis zur Jahrhundertwende*, vol. 2: *Konservative Wendung und staatsmännisches Wirken* (Detmold, 1938).

⑦ Johannes Miquel to Adolph Wagner, Gustav Schmoller, Gustav Cohn, Harzburg, 24 Aug., 1892/26 Aug, 1892, in GStA PK, 1. HA Rep. 151 HB, No. 1724, fol. 211r.

这样的经济学家的报告，对米克尔的税收法案影响甚微。① 作为普鲁士税收改革基础的概念，一部分源自普鲁士议会，一部分来自米克尔本人，只有一小部分是由瓦格纳和纳斯(Nasse)形成的。就其核心而言，就像世纪之交后帝国层面的财政改革一样，普鲁士的税收改革是普鲁士东部土地财产利益和西部省份资产阶级工业利益之间政治妥协的产物。②

虽然学术讨论对税制改革的直接影响微乎其微，《财政文献》杂志却成为德国主流经济学家报告德国各州税收改革细节的重要阵地。③ 通过这种方式，经济学家可以让政治公众、政府、议会的决策者以及外国观察家们了解有关税收立法的问题、细节和结果。④ 在1909年财政改革法案的准备阶段，德国经济学家充当了政府税收概念的传播者。⑤ 在帝国财政部经济局(Reichsschatzamt)的赞助下，许多著名的经济学家，如瓦格纳或施莫勒，以及行政官员(特别是来自普鲁士财政部的官员)发表了支持计划中的帝国遗产税的文章。⑥ 通过这种方式，政府税收改革的思路传递至社会。此外，从19世纪70

---

① Gustav Schmoller，letter to Miquel，Berlin 26 Sept.，1892，in GStA PK，1. HA Rep. 151 HB，No. 1724，fol. 249r－250r；Gusfav Cohn，letter to Miquel，Göttingen 8 Sept.，1892，GStA PK，I. HA Rep. 151 HB，No. 1724，fol. 215r－218v. 对于传记简介，参见 Walter Braeuer，'Cohn，Gustav'，in *Neue Deutsche Biographie*，vol. 3(Berlin，1957)，pp. 315－316；Adolph Wagner，*Bemerkungen zu dem Gesetzentwurf eines Ergänzungssteuergesetzes*(sent to Miquel 24. 9. 1891)，in GStA PK，I. HA Rep. 151 HB，No. 1724，fol. 220r－226r(the letter，mentioned before ibid.，fol. 219r).

② Thier，*Steuergesetzgebung*，pp. 432－623；Witt，*Finanzpolitik*，pp. 219－223.

③ Cf.，for example，Adolph Wagner，'Die Reform der direkten Staatsbesteuerung in Preussen im Jahre 1891：Erster Artikel'，*Finanzarchiv*，old series 8(1891)，pp. 551－810；'Zweiter Artikel'，*Finanzarchiv*，old set. 11(1894)，pp. 1－76；Georg Schanz，'Die direkten Steuern Hessens und deren neueste Reform'，*Finanzarchiv*，old series 2(1885). pp. 235－529；idem，'Die Novelle zum sächsischen Einkommensteuergesetz vom 2. Juli 1878. Vom 10. März 1894'，*Finanzarchiv*，old set. 12(1895)，pp. 281－313；idem，'Die sächsische Steuerreform vom Jahre 1902'. *Finanzarchiv*，old ser. 20(1903)，pp. 234－255；对于一项传记调查，参见 Christian Waldhoff，'Schanz，Georg von'，in *Neue Deutsche Biographie*，vol. 22(Berlin，2005). pp. 559－560.

④ 参见 Holger Nehring 在本卷中的贡献。

⑤ 以下内容参见 Witt，*Finanzpolitik*，pp. 219－226.

⑥ Rudolf Morsey，*Die öffentlichen Aufgaben und die Gliederung der Kompetenzen zwischen Norddeutschem Bund，Reich und Bundesstaaten*(1867－1914)，in Kurt G. A. Jeserich，Hans Pohl and Georg-Christoph von Unruh(eds)，*Deutsche Verwaltungsgeschichte*(6 vols)(Stuttgart，1984)，111，pp. 128－186，at pp. 156－158.

年代后期开始,有关税法统计分析的文章发表得越来越多。[①] 这些数据可能是随后税收立法争论框架形成的一个重要因素,因为它们强调了基于自我申报和累进税率的所得税的优势。

经济学家同时扮演着税收思想的生产者和传播者的角色。科学共同体的网络结构,让他们能够在整个帝国范围内传播不同的税收概念。[②] 然而,他们对税收立法的直接影响仍然显得相当微弱,特别是与民法学在整个 19 世纪德国法典编纂过程中的重要性相比。[③] 在后一个领域,政府成立了专门委员会,民法教授在其中发挥了重要的作用,有时甚至是主导性的作用。其中,伯恩哈德·温德沙伊德(Bernhard Windscheid)在德国民法典起草第一委员会的参与最引人注目。[④] 能在立法中扮演如此重要的角色,一直是阿道夫·瓦格纳及其同事们的梦想。

政府、议会和政党的作用

德国各州的宪法将立法权在议会、第一院[first chambers,如普鲁士上议院(Herrenhaus)]、内阁代表的王权之间进行划分。[⑤] 德意志帝国的宪法也是如此,德国联邦参议院(Bundesrat)(各成员州政府的代表大会)和德意志帝国

---

① 一项对于 19 世纪末 20 世纪初统计研究在经济学领域发展的调查,参见 Grimmer-Solem,*The rise of historical economics*,pp. 62—67 and J . Adam Tooze,*Statistics and the German state*,1900—1945:*the making of modern economic knowledge*(Cambridge,2001).

② 一项从历史学派视角的调查,参见 Grimmer-Solem,*The rise of historical economics*,pp. 67—86.

③ Bernd Mertens,*Gesetzgebungskunst im Zeitalter der Kodifikationen. Theorie und Praxis der Gesetzgebungstechnik aus historisch-vergleichender Sicht*(Tübingen,2004),pp. 109—122.

④ 对于一项传记调查,参见'Bernhard Windscheid(1817—1892)',in Gerd Kleinheyer and idem (eds),*Deutsche und Europäische Juristen aus neun Jahrhunderten*,4th edn(Heidelberg,1996),pp. 442—446. 关于他在起草德国民法典中发挥的作用,参见 Werner Schubert,'Windscheid und das Bereicherungsrecht des 1. Entwurfs des BGB',*Zeitschrift für Rechtsgeschichte*,*Romanistische Abteilung*,92(1975). pp. 186—233,especially,pp. 219—223.

⑤ 对于一项关于普鲁士君主政体情况的调查,参见 Thier,*Steuergesetzgebung*,pp. 75—89(特别强调该部门的角色,ibid. ,pp. 77—80);对普鲁士一般宪法的一项分析,Hans Boldt,'Die preußische Verfassung vom 31. Januar 1850. Probleme ihrer Interpretation',in Hans-Jürgen Puhle and Hans-Ulrich Wehler(eds),*Preußen im Rückblick*(Göttingen,1980),pp. 224—246.

国民议会(Reichstag)(联邦议会)共享立法权。对于政府而言,有关税收思想在立法上的实践是主要的任务和挑战。[①] 在这些宪法的政治实践中,由议会机构起草的法案是非常例外的。在19世纪的德国,几乎每一部税收法律都是首先作为政府法案而发起的,虽然这些法案总是要经过议会修订。当一名普鲁士议员谈及"税法制定中的最主要困难在于王国政府还没有提出建议"时,说的就是这种做法的特点。[②]

尽管在税收立法过程中像普鲁士国家事务部(Prussian State Ministry)这样的政府部门是最重要的角色,但它们对税收概念传播的重要性很难评估。当然,在德意志帝国的整个历史中,各州政府在税收立法领域进行了合作。在制度上,它们聚集在联邦参议院(Bundesrat),组成代表各州的宪法机关,并与国民议会(Reichstag)分享立法权。[③] 但联邦参议院并不是一个能够真正交流税收思想的地方。在宪法实践中,普鲁士之所以占主导地位,主要是因为它拥有大量分派的选票。[④] 当联邦参议院成员之间产生分歧时,他们最为关心的是各州的财政利益。正如1903年普鲁士财政部部长莱茵巴本(Rheinbaben)在一次讨论帝国遗产税计划的州级财政部部长会议上所指出的,各州尤其担心"帝国对各州直接税进行控制,并让……各州成为附庸"。[⑤]

然而,有一些证据表明,存在着思想从各州层面转移到帝国层面的情况,特别是在世纪之交前的时期。对普鲁士来说,尤其如此。普鲁士州与帝国政

---

① 对这一论点的进一步讨论,参见 Thier,'Gesetzgebungsverfassung',pp. 307—308,312,319—320.

② Wilhelm von Rauchhaupt, *Stenographische Benchte des preussischen Hauses der Abgeordneten*, *16th legislative periode*, *2nd session*, 1887, *Verhandlungen* Ⅱ, 53*rd meeting*(12. 5. 1887), pp. 1205—1210, 1210.

③ Walther Peter Fuchs,'Bundesstaaten und Reich: Der Bundesrat', in Otto Pflanze and Elisabeth Müller-Luckner (eds), *Innenpolitische Probleme des Bismarck-Reiches* (Munich and Vienna, 1983). pp. 239—256; Hans Boldt,'Der Föderalismus im deutschen Kaiserreich als Verfassungsproblem', in Helmut Rumpler (ed.), *Innere Staatsbildung und gesellschaftliche Modernisierung in österreich und Deutschland* 1867/71 *bis* 1914-*Historikergespräch österreich Bundesrepublik* 1989(Vienna and Munich, 1991), pp. 31—40.

④ 对普鲁士在日耳曼帝国宪法框架中的霸权地位的分析,参见 Kersten Rosenau, *Hegemonie und Dualismus*: *Preußens staatsrechtliche Stellung im Deutschen Reich* (Regensburg, 1986), pp. 10—117.

⑤ Reinhold Zilch,'Rheinbaben, Georg Freiherr von', in Neue Deutsche *Biographie*, vol. 21(Berlin, 2003), pp. 487—488; Witt, *Finanzpolitik*, pp. 82—84, quote p. 84.

府关系密切。德国宰相(German chancellor)通常也就是普鲁士首相(Prussian prime minister),并且常常是普鲁士外交部负责人(因为他必须控制德国联邦参议院中普鲁士人的选票)。因此,联邦参议院会议的议题也在普鲁士州内阁进行争论。[①] 自1896年开始,如果普鲁士内阁会议讨论一项帝国办公室拟订的法案草案,帝国行政委员会(Reichsstaatssekretäre)的首脑则会应邀参加。[②] 因此,特别是在世纪之交之后,一些关于帝国税收立法并由帝国财政部部长准备的建议草案,也在普鲁士内阁传阅,以便日后讨论。[③] 对于1909年的帝国税制大改革,普鲁士财政部部长一方与帝国国务秘书(也是普鲁士内阁成员)一方曾经发生过一场激烈的争论。[④]

然而,普鲁士和德意志帝国之间的思想转移不能仅仅从制度角度分析。自19世纪70年代开始,俾斯麦曾试图推广"联邦税制改革"的概念。[⑤] 这一税制改革的主要目的是要将税负由直接税转向间接税。由于间接税只能由帝国政府征收,俾斯麦试图增加帝国的税收,减少各州政府特别是普鲁士征收的直接税。尽管19世纪70年代糟糕的帝国财政状况为德意志帝国创造了必要的新收入,但各州的视角在俾斯麦的改革计划中占据了主导地位。[⑥] 直到1879年,帝国的主要资金来源于各州所谓的报名认捐(Matrikularbeiträge)。在这种背景下,对俾斯麦来说至关重要的一点是,作为未来税收改革的结果,

---

① Spenkuch, *Protokolle*, vol. 7, pp. 12—13; *Die Protokolle des Preußischen Staatsministeriums* 1817—1934/38, vol. 8/I: 21. *März* 1890 bis 9. *Oktober* 1900, ed. idem(Hildesheim, 2003), pp. 17—20.

② Minutes of the meeting of the State Ministry, 11 Nov., 1896, in GStA PK, 1. HA Rep. 90a. BIII 2b No. 6, vol. 126, fol. $102^{r}-126^{v}$, $132^{r}-133^{r}$; 摘要,参见 Spenkuch, *Protokolle*, vol. 8/1, No. 257, pp. 245 et seq., here p. 246.

③ 参阅立法 in 1905/6: Witt, *Finanzpolitik*, pp. 105—114. For a digest of the crucial State Ministry meeting 9/10 June 1905, cf. *Die Protokolle des Preußischen Staatsministeriums* 1817—1934/38, vol. 9: 23. *Oktober*, 1900 *bis* 13. *Juli* 1909, ed. Reinhold Zilch(Hildesheim, 2001), No. 114, pp. 154f.

④ Witt, *Finanzpolitik*, pp. 208—216; digest of the meetings of the State Ministry, 12./14. 6. 1908(minutes in GStA PK, I. HA Rep. 90a, BIII 2b no. 6, vol. 156, $213^{r}-234^{v}$ and $236^{r}-260^{r}$) in Zilch, *Protokolle*, vol. 9, nos. 190, 191, pp. 215—216.

⑤ Thier, *Steuergesetzgebung*, p. 129 and pp. 132—176.

⑥ Karl Hofmann 在个别国家财政部部长会议上的讲话, 5 Aug, 1878, minutes in GStA PK, 1. HA Rep. 151 HB, No. 1679, fol. 133^{r}.

“帝国将向(各个州)下拨资金……,而不是要求各州向帝国上缴资金”。[①] 俾斯麦的改革尝试失败了。虽然报名认捐有所减少,并最终甚至变成了某种从帝国层面向各州层面的支付(matricular payments)形式,但是普鲁士及其他各州的税收制度保持不变。然而,各州制度上的安排给了帝国政府更多的自主权,中央政府现在能够集中精力处理帝国财政系统的需要和问题。此外,在世纪之交后,随着军事支出的扩大,帝国爆发了永久性的财政危机,造成了一种要求帝国税制革新的政治压力局面。[②]

正是在这种情况下,各州政府对其结构源于各州税制的帝国税收提出了建议。例如,1903 年,巴伐利亚财政部提议设立帝国遗产税。[③] 长期以来,这种税收在巴伐利亚税制中发挥了重要作用[④],现在该概念传播到了中央政府一级。类似的过程也发生在其他领域。在 1906 年与 1913 年间,帝国税制吸收了越来越多的财产税元素。[⑤] 在这之前,财产税只在州政府一级征收,特别是在普鲁士。[⑥] 这种朝向帝国财产税的发展趋势,几乎违反了宪法关于税收立法权在帝国与各州之间的划分。但是,各州政府却不得不接受这种帝国层面上的财产税元素的转变;否则,它们就不得不面对大量增加的报名认捐,而这是谁都不愿意承担的。

这些发展可以被描述为税收思想的“纵向传播”。然而,税收立法思想是否也存在“横向传播”呢? 鉴于目前的研究状况,就这个问题我们只能提供一些初步想法,尽管有一些证据表明确实发生了横向传播。符腾堡(Württemberg)财政部似乎研究了巴登和萨克森在 1883 年的税收改革进程。[⑦] 在关于税收法案的议会材料中,就像在普鲁士的那些材料中那样,偶尔能发现参考

---

① Bismarck,letter to Camphausen,31 Dec.,1877,in Bismarck,*Werke*,No. 105,pp. 97—98,here p. 97.

② 对于一项调查,参见 Kroboth,*Finanzpolitik*,pp. 29—33,116.

③ Witt,*Finanzpolitik*,p. 83.

④ Georg von Schanz,‘Das bayerische Ertragsteuersystem und seine Entwicklung’,*Finanzarchiv*,17(1900),pp. 556—585.

⑤ 详细情况,参阅 *Kroboth*,*Finanzpolitik* and Witt,*Finanzpolitik*.

⑥ Thier,*Steuergesetzgebung*,pp. 593—623.

⑦ Cf. Metzger,and Weingarten,*Einkommensteuer*,p. 62.

了其他州税收概念的资料。[①] 但是,这些参考文献中并没有提及任何有关思想的传播。在这种情况下,其他州的例子更有可能是作为立法过程中的一种政治论据和参考。以1871年至1893年间的普鲁士为例,这些观点几乎没有什么影响。因此,可以这样认为,税收思想的"横向传播"是一种例外现象。

更难评估的是,"纵向传播"对议会和政党内部的争论产生何种影响?如前所述,普鲁士下议院的一些议员同时也是国民议会的议员。[②] 因此,当普鲁士税收政策在国民议会开始争论时,普鲁士下议院也成了讨论帝国税收政策的地方,尤其是在俾斯麦时代。[③] 这种联系为税收思想在两大议会之间传播提供了强有力的支持。事实上,在19世纪80年代早期,这两个议院几乎一致反对俾斯麦的税收改革计划。

议会的这些行动,主要以各政党之间的协调为基础。然而,这种协调对于税收概念传播的确切重要性难以估计。帝国的政党,除中央党(the Centre Part)以外,都是分化的经济和社会利益的机构代表[④],通常与特定的地理区域紧密相连。例如,德国保守党最重要的根据地在普鲁士东部省份,而普鲁士的国家自由党则代表了普鲁士西部各省的资产阶级。[⑤] 然而,政党形成了越来越集中化的结构,进而成为税收概念在帝国所有地区传播的渠道。[⑥] 例如,德国国民议会和普鲁士下议院的保守党和派系都要求对流动资本施加高额的财政负担。[⑦]

这种明显的税收概念传播如何在政治舞台上发挥作用,是一个有待进一

① Cf., for example, the bill for the taxation of alcohol in *Stenographische Berichte des preussischen Hauses der Abgeordneten*, *15th legislative period*, *Ist session*, 1882/1883, *Anlagen* I, No. 25, pp. 108—131, 117. For the use of foreign taxation concepts by members of the Prussian parliament, see *Stenographische Berichte des preussischen Hauses der Abgeordneten*, *17th legislative period*, *5th session*, 1892/1893, *Anlagen* V, pp. 2308—2362, here p. 2336(and as appendix, ibid., pp. 2369—2383).

② Mann et al., *Biographisches Handbuch*, pp. 456—460.

③ Thier, *Steuergesetzgebung*, pp. 328—344.

④ 参见 M. Rainer Lepsius, 'Parteiensystem und Sozialstruktur. Zum Problem der Demokratisierung der deutschen Geseilschaft', in idem, *Demokratie in Deutschland. Soziologisch-historische Konstellationsanalysen. Ausgewählte Aufsätze*(Göttingen, 1993), pp. 25—50.

⑤ Fenske, *Deutsche Parteiengeschichte*, pp. 112—119, 137—139.

⑥ See for a survey Nipperdey, *Deutsche Geschichte* 1866—1918, vol. 2, pp. 514—521.

⑦ 此类要求的例子,参见 Witt, *Finanzpolitik*, pp. 127, 267; Kroboth, *Finanzpolitik*, pp. 207—208; Thier, *Steuergesetzgebung*, pp. 397, 458.

步研究的问题。就左翼自由主义者和社会主义者而言，政治概念似乎是由诸如欧根·里希特(Eugen Richter)和奥古斯特·贝蓓儿(August Bebel)这样的政治领袖以等级方式执行的。[①] 就组织等级程度较低的政党而言，地区利益可能更为重要。例如，在 1892/1893 年普鲁士议会起草一种财产税(Ergänzungssteuer)法案期间，国家自由党的自由派和一部分中间党派的代表试图阻止该项法案。在另一个案例中，特定地区利益的影响甚至更大。在普鲁士1892/1893 年关于中止土地税免税待遇的争论中，来自石勒苏益格—荷尔斯泰因州(Schleswig-Holstein)的代表反对这项计划，尽管他们所在的派系——自由保守党派和德国保守党派都支持这项法案。[②] 这在帝国层面上也可以发现类似的现象。1909 年帝国财政制度改革期间，国民议会中的国家自由派分裂成两派：一派支持遗产税，一派倡议对流动资本征收更高的税负。[③] 在这种情况下，国家自由派内部话语整合的力量并没有强大到足以协调那些由国家自由党不同社会和文化环境演变而来的税收概念传播。

税收观念的转移、财政需求及税收竞争

财政需求一直是评估和采用新税收概念的有力论据，这暗示着财政需求对税收思想的传播有影响。财政上成功的税收概念，往往会被其他各州采用。这一现象，可以从 1891 年普鲁士所得税立法的案例中观察到。在普鲁士法律实施的 15 年里，几乎所有主要的德国州都采纳了普鲁士税制的基本部分，特别是“自行申报”的原则和公司所得税。[④] 财政需求似乎促进了联邦制国家内部的税收概念传播。

影响税收概念传播的另一个可能因素是德意志联邦帝国内部的税收竞争。[⑤] 关于德国各州和各自治市是否陷入税收制度间的竞争，目前的历史学家

① Andreas Thier，'Richter，Eugen'，in *Neue Deutsche Biographie*，vol. 21(Berlin，2003)，pp. 526—528；Francis L. Carsten，*August Bebel und die Organisation der Massen*(Berlin，1991).

② Thier，*Steuergesetzgebung*，pp. 616—619，587—589.

③ Kroboth，*Finanzpolitik*，pp. 35—37.

④ Jürgen Ketterle，*Die Einkommensteuer in Deutschland. Modernisierung und Anpassung einer direkten Steuer von* 1890/1891 *bis* 1920(Cologne，1994)，pp. 75—201，其强调了普鲁士概念的影响。

⑤ 参阅本卷中弗朗西斯·林奇的一章，以查阅最近的例子。

和经济学家仍有争议。[①] 马克·斯珀勒(Mark Spoerer)曾指出,就州一级政府而言,不太可能存在制度层面的税收竞争,尽管他证明一些普鲁士地区存在着对富有纳税人的竞争。[②] 竞争对手也可能利用对方的税收概念。[③] 现有的资料来源无法对这一问题作出准确的说明。进行深入分析的一个可能出发点,特别就普鲁士案例而言,可能是州政府中间层级(Regierungen)的相关文件资料,这些文件资料是由相关当局批准的、适用于辖区内所有自治市的税收条例。[④] 市政机构有可能利用(可能的)税收竞争的论点,为自己对地方税收制度的决定辩护。

结束语:一个联邦国家的法律转移

德意志帝国代表了一种法律转移的特殊情形。与拥有自主立法机制的民族国家之间可能的转移体系不同,在联邦制国家中存在着像联邦参议院(Bundesrat)这种由各州参与的机构,并在不同立法话语之间创建了制度上的接口。本章的研究表明,这些接口促进了中央政府与德意志帝国各州之间税收思想的交流。税收的"纵向传播"似乎是非常密集的。这种情况可能类似于现代超国家组织及其成员国(如欧洲联盟)之间的法律转移现象的群集(constellation)。[⑤]

然而,尽管有强烈的迹象表明,1891 年以后的德国各州采纳了普鲁士的所得税概念,但很难证明存在着"横向传播"。在这里,税收概念的可能传播也许是由经济学家及其报告,或者是由各政党促成的。然而,就像民族国家间法律转移的情况一样,这一判断需要更多的经验研究来予以证实。

---

① Mark Hallerberg,Tax competition in Wilhelmine Germany and its implications for the European Union',*World Politics*,48,No. 3(April,1996),pp. 324—357.

② Spoerer,*Steuerlast*,pp. 185—192.

③ 20 世纪前 1/3 的时间里,在地方社区层面上行政知识转移的一般现象参见 Wilfried Rudloff,Das Wissen der kommunaien Sozialverwaltung in Deutschland: Diffusion,Formen und Konflikte 1900—1933'. *Jahrbuch für europäische Verwaltungsgeschichte*,15(2003),pp. 59—83.

④ Wolfgang Rüfner,'Preussen',in Kurt G. A. Jeserich,Hans Pohl and Georg-Christoph von Unruh (eds),*Deutsche Verwaltungsgeschichte*(6 vols)(Stuttgart,1984),Ⅲ,pp. 678—714,here p. 689;对于普鲁士国家监督制度的发展,也参见 Berthold Grzywatz,*Stadt*,*Bürgertum und Staat im* 19. *Jahrhundert*. *Selbstverwaltung*,*Partizipation und Repräsentation in Berlin und Preußen* 1806 *bis* 1918(*Berlin*,2003),pp. 146—147,375—376,583—584.

⑤ 这一领域的案例研究,参阅 Seckelmann,'Im Labor'.

6 国家建构的悖论:在美国和德国的跨国专家经验及所得税争论(1880—1914)[①]

霍尔格·内林(Holger Nehring)

1906年,英国作家H. G. 威尔斯(H. G. Wells)指出:"首要的,我必须传达在我看来最为重要和最意味深长的认识……我认为形容典型的美国人的最好说法是'没有国家意识'"。[②] 相比之下,德国人在当时的名声却大不相同。在1887年以《铁路》为书名的研究中,小查尔斯·弗朗西斯·亚当斯(Charles Francis Adams,Jr)谈及:"德国人,尤其是北方德国人的思想倾向很官僚……对在美国的我们来说,情况恰恰相反……"[③]尽管存在这些同时代人截然不同的评估,但是引入联邦所得税的争论在德意志帝国和美国各州有着惊人的相似特征:在这两个国家,引入所得税备受争议,而且联邦所得税可能会导致一个全能联邦政府的观点共同界定了两国批评者的立场。在时间顺序上,这两国也有惊人的相似之处:两国在1913年都首次引入了某种联邦所得税。这两国联邦政府也面临同样的双重挑战:海军军备支出增加;为了给所有人创造"福利"并解决"社会问题",日益需要国家扩大干预。

本章考察所得税思想自德国向美国的传播,聚焦于美国的进步主义时代(Progressive Era)和德国的威廉时代(Wilhelmine Period)。本章的目的在于,利用互相关联的历史,从另一种角度理解美国和德国的历史,看看当时这

---

① 我要向艾略特·布朗利、茱莉亚·摩西和斯蒂芬·塔克(Stephen Tuck)对本章早期初稿富有洞察力的评论表示感谢。——撰稿人注

② H. G. Wells, *The future in America. A search after realities* (London, 1906), p. 14.

③ Charles Francis Adams, Jr, *Railroads. Their origins and Their problems* (New York, new edn 2005 [1887]), p. 12.

两个国家的人是怎么避开各自所认定的历史“终结点(vanishing point)”的。[①]显然,两国所得税的争论不仅事关国家建构,而且还围绕着其他问题进行,诸如进步主义的政治目标以及对政党的政治忠诚等。[②] 由于所得税事关州和联邦层级议会的功能发挥,因此它与政治制度有着重要的联系。[③] 然而,对国家力量的关注,让这两国的争论统一起来。

鉴于国家和公民社会在德国和美国是看似不同的概念,历史学家们通常认为两国政治制度截然不同,因此有关税收思想的传播不大可能发生。当历史学家们在寻找其中的联系时,他们往往专注于诸如社会福利政策的支出方面,而忽略了税收,比如丹尼尔·罗杰斯(Daniel Rodgers)在其令人印象深刻的著作《跨越大西洋》(*Atlantic Crossings*)中就是这样描述的。[④]

在这样的背景下,本章想表明,对所得税进行关联性研究不仅能够增进我们对大西洋两岸历史的理解,还可以表明美国联邦政府在进步时代发挥的作用超出了许多观察家所认识到的程度,而且更类似所谓的德国强政府。在整个研究中,这里提出的观点结合了对结构因素的关注,并强调了由专家解决的相互观察的重要性。这也意味着要找到一种方法,将联邦及其成员在政治上的复杂纠葛与跨国影响放在一起研究。国家建构不是凭空发生的,这里存在

---

① 关于消失点,参阅 Helmut Walser Smith,‘The vanishing point of German history:an essay on perspective’,*History & Memory*,17(2005),pp. 269—295.

② 关于德国,参阅 Peter-Christian Witt,*Die Finanzpolitik des Deutschen Reiches von* 1903 *bis* 1913:*Eine Studie zur Innenpolitik des Wilhelminischen Deutschland*(Lübeck and Hamburg,1970);关于美国:John D. Buenker,*The income tax and the Progressive Era*(New York,1985).

③ Cf. John F. Witte,*The politics and development of the federal income tax*(Madison,Wisc.,1985),p. 67;Bennett D. Baack and Edward John Ray,‘Special interests and the adoption of the income tax in the United States’,*Journal of Economic History*,45(1985),p. 607;Peter H. Lindert,*Growing public*:*social spending and economic growth since the eighteenth century*(Cambridge,2004);Christopher Howard,*The hidden welfare state*:*tax expenditures and social policy in the United States*(Princeton,1997),pp. 49—50;Elizabeth Sanders,*Roots of reform*:*farmers*,*workers*,*and the American state*,1877—1917(Chicago,1999),pp. 160—172;Richard Franklin Bensel,*The political economy of American industrialization*,1877—1900(Cambridge,2000),pp. 159—161. For Germany,cf. Witt,*Finanzpolitik*,and Mark Hallerberg,‘The political economy of taxation in Prussia,1871—1914’,*Jahrbuch für Wirtschaftsgeschichte*(2002),pp. 11—33.

④ Cf. Daniel T. Rodgers,*Atlantic crossings*:*social politics in the Progressive Age*(Cambridge,Mass.,1998). For a general history of the Progressive Era,albeit without much attention to law and constitutionalism,cf. Nancy Cohen,*The reconstruction of American liberalism*,1865—1914(Chapel Hill,2002).

着一个复杂的互动网络(特别是在两国的联邦系统内部)。此外,互动还发生在与政府之外甚至是国家之外的行动者之间,这就形成了一个过程。在这个过程中,观察对方基本上就是在评估自身在世界上的地位。正是这种作为自我观察的相互观察,推动了两国关于联邦所得税的讨论。

本章通过强调国家地位认知的重要性,进一步发展了最近关于进步时代的研究,强调美国所得税的起源和早期发展更多是为了满足收入需求,并与一种保守主义的复杂形式相连而不是经济平等。① 这样的研究摒弃了州及联邦政府之所以通过所得税法案,是因为进步主义草根民众压力的观点,并转而强调国家构建的悖论:社会福利领域的进步立法伴随着联邦政府的权力,相对于个人生活来说不断加强。② 相反,对德国财政史的研究可以揭示出联邦财政基础的薄弱之处。③

因此,在这两个国家发生的有关所得税的争论,是现代有关国家建构悖论的经典案例:跨国联系和进步理念并没有削弱国家"容器(container)"。相反,有关所得税的争论已经嵌入各州政府间的财富和权力竞争中,进而导致联邦

---

① Cf. Robert Stanley, *Dimensions of law in the service of order: origins of the federal income tax*, 1861—1913 (New York, 1993), p. 231; Albert L. Ellis, 'The Regressive Era: Progressive Era tax reform and the National Tax Association-roots of the modern American tax structure' (unpublished Ph. D. dissertation, Rice University, 1991); Morton Horwitz, *The transformation of American law, 1870—1960: the crisis of legal orthodoxy* (New York, 1992); James Weinstein, *The corporate ideal in the liberal state*, 1900—1918 (Boston, 1968), pp. 140—142. More generally, Gabriel Kolko, *The triumph of conservatism: a reinterpretation of American history*, 1900—1916 (New York, 1963), pp. 112, 129.

② 对于经典观点的阐述,参阅 Elmer Ellis, 'Public opinion and the income tax, 1860—1900'. *Mississippi Valley Historical Review*, 27(1940), p. 225—242; Sidney Ratner, *American taxation. Its history as a social force in democracy* (New York, 1942). 重要的修正主义研究包括 Stanley, *Dimensions of law*; Stephen Skowronek, *Building a new American state. The expansion of national administrative capacities*, 1877—1920 (New York, 1982); idem and Karen Orren (eds), *The search for political development* (Cambridge, 2004); R. Rudy Higgens-Evenson, *The price of progress. Public services, taxation, and the American corporate state*, 1877—1929 (Baltimore and London, 2003); Martin J. Sklar, *The corporate reconstruction of American capitalism*, 1890—1916 (Cambridge, 1988); most recently James A. Henretta, 'Charles Evans Hughes and the strange death of liberal America', *Law and History Review*, 24(2006), pp. 115—172. 对于一项批判,参阅 Robert D. Johnston, 'Re-democratizing the Progressive Era: the politics of Progressive Era historiography', *Journal of the Gilded Age and Progressive Era*, 1(2002), pp. 68—92.

③ Cf. Niall Ferguson, 'Public finance and national security: the domestic origins of the First World War revisited', *Past and Present*, 142(1994), pp. 141—168.

政府结构的加强。本章首先探讨使这些变革成为可能的经济、政治和社会条件,然后更为详细地考虑思想的传播及其意义。[①]

思想传播的结构性前提及约束条件

为了充分认识德国与美国之间的思想传播,这里有必要概述以下两个方面的内容:那些让一般公众对传播的思想产生共鸣的结构性因素和那些阻碍直接应用传播的思想的制度性约束。在当时的美国引入最新的联邦所得税制度的基础,是由西奥多·罗斯福(Theodore Roosevelt)和威廉·塔夫脱(William Taft)领导的共和党政府奠定的,他们在1894年首次尝试联邦所得税时遭到了失败。[②] 特别值得一提的是,罗斯福对政府持有的理念与一些进步主义者的要求十分吻合。民主党的威尔逊政府将引入所得税作为一项应急措施来使用,却为第一次世界大战期间进一步的扩张铺平了道路,事后证明这是美国引入所得税的关键一步。[③] 在1894年尝试失败后,美国于1913年制定的所得税法有一个很高的豁免水平(在1913年,法人和个人豁免额为3 000美元,按1%的税率征税;已婚夫妇免税额为4 000美元,对超过2万美元的所得,再按最高达6%的税率附加征税)。该法案对个人和企业所得都规定了1%的"正常"税率,并附有很高的免税额度(单身纳税人为3 000美元)。这实际上将所有的美国中产阶级排除在所得税征税范围之外。还有一种累进附加税,税率最高可达6%,但这对2万美元以下的所得并不适用。在征税的头几年,只有2%的美国家庭缴纳所得税,同时代的人都把它视为一种财富税。[④] 自1913年引入这一制度后,因为最高法院裁定其违宪,联邦所得税曾多次被

---

① 对于这些标准的系统分析,参阅 F. Neumark,'Internationale Gemeinsamkeiten und nationale Eigenarten der Finanzpolitik',*Kyklos*,2(1948),pp. 317—348.

② Cf. Richard J. Joseph,*The origins of the American income tax:the revenue act of* 1894 *and its aftermath*(Syracuse,NY,2004). 关于联邦支出,参阅 Theda Skocpol,*Protecting soldiers and mothers:the political origins of social policy in the United States*(Cambridge,Mass.,1992),pp. 160—162.

③ Brownlee,*Federal taxation*,p. 40.

④ Cf. *Tariff of* 1913,ch. 16,§2,33 Stat. 144,166,169;'Anti-wealth policy',*New York Times*,2 September,1913;W. Elliott Brownlee,*Federal taxation in America. A short history*(Cambridge,1996),p. 46;John F. Witte,*The politics and development of the federal income tax*(Madison,Wisc.,1985),p. 78.

废除。直到罗斯福新政(Roosevelt's New Deal)期间,才出现了更为持久的所得税。[①]

在德国,个人所得税也是作为一种应急措施,由首相西奥博尔德·冯贝特曼·霍尔韦格(Theobald von Bethmann Hollweg)领导的政府推出。1913年,所得税作为一种临时军备捐助(Wehrbeitrag)政策推出,用于满足军事预算的需要,最高税率为8%。但德国纳税人还有其他更重要的税收和收费(rates)。[②] 在德国,战争使联邦财政陷入混乱,直到20世纪20年代,在马赛厄斯·埃兹伯格(Matthias Erzberger)改革后才建立起坚实的联邦税收基础。[③]

尽管当时的税收水平以今天的标准来看很低,而且关税和消费税后来继续主导着联邦财政收入,但是联邦所得税的引进仍可以说是对以前传统的一大重要突破。虽然两国在战争时期都有过所得税的先例,但人们还是这样认为。[④] 1880年,关税和烟酒消费税贡献了美国联邦财政收入的近90%。到了1930年,这两种税收收入在政府收入中的占比不到25%,而所得税占到联邦政府收入的60%左右。[⑤] 因此,劳伦斯·弗里德曼(Lawrence Friedman)将所

---

① Brownlee, *Federal taxation*, pp. 66—88.

② 'Gesetz über einen einmaligen außerordentlichen Wehrbeitrag/Besitzsteuergesetz vom 3. Juli 1913'. *Reichsgesetzblatt*. 505—521/524—543, especially §§56ff. and 76ff. Cf. also Hans-Peter Ullmann, 'Die Bürger als Steuerzahler im Deutschen Kaiserreich', in Manfred Hettling and Paul Nolte (eds), *Nation und Gesellschaft in Deutschland. Historische Essays* (Munich, 1996), pp. 231—246, pp. 235—236. Cf. also Wilhelm Gerloff, *Finanz-und Zollpolitik des Deutschen Reiches* (n. p., 1913), p. 213.

③ Cf. Carl-Ludwig Holtfrerich, 'The modernization of the tax system in the First World War and the Great Inflation, 1914—1923', in Peter-Christian Witt (ed.), *Wealth and taxation in Central Europe: the history and sociology of public finances* (Leamington Spa, 1987), pp. 125—135 and Hans-Peter Ullmann, *Der deutsche Steuerstaat. Geschichte der öffentlichen Finanzen* (Munich, 2005), pp. 88—114.

④ 对于数据,参阅 Hans-Ulrich Wehler, *Deutsche Gesellschaftsgeschichte*, VOL. 3: *Von der 'Deutschen Doppelrevolution' bis zum Beginn des Ersten Weltkrieges*, 1849—1914 (Munich, 1995), pp. 637—661; US Bureau of Census, Department of Commerce, *Historical statistics of the United States, colonial times to* 1970: http://www2. census. gov/prod2/statcomp/documents/CT1970pl_o1. pdf, pp. 1106—1108; John Mark Hansen, 'Taxation and the political economy of tariff', *International Organization*, 44(1990), here pp. 527 and 529.

⑤ Cf. *Historical statistics of the United States*, pp. 1106—1108.

得税称为"美国社会重大变革的开端"。[①] 到 20 世纪末,累进性所得税已经成为美国财政的主要支柱,占联邦财政收入的 55%和各州财政收入的 40%左右。[②] 德国也是如此。[③]

这些范围广泛的改革,是 19 世纪末 20 世纪初两国在联邦层次上对国家财政危机的回应。在这里,政党政治因素也起到了至关重要的作用。[④] 因此,在 1914 年以前的 10 年间,财政改革成为两国国内政治的主要议题之一。

在快速工业化和城市化的经济体中,如此的安排带来的问题与日俱增,导致两国对财政危机的看法越来越多,这给地方、州和联邦政府带来更大的压力。[⑤] 这样的形势,要求政府实施更加有效的财政改革。德意志帝国总支出的显著增长,可以用来说明财政危机的上升:1890 年帝国总支出为 1.044 亿马克,1900 年为 1.094 亿马克,1901 年为 2.691 亿马克,1913 年为 3.418 亿马克(以当前价格计算)。这些数据说明,帝国开支占国内生产总值(GDP)的比例从 1872/1880 年的 4.5%上升到 1901/1913 年的 5.4%。[⑥]

与德意志帝国的情况类似,美国联邦政府在国内外也变得越来越活跃。19 世纪末期,让美国登上世界舞台的美西战争(Spanish-American War),以及为了对抗日本在远东地区争夺霸权而扩张海军,都导致了美国对联邦财政收入的更大需求。[⑦] 到 1900 年,陆军和海军部(Department of Army and Navy)已构成联邦开支中的最大一项,几乎占总开支的 40%。这些问题,连同这一时期财富的日益集中(当时有许多社会专家对此进行了诊断),促使政治

---

① Lawrence M. Friedman, *A history of American law* (New York, 1985), p. 567.

② US Bureau of Census, Department of Commerce, *Statistical Abstract of the United States*, 2002, p. 314, table 464: http://www.census.gov/prod/www/statistical_abstract_04.html.

③ Cf. Eckart Schremmer, *Warum die württembergischen Ertragssteuern von* 1821 *und die sächsische Einkommenssteuer von* 1874/1878 *so interessant sind* (Stuttgart and Leipzig, 2002).

④ For the US, cf. Ajay K. Mehrotra, 'Creating the modern American fiscal state: the political economy of U. S. tax policy, 1880—1930' (unpublished Ph. D. dissertation, University of Chicago, 2003); for Germany: Witt, *Finanzpolitik*.

⑤ Cf., for example, David P. Thelen, *The new citizenship: origins of progressivism in Wisconsin*, 1885—1900 (Columbia, 1972), pp. 133—134; John B. Legler, Richard Sylla and John J. Wallls, 'U. S. city finances and the growth of government', *Journal of Economic History*, 48 (1988), pp. 347—356.

⑥ Cf. Ferguson, 'Public finance'.

⑦ Cf. William Appleman Williams, The tragedy of American diplomacy (Cleveland, 1959).

家们寻求替代解决方案。特别是1893年的经济恐慌，引发了随之而来的经济萧条，加剧了日益严重的贫困和阶级冲突。[①] 紧随1906年旧金山地震之后，1907年爆发的经济危机使这一情形雪上加霜。[②] 19世纪90年代中期的经济收缩带来了约20%的劳动力失业率，大量的银行倒闭和企业破产，这一水平只有1930年的大萧条(Great Depression)能超过。[③] 正是基于对这一情形的认识，最终导致那些反对联邦所得税立法的势力减弱，并在各政党间达成共识。[④]

专家和思想传播

州或联邦税务委员会的专家，在形成问题认知方面发挥了关键的作用。大多数主张征收联邦所得税的专家都参与了跨大西洋的思想交流。正是由于他们的专门知识和对跨国网络的参与，才使所得税的引入成为可能。在这里，思想的传递主要通过观察，而不是个人互动或任何机械传播。[⑤] 虽然这些专家参与国际会议或跨国网络，但结果是他们的教育背景和共同兴趣成为观察

---

① 参阅 Charles Hoffmann, *The depression of the nineties: an economic history* (Westport, Conn., 1970), pp. 4, 57—58, 285—297.

② Margaret Myers, *Financial history of the United States* (New York, 1957), pp. 245—246.

③ 参阅 *Historical statistics of the United States*, p. 1115.

④ 参阅 Charles V. Stewart, 'The federal income tax and the realignment of the 1890s', in Bruce A. Campbell and Richard J. Trillllng(eds), *Realignment in American politics. Toward a theory* (Austin, Tex., 1980), pp. 263—287; Idem, 'The formation of tax policy in America, 1893—1913' (unpublished Ph. D. dissertation, University of North Carolina at Chapel Hill, 1974); Richard F. Bensel, *Sectionalism and American political development*, 1880—1980 (Madison, Wisc., 1984), pp. 60—103; Paul Wolman, *Most favored nation: the Republican revisionists and U. S. tariff policy*, 1897—1912 (Chapel Hill, 1992); C. K. Yearley, *The money machines. The breakdown and reform of governmental and party finance in the north*, 1860—1920 (Albany, NY, 1970), pp. 39—41.

⑤ 参阅从不同视角来看，Ajay Mehrotra, 'Envisioning the modern American fiscal state: Progressive-Era economists and the intellectual foundations of the U. S. income tax', *UCLA Law Review*, 52(2005), pp. 1793 — 1866. Generally cf. Axel R. Schäfer, 'German historicism, progressive social thought, and the interventionist state in the United States since the 1880s', in Mark Bevir and Frank Trentmann(eds), *Markets in historical contexts. Ideas and politics in the modern world* (Cambridge, 2004), pp. 145—169. 对于在加拿大的类似过程，参阅 Eric H. Reiter, 'Imported books, imported ideas: reading European jurisprudence in nineteenth-century Quebec', *Law and History Review*, 22(2004), pp. 445—492.

得以实现的最重要因素。这种观察主要是单一方向的：从欧洲（尤其是从德国）到美国。

德国的历史经济学对美国学者的直接影响难以估量。然而，有强烈的迹象表明，美国学者确实受到了大西洋彼岸同行的思想影响。他们推销一种类似于德国“教会社会主义”（Kathedersozialisten）的新型自由主义思想及类似古斯塔夫·施莫勒和阿道夫·瓦格纳的思想，对国家在经济和社会中的作用持有非常肯定的看法，并且特别关注经济发展中的历史特殊性。这一从德国向美国的思想传播，导致美国自由主义从19世纪强调个人自由，转向更强调国家干预具有积极作用的进步主义观念。[①] 保护性的劳工立法、反垄断法的兴起、食品和药品监管以及妇女投票权的扩大，都是这一社会重组不可或缺的部分。[②] 美国学者对德国学术界的这种观察之所以可能，是因为他们认为自己的财政文献“极其简陋”。[③]

受德国人训练的税收改革者成为政府顾问，或者至少被州和联邦政府作为宣传目的而使用。他们是一个更大学者群体中的一员，这一群体试图推翻自由放任的正统理论。他们通过专业团体来表达自己的认同，首先是1895年成立的美国经济协会（American Economic Association）。他们还声称自己的知识是无政治偏向的和客观的，以此让他们的介入合法化。[④]

---

① 参阅 Morton White, *Social thought in America. The revolt against formalism* (New York, 1949); Jeff Sklansky, *The soul's economy. Market society and selfhood in American thought*, 1820—1920 (Chapel Hill, 2002). 从跨大西洋的角度来看, cf. James T. Kloppenberg, *Uncertain victory: social democracy and progressivism in European and American thought*, 1870—1920 (New York, 1986), p. 355.

② 参阅 Sidney Fine, *Laissez-faire and the general-welfare state* (Ann Arbor, 1956); Morton Keller, *Regulating a new economy: public policy and economic change in America*, 1900—1933 (Cambridge, Mass., 1990).

③ 亚当斯(Adams)在约翰·霍普金斯大学的导师就是这样, Francis A. Walker, 'The principles of taxation', *Princeton Review*, 2(1880), pp. 92—94.

④ Cf. Mary O. Furner, *Advocacy and objectivity. A crisis in the professionalization of American social science*, 1865—1905 (Lexington, 1975); Dorothy Ross, *The origins of American social science* (Cambridge, 1991); Thomas L. Haskell, *The emergence of professional social science: the American Social Science Association and the nineteenth-century crisis of authority* (Urbana, 1977); Michael J. Lacey and Mary O. Furner, 'Social investigation, social knowledge, and the state: an introduction', in idem(eds), *The state and social investigation in Britain and the United States* (Cambridge, 1993), pp. 3—62.

威斯康星州的亨利·卡特亚当斯(Henry Carter Adams)[①]、加利福尼亚州的卡尔·C. 普伦(Carl C. Plehn)[②],以及纽约州的理查德·T. 伊利(Richard T. Ely)和艾德温·R. A. 塞利格曼(Edwin R. A. Seligman),都扮演了关键的角色。[③] 为了完成博士学位,伊利曾在海德堡师从卡尔·克尼斯(Karl Knies),并将德国的研讨班教学模式带回约翰斯·霍普金斯大学,在那里开始自己的教学生涯。[④] 埃德温·塞利格曼(Edwin Seligman)在德国有家庭关系,曾师从历史学派经济学家阿道夫·瓦格纳。[⑤] 同样地,亚当斯也曾在海德堡和柏林的大学就读。[⑥] 尽管最近的研究指出,历史学派的分歧比学者们迄今所认为的要大得多[⑦],但在我们的语境中,重要的是美国税收改革者对自由放任经济学和经济推理的正式规则持怀疑态度。在这一时期,美国学者与德国同行们进行了密集的书信和思想交流,并与他们分享论文和评论。[⑧]

---

① Cf. A. W. Coats,'Henry Carter Adams:a case study in the emergence of the social sciences in the United States,1850—1900',*Journal of American Studies*,2(1968),p. 177;S. Laurence Bigelow et al.,'Henry Carter Adams',*Journal of Political Economy*,30(1922),pp. 201—211.

② Cf. Mansel G. Blackford,*The politics of business in California*,1890—1920(Columbus,Ohio,1977).

③ Cf. Franek Rozwadowski,'From recitation room to research seminar:Political Economy at Columbia University',in William J. Barber(ed.),*Breaking the academic mould:economists and American higher learning in the nineteenth century*(Middletown,Conn.,1982),p. 196.

④ Jurgen Herbst,*The German Historical School in American scholarship:a study in the transfer of culture*(Ithaca,1965);Joseph Dorfman,'The role of the German Historical School in American economic thought',*American Economic Review*,45(1955),p. 17.

⑤ Cf. Wesley C. Mitchell,'Tribute',in *Edwin Robert Anderson Seligman*,1861—1939(1942),p. 60;'In Memoriam:Edwin Robert Anderson Seligman',*Political Science Quarterly*,54(1939),p. 480;Carl S. Shoup,'Edwin R. A. Seligman',in David L. Sills(ed.),*International Encyclopedia of the social sciences*(New York,1968),p. 163.

⑥ Rodgers,*Atlantic crossings*,pp. 96—97.

⑦ Cf. Erik Grimmer-Solem,*The rise of historical economics and social reform in Germany* 1864—1894(Oxford,2003);Heath Pearson,'Was there really a German Historical School of Economics?',*Historical Political Economy*,31(1999),p. 547.

⑧ Seligman to Gustav Schmoller,19 April,1894:*Geheimes Staatsarchiv Preußischer Kulturbesitz*,Berlin,VI,*Hauptabteilung Familienarchive und Nachlässe*,Gustav Schmoller papers,No. 153;Irving Fisher(Yale) to Lujo Brentano,10 January,1913:*Bundesarchiv* Kobienz,Lujo Brentano papers,NL1001/69;'Notebooks from Classes in Berlin','Lecture notes taken by Edwin R. A. Seligman':Seligman papers,Butler Library,Columbia University,New York City,box 86.

改革者们强调了历史变革和经济范式动态发展的重要性。[①] 正是这种假设,让他们要求国家发挥更加积极的作用。出于历史的必然性,美国经济学家们采纳了这种形而上学的国家概念,却有些矛盾地否认他们采纳的只是一种德国模式。他们声称这是时代精神的体现,思想上并非跟某一特定国家有关。[②]

与在德国一样[③],在美国对于所得税的论证主要跟政治与分配公平明确相关,而且这是目前为止大多数历史学家聚焦的论点,即主张所得税的经济学家将"量能"的概念引入美国的财政讨论中,而这一概念常常指向针对贫困的社会学研究。[④] 他们较少使用道德责任和社会团结的表述来阐明他们的哲学立场,而更多考虑的是可能的政治选民。[⑤]

在与德国同行交流观点的同时,美国经济学家对自己在美国社会和经济中观察到的各种因素作出了回应,而这些因素主要与财富及公司权力的集中、经济危机的周期、以股票和债券形式出现的无形财富的日益盛行有关。即使反对所得税的人,也对关税政策导致消费品价格上涨感到遗憾。这些政策在应对不断变化的经济形势时是不稳定和不灵活的。[⑥] 类似于德国历史学派,美国经济学家之所以能应用这样的经济思想,仅仅是因为经济具有循环(economic cycle)的性质,即他们把经济看作一个可以施加影响的实体,而不是一个本身可自行发展的(in and of itself)有机整体。[⑦] 在 19 世纪最后一次经济衰退期间,芝加哥劳动经济学家罗伯特·霍克西(Robert Hoxie)在 1893 年的

---

① Edwin R. A. Seligman, *The income tax: a study of the history, theory and practice of income taxation at home and abroad* (New York, 2nd edn, 1914). pp. 12—14.

② Edwin R. A. Seligman, 'Change in the tenets of political economy with time', *Science*, 7 (1886), p. 382.

③ Cf. Witt, *Finanzpolitik*, p. 59.

④ Cf. Henry C. Adams, *The science of finance: an investigation of public expenditures and public revenues* (New York, 1898), p. 300.

⑤ Gina L. Keel, 'A social fiscal science: the progressive origins of federal income taxation' (unpublished Ph. D. dissertation, Brandeis University, 1998).

⑥ 'Taxing food', *New York Times*, 1 June, 1891, p. 4; Edwin R. A. Seligman, *The shifting incidence of taxation* (New York, 1899), p. 374.

⑦ Cf. Mary O. Furner, 'Knowing capitalism: public investigation and the labor question in the long Progressive Era', in Furner and Supple (eds), *The state and economic knowledge*, pp. 241—286.

恐慌之后观察并写道,“由于其固有的不灵活性和不稳定性,在紧急情况下海关税收制度无法作为一个充足的收入来源”。[①] 特别地,伊利并不是抽象地接触财政问题,而是通过他在19世纪80年代中期作为巴尔的摩和马里兰税收委员会专家的工作来探讨财政问题。[②]

相比之下,塞利格曼(Seligman)对财产税提出了更为理论化的批判。他认为,财产税并不是美国国情中的特例,而且正因为它们不是独一无二的,所以更容易受到历史变化的影响。更为重要的是,他认为财产税是有缺陷的,因为财产不再是衡量“能力”或纳税能力的标准。对他而言,引入所得税与缓解低收入家庭的间接消费税负担,跟用财产税和所得税向社会富裕阶层征税(尽管仍应以相当缓慢的节奏进行)的目标有关。[③]

塞利格曼提出这一要求,背景是关于美国进步时代大公司财富的讨论。以财产税为基础的税收制度,无法税及大公司的财富;只有用所得税制度才能做到这一点,并借此消除塞利格曼所说的由当前制度安排带来的令人遗憾的一些社会后果。像塞利格曼这样的改革者,呼吁国家权力成为“道德机构”,并将所得税视为一种削弱商业影响政治的手段。[④]

受德国启发的社会改革者主张征收所得税,而传统的自由主义者和保守主义者则对此表示反对。他们担心引入所得税会侵扰私人生活。在允许这种侵扰最终发生方面,法律措施发挥了特别的作用,它们扮演了将美国国家中结构多样而又联系微弱的组成部分统一起来的角色。[⑤] 相应地,塞利格曼反对那些批评第十六修正案的保守派,而该修正案允许征收联邦所得税:“让我们不要迷信‘自我统治(self-government)’,在自我统治意味着倒退而不是进步

---

① Robert F. Hoxie, 'Adequacy of the customs revenue system', *Journal of Political Economy*, 3(1894), pp. 39—71.

② Cf. Richard T. Ely, *Ground under our feet. An autobiography* (New York, 1938), pp. 172—173; John Prentiss Poe and Richard T. Ely, *Report of the tax commission of Baltimore* (Baltimore, 1886).

③ Edwin R. A. Seligman, 'The general property tax', *Political Science Quarterly*, 5(1890), p. 24.

④ Ely, *Ground under our feet*, p. 136. On the general context cf. Richard L. McCormick, "The discovery that 'business corrupts politics': a reappraisal of the origins of Progressivism", *American Historical Review*, 86(1981), pp. 247—274.

⑤ Cf. Stanley, *Law in the service of order*.

的情况下,让我们不要反对中央集权。"[①]在德国,《公民法典》(*Bürgerliches Gesetzbuch*)获批的年代,可以很精确地追溯到1900年。[②]

但是,传播的形式不仅是德国和美国之间的观察,思想的传播也发生在美国联邦体制内部。[③] 大多数美国税收改革者的职业生涯都始于各州。美国的进步主义运动在威斯康星州尤其强劲[④],从那里开始,要么通过全国进步主义协会,要么通过更专业的机构(如全国税收协会),税收思想向外扩散。

与在德国一样,美国各州已经引入了所得税制度,以产生更多的收入,应对日益增长的基础设施和社会福利需求。在整个19世纪,财产税主导着州和地方的财政收入。然而,随着时间的推移,经济结构的变化削弱了财产税提供足够的收入的能力,这是因为,新的无形财富形式,如债券和股票,变得越来越普遍。[⑤]

在各州的这些发展,消除了在联邦一级引入类似税种的一些实际的和法律的障碍。在这方面,英国观察家悉尼·布鲁克斯(Sydney Brooks)在《北美评论》上发表的评论很有启发性。他指出,这是"一个吉兆,表明即使在美国事情也会发生变化,而且死亡之手不是无所不能的"。[⑥] 至少从19世纪90年代开始,州立法机构内部对累进税的态度变得越来越有利。例如,在1890年,只有6个州征收遗产税;而到1903年,46个州中的27个州以某种形式征收遗

① Edwin R. A. Seligman, 'The income tax amendment', *Political Science Quarterly*, 25(1910), pp. 193, 213—214.

② Cf. Michael John, 'The peculiarities of the German state: bourgeois law and society in the Imperial Era', *Past and Present*, 119(1988), pp. 105—131.

③ 关于德国的相似之处,参阅安德里亚斯·蒂尔在本书中的章节。

④ Cf. W. Elliott Brownlee, *Progressivism and economic growth: the Wisconsin income tax, 1911—1929*(Port Washington, NY, 1974).

⑤ Cf. George C. S. Benson et al., *The American property tax: its history, administration, and economic impact*(Claremont, Calif., 1965), p. 83; Jon C. Teaford, *The rise of the states: evolution of American state government*(Baltimore, 2002), pp. 42—68; William G. Roy, *Socializing capital: the rise of the large industrial corporation in America*(Princeton, 1997), pp. 4—5. For Germany cf. Eckart Schremmer, *Steuern und Staatsfinanzen während der Industrialisierung Europas. England, Frankreich, Preußen und das Deutsche Reich* 1800 *bis* 1914(Berlin et al., 1994), p. 145.

⑥ William E. Borah, 'Income tax amendment', *North American Review*, 191(1910), pp. 763—764. Cf. also Norris Brown, 'The income tax amendment', *Outlook*, 94(1910), p. 215.

产税;到 1913 年,48 个现在州中有 35 个州颁布了类似的法案。[①]

有趣的是,在实行所得税制度的美国各州,它们分布在北部、南部和中西部的沿海地区,并不存在明确的社会经济分布模式。到 1913 年,只有 6 个州实行了所得税法:马萨诸塞州、卡罗来纳州、弗吉尼亚州、俄克拉荷马州、(在 1911 年引入所得税法的)威斯康星州。[②] 在这一时期,各州税收制度出现了分化而不是趋同。[③] 然而,在这种情况下,重要的是州级法院不愿区分累进遗产税和所得税以及其他形式的非累进税。例如,威斯康星州最高法院在 1912 年"威斯康星州因波冷斯诉州务卿弗里尔"(State ex. Rel. Bolens v. Frear)一案中,裁定所得税符合宪法。[④]

我们可以看到,这里的传播不仅仅包括分散的思想包的传递。相反,观念是通过思想和制度在"社会学习"过程中进行介导(mediated)的。[⑤] 这种情况发生在 19 世纪 90 年代至 20 世纪初之间,当时税收改革者的声音在全国性的争论中越来越有影响力。在此期间,诸如关税和消费税或非累进财产税等其他收入形式越来越不受欢迎。

在此之前,上面的论点一直被忽视,因为到 19 世纪 80 年代和 90 年代,关税一直是民主党和共和党之间政治争论的基石。甚至连支持用所得税部分地取代关税收入同时打击垄断力量的平民主义运动,对专家知识的需求也没有增加,但这些知识对有效实行所得税来说是必要的。[⑥]

---

① Cf. Max West,'Recent inheritance tax statutes and decisions',*Journal of Political Economy*,6(1898),p. 437;Department of Commerce,Bureau of the Census(ed.),*Wealth,debt,and taxation* 1913(Washington DC,1915),p. 22;*Literary Digest*,46(1913),pp. 325—328.

② Seligman,*The income tax. A study of the history,theory,and practice of income taxation at home and abroad*(New York,1911),pp. 398,415—424.

③ Cf. Higgens-Evenson,Progress,p. 39.

④ Cf. 134 N. W. 637(Wisc.).

⑤ Cf. Hugh Heclo,*Modern social politics in Britain and Sweden*(New Haven,1974),pp. 304—322;Mary O. Furner and Barry Supple,'Ideas,institutions,and state in the United States and Britain:an introduction',in Furner and Sapple(eds),*The state and economic knowledge. The American and British experiences*(Cambridge,1990),pp. 3—39,here p. 27.

⑥ Cf. Brownlee,*Federal taxation*,p. 41;Daniel P. Carpenter,*The forging of bureaucratic autonomy:reputations,networks and policy innovation in executive agencies*,1862—1928(Princeton,2001);Ajay Mehrotra,"'More mighty than the waves of the sea':toilers,tariffs,and the income tax movement,1880—1913",*Labor History*,45(2004),pp. 165—198.

在美国，由于政党政治和资金赞助受到腐蚀并被更具竞争性的政治进程替代，国家的财政、监管、行政等领域进一步崛起。[①] 在当时所认识到的危机、有利的政治气候、知识的合理化等，都使有关所得税思想的讨论成为可能。

国家和公民：跨国性的重组

一条隐形但又基本贯穿美国改革者思想的主线，就是塞利格曼和伊利对财产税行政基础的批评。通过对德国国家观念的学术接触，他们得出了结论，从而参与了这一时期关于国家和公民身份重构的跨国讨论。对他们来说，财产税是一种无法有效征收的税种，因为它不能触及诸如债券、股票、抵押贷款等日益增长的无形或隐形财富："它鼓励不诚实和公众意识的堕落。"[②]这句话体现出支持两国讨论的基本观点，即对联邦政府不得不在公民生活中扮演角色的不同看法。美国和德国都是跨大西洋发展的一部分，从这里我们可以看到：联邦各州该如何发展行政能力？对各种思想的观察如何在争论形成过程中相互影响？

所得税意味着国家并不要求按固定比例就特定的有形收入缴税(如法国大革命时期建立的模式)；相反，它寻求的是建立一套透明的制度，可以用来确定个人取得了什么收入、收入如何被支出，以及国家可以合理主张的份额等。正是税收改革的这一方面而不是税收的纯粹权重，成为美国和德国公众反对的焦点。这是因为，这样的制度极有威胁性，要在一个讯问制国家(inquisitorial state)面前暴露公民的隐私。

19 世纪，税制逐渐从默认"个体"(individual)转为定义"人格"(personality)，对隐私的争议反映在此过程的一个矛盾之中。从历史上看，累进性税收

---

① Richard L. McCormick, *The party period and public policy: American politics from the age of Jackson to the Progressive Era* (New York, 1986); Joel Silbey, *The American political nation*, 1838—1893 (Stanford, 1991). Cf. however, Richard R. John, "Farewell to the 'Party Period': political economy in nineteenth century America", *Journal of Policy History*, 16 (2004), p. 117.

② Seligman, 'Property tax', p. 24.

立法的引入，意味着国家和公民之间有了一种不同的关系。[①] 法国大革命时期的税收制度，旨在忽视纳税人的法律归属，而将重点放在财产和收入上。[②] 这种故意避开合法不动产(legal estate)的政策，与另一项政策重叠在一起，即明确承认个人的自主权，禁止财政部对纳税人的私生活展开调查。因此，欧洲国家和美国在接下来的几年里都采用外部指标来征税——该制度允许从外部评估房产，但不允许政府检查人员进入这些房产。这样，从技术上讲，税收是对物征收，而不是对人征收，而针对个人的财政政策是从否定意义来构造的，即列举豁免征税的项目。

然而，矛盾的是，征收所得税就意味着，无论是联邦层面还是在州一级的税务部门，都较以往获得了更多有关个人经济活动的信息，包括所有权和财产收入。[③] 特别地，从1891年普鲁士征收所得税开始，与经济活动相关的数据现在依附于人身，合并成为一个被同时代人称为"经济人格"(economic personality)或"可见人格"(visible personality)的全面描述。现在的纳税主体是纳税人，而不是收入和财产。[④] "人格"是源自精神病学的术语，暗含一个由支出和收入组成的复杂实体。[⑤] 最重要的是，这一人格是可见的，并可以接受外部监督。事实上，它是根据政府官员与社会专家、立法者协调制定的官方范畴构造出来的。游说美国实行类似的税收制度，意味着信息收集等特征也必然

---

① Cf. Seligman, *Income tax*, p. 35; Richard Büchner, *Die Finanzpolitik und das Bundessteuersystem der Vereinigten Staaten von Amerika von* 1789 *bis* 1926(Jena, 1926), p. 101. Cf.，更一般地，关于这一冲突 Charles Taylor, *Sources of the self: the making of modern identity*(Cambridge, Mass., 1989), p. 185；在俄罗斯也有类似的情况，cf. Yanni Kotsonis, "'Face to face': the state, the individual, and the citizen in Russian taxation, 1863—1917", *Slavic Review*, 63(2004), pp. 221—246; idem, "'No place to go': taxation and state transformation in Late Imperial and Early Soviet Russia", *Journal of Modern History*, 76(2004), pp. 531—577, here p. 539. 在两次世界大战之间的英国也有类似问题，cf. Richard Toye, "Keynes, the Labour movement, and 'How to pay for the war'", *Twentieth Century British History*, 10(1999), pp. 255—281.

② Cf. Gabriel Ardant, *Histoire de I'impôt*, vol. 1(Paris, 1972).

③ Cf. the chapter by Christine Lebeau in this volume.

④ Cf. Seligman, *Income tax*, pp. 13—17.

⑤ Cf. John W. Meyer, 'Myths of socialization and personality', in Thomas C. Heller, Morton Sosna and David E. Wellberry(eds), *Reconstructing individualism: autonomy, individuality, and the self in Western thought*(Stanford, 1986), pp. 208—209; John L. Comaroff, 'Images of empire, contests of conscience', in Frederick Cooper and Ann Laura Stoler, (eds), *Tensions of empire. Colonial cultures in a bourgeois world*(Berkeley, 1997). pp. 170—171.

会在美国联邦层面上得以改进，因此，倡导征收所得税实质上与加强联邦行政机构、专家和知识生产在其中所发挥的作用相辅相成。可以肯定的是，当时的税率仍然相对较低，而且豁免额相当大，尤其在美国。①

然而，在德国和美国建立所得税制度的法律和宪法基础，是建立一套依赖于上文所述的更具有讯问制国家制度的第一步。《华尔街日报》反对征收所得税，并通过提及法国的经验来警告这一制度安排。它表示，在所得税的普遍影响下，没有人是安全的。② 简而言之，在这两个国家引入联邦所得税制度，标志着彼得·霍奎斯特(Peter Holquist)所称的"统治型国家(governmental state)"的明显开端。③ 这类国家对合法地和公正地管理民众兴趣不大，而对有效地和经济地管理民众感兴趣。在这些国家中，有关"社会"和纳税人的知识生产，与分化和专业化的行政管理联系在一起。公务员现在成了处理这些问题的专家。这样的发展，使得思想传播成为可能，同时也使内容的传播成为可能。④ 政府研究机构是政府服务和税收指数式增长的一个副产品，而政府服务和税收指数式增长又被视为法团主义国家(corporate state)的标志。于是，这给政府的政治合法性造成了重大问题，并使预算过程的透明度变得更加必要。⑤

德国和美国的研究者都关注并强调了此处的矛盾，这一矛盾与"人格"在所得税制度中的重要性有关。因为，恰恰是尊重(promise)人格完整(integration)、平息与之相关的社会不满，才对改革的发起者而言更重要。因此，在这

① Cf. *Historical statistics of the United States*, pp. 106—110.

② 引自 *Literary Digest*, 46(1913), p. 324.

③ Peter Holquist, "'Information is the Alpha and Omega of our work': Bolshevik surveillance in its pan-European context", *Journal of Modern History*, 69(1997), pp. 415—450. For predecessors, cf. Marc Raeff, 'The well-ordered police state and the development of modernity in seventeenth-and eighteenth-century Europe: an attempt at a comparative approach', *American Historical Review*, 80 (1975), pp. 1221—1243.

④ For a later view cf. John H. Leenhouts, 'Income taxation and its administrative requirements', in *Proceedings of the Twenty-First Annual Conference on Taxation under the Auspices of the National Tax Association* (Columbia, SC, 1929), pp. 447—477.

⑤ Cf. Jonathan Kahn, *Budgeting democracy. State building and citizenship in America*, 1890—1928 (Ithaca, 1997) and Michael J. Lacey, 'The world of the bureaus: government and the positivist project in the late nineteenth century', in idem and Furner (eds), *State and social investigation*, pp. 127—170.

场跨国争论中，税收改革者将税收重新塑造成公民过程和融合（inclusion）的标志，是一种“荣誉”，而不是来自外部国家强加的负担。[①]

事实上，没有这样的荣誉就意味着当不成公民（civic exclusion）——正是这一动机而非其他动机，将劳工运动带入美国，并最终支持了所得税改革的议案。在这些争论中，只有那些缴纳税收的人，才被认为是适当的公民并承担政治角色。然而，矛盾的是，这一论点让企业获得了社会地位。它们缴纳了自己的会费，进而成为受人尊敬、负责任的社区成员。这么做，非但没有削弱公司的力量，反而强化了美国的法团主义国家。[②] 在所得税制度下，美国的大公司被课以重税，在它们的活动遭受猛烈抨击之时反而获得了社会声望。在美国，这场争论与有关公民身份的一般性讨论联系在一起，正如最近对美国南部种族关系的研究所表明的那样。就像在税收争论中一样，这场争论的重点落在那些有能力支付税款以加强国家力量的“最优秀、负责任的人”身上。[③] 因此，具有讽刺意味的是，“按照现行社会标准，拥有从经济福利和安全到拥有全部（社会权利）并过上文明生活的”的“社会公民”，开始缓慢出现在那些最不需要社会权利的阶层中。[④] 社会上收入最高的人，现在可以要求与其他人一样平等的地位，而不是相反。相比之下，在德国，实业家们并不认为所得税是证明自己对祖国有价值的机会。相反，他们比美国同行更加强烈地抱怨新立法具有没收的性质。[⑤]

---

① Higgens-Evenson, Progress, pp. 50, 79. 在一般情况下，cf. Charles Steinwedel, 'Making social groups, one person at a time', in Jane Caplan and John Torpey (eds), *Documenting individual identity* (Princeton, 2001), pp. 67—82. 关于不同背景下的力量，cf. Alain Blum and Martine Mespulet, *L'anarchie bureaucratique: pouvoir et statistique sous Staline* (Paris, 2003).

② Cf. also Ellls W. Hawley, 'Economic inquiry and the state in New Era America: antistatist corporatism and positive statism in an uneasy coexistence', in Furner and Supple (eds), *The state and economic knowledge*, pp. 287—324.

③ Cf. Glenda Ellzabeth Gilmore, *Gender and Jim Crow: women and the politics of white supremacy in North Carolina*, 1896—1920 (Chapel Hill, 1996); Alexander Keyssar, *The right to vote: the contested history of democracy in the United States* (New York, 2000).

④ 关于“社会公民”的概念，cf. T. H. Marshall, *Citizenship and social class* (Cambridge, 1950), p. 78.

⑤ 'Industrie, Wehrbeitrag und Vermögenszuwachssteuer', *Deutsche Industrie*, 12 (June 1913), pp. 178—187; 'Steuerfragen, Industrie und Parteipolitik', *Deutsche Industrie*, 16 (August 1913), pp. 247—249.

因此,这种联系的和跨国的观点表明,进步主义希望的公民融合、更多的社会公正和国家建构等,并不是真正的两极对立,正如罗伯特·斯坦利(Robert Stanley)在《服务于秩序的法律之维》(*Dimensions of Law in the Service of Order*)一书中就美国案例所论述的那样[①],它们是一枚硬币的两面。这一时期欧洲和美国的财政改革都有一大特点,那就是个人权利和作为征税基础的经济人格之间存在着紧张关系——个人是不可分割的,在一定程度上是私密的,并由其获得的豁免权和权利所界定;而人格则是复杂的、可分割的,也是可审查的。因此,在实践中,所得税制度是知识、信息和参与的函数,而不单纯是强制的函数。[②] 个人在某种程度上是国家的成员,其身份或人格是根据官方参数形成的,并在国家实践过程中得以重新确认。但是,美国和德国联邦政府所依赖的大部分知识,都是由民众自身提供的。美国的税收改革者塞利格曼用一种非常简洁的方式阐述了这一点,他拒绝接受人们可以期待因纳税而受益的观点:

> 现在人们普遍认为,我们纳税不是因为国家保护我们,也不是因为我们从国家那里得到了什么好处,而仅仅是因为国家是我们的一部分。维护它的责任与生俱来。在一个文明社会中,国家对个人而言,就像他呼吸的空气一样必不可少……我们纳税是因为……国家是我们内在不可分割的一部分。[③]

同样,伊利声称,基于"古老的互惠主义拟制(fiction)"来看,税收是不合理的。事实上,税收不是对商品和服务的"交换"或"支付""一个最高权力要求公民做出贡献,而不必考虑它为公民提供任何服务的价值……公民缴纳税款是因为他是一位公民,这是他作为公民的义务"。[④]

正是这样的区别,使得当时在美国和德国的争论显得如此模棱两可:这种区别为大多数国家的个人所得税批评者和支持者提供了两套相互矛盾的原则,用以分别论证他们的观点。这样一来,对个人融合的要求就能被对个人自

① Stanley, Law in the service of order, p. 11.

② Cf. 在一般情况下, Richard Franklin Bensel, *Yankee Leviathan: the origins of central state authority in America*, 1859—1877(New York, 1990) and Skowronek, *American state*.

③ Edwin R. A Seligman, *Essays in taxation*(1895), p. 72.

④ Richard T. Ely, *Taxation in American states and cities*(New York, 1888), pp. 13, 7.

主权的坚持所缓和(tempered)。这些争论的模糊性使得关于所得税的观点从立宪的、仅仅是缓慢民主化的德意志帝国，向至少在同时代人看来名义上是民主的美国传播。在两国不同的政治背景下，这一概念以不同的方式得以推销，但它同样需要国家变得更有统治性、更具侦查性(governmental and investigative)。这一点在美国尤为明显。第一次世界大战期间，威尔逊政府在社会主义和未经中介的资本主义(unmediated capitalism)之间掌舵的计划，将税收争论的焦点集中在社会分享企业利润的问题上。于是，行政当局充分利用了以北卡罗来纳州的克劳德·基钦(Claude Kitchin)为代表的基于阶级的南方平民主义运动。[①] 不过，这么做的代价是公司对联邦政府的影响力增加，社会经济竞争加剧。[②]

正是概念的模糊性，才让这一制度在美国站得住脚；但从长远来看，概念的模糊性却动摇了德意志帝国的稳定。美国的政治制度有很高的税收豁免水平，而且社会行动者有机会通过上诉机制来反对这项税收，因此制度上能够应付这一矛盾。[③] 事实上，在 20 世纪 30 年代罗斯福新政引入一个更为持久的联邦所得税制度之前，对它的上诉多次得到法庭的支持。相比之下，第一次世界大战期间，在德意志帝国，由于公民融合的语言被用来证明所得税和其他税收的合理性，这就带来了与日俱增的财政透明度需求与越来越高的侦查型国家(investigatory state)需求之间的矛盾升级，最终导致国家崩溃。

结　论

因此，跨国互动与国家建构之间不存在矛盾，两者密不可分。美国和德国这两个联邦国家比当代观察家所认为的更加相似。在此背景下，“思想的传

---

① Cf. Arthur S. Link, “The south and the ‘New Freedom’: an interpretation”, *The American Scholar*, 20(1950—1951), pp. 314—324; George B. Tindall, *The emergence of the new south*, 1913—1945(Baton Rouge, 1967), pp. 1—60.

② Brownlee, *Federal taxation*, p. 50.

③ Cf. W. Elliott Brownlee, ‘Economists and the formation of the modern tax system in the United States: the World War I crisis’, in Furner and Supple(eds), *The state and economic knowledge*, pp. 401—435; idem, ‘Social investigation and policy learning in the financing of World War I’, in Lacey and Furner(eds), *The state and social investigation*, pp. 323—364.

播”不仅仅是概念以一种近乎有机的方式从一个政体传播到另一个政体,看起来仿佛受到自然力的操纵,让不同国家采用了类似的税收制度。相反,“思想的传播”是一种特殊的交流形式,它主要由观察构成。这种观察并不是相互的:美国人对德国的体制更感兴趣,而不是相反。

虽然采取什么具体政策措施,要取决于两国具体的政治、社会、经济因素,但两国都存在一个基本的主题,使观察成为可能,并为所得税制度的建立奠定了基础。在两国的争论中,联邦国家建构的努力都发挥了至关重要的作用,特别是在涉及隐私问题上。在这一时期,美国税收的历史并不是通常所描绘的线性、连续的抗税故事。[①] 对公平和社会正义的争论被用来证明联邦政府扩张的合理性,进而赋予了公司(corporations)更大的作用。[②]

然而,二者之间也存在着关键的差异。德国向一个更加统一国家的发展比美国要快得多(但我认为,这并不是因为它有一个强势国家的传统,而是因为具体的财政机构有更大的问题)。另外,部分原因在于,政治体系的不同结构,部分独立地且在很大程度上决定了将所得税的计算传达给民众。这对总体上的国家建构,特别是对所得税的认识方式,有重要意义。因此,正是在这一认知领域,美国和德国的经历有所不同。尽管两国的政治制度都开始将公民更多地融入国家结构,但它们在这方面所取得的成就截然不同。美国联邦政府更善于接受这样一种悖论:所谓的自由主义措施,比如由此建立的所得税制,实际上导致了更多的政府控制。

在美国,有许多制度安排是缓慢且隐蔽进行的,往往只在地方或州一级能够感受到。解决问题的方案在美国的讨论,并不一定涉及国家建构或国家角色的转变。正如马克·斯蒂尔斯(Marc Stears)最近讨论英美进步主义时所显示的那样,这些争论的参照点是共同体(community)复兴和宪法自由(以便使变革更易于管理),而不是“国家”。[③] 在这一时期,德国也出现了赋予这种

① Cf. ,for example,Steven R. Weisman,*The great tax wars. Lincoln to Wilson - the fierce battle over money and power that transformed the nation*(New York,2002).

② Cf. for a later period Mark H. Leff,*The limits of symbolic reform. The New Deal and taxation*,1933—1939(Cambridge,1984).

③ Cf. Marc Stears,*Progressives,pluralists,and the problem of the state. Ideologies of reform in the United States and Britain*,1906—1926(Oxford,2002).

新型政府以自由主义身份的类似尝试，但是这些尝试最终并未能成功地为德意志帝国创造合法性。[①] 类似这样的发现，鼓励我们放弃“强国/弱国”这一国家二分法，转而采用一种审视认知(perceptions)而非国家能力的方法。[②]

因此，如果我们想要评估所得税和国家建构，就不能忽略在此方面的观察、认知和自我反省等活动。正是这些因素，让我们现在能够强调德国和美国经验的差异，而不是强调它们之间的联系。

① Cf. Young-sun Hong, 'Neither singular nor alternative: narratives of modernity and welfare in Germany, 1870—1945', *Social History*, 30(2005), pp. 133—153, here p. 145.

② Cf. also Franz Neumann, *Democratic and authoritarian states. Essays in political and legal theory* (Glencoe, Ill., 1957), p. 3. 对于其他重新概念化国家的可能性, cf. Peter Baldwin, 'Rethinking the state in comparative policy history', *Journal of Policy History*, 17(2005), pp. 12—33. 对于一个沿着这些路线的好的分析, cf. Patrick Wagner, 'Gutsherren-Bauern-Broker. Die ostelbische Agrargesellschaft in der zweiten Hälfte des neunzehnten Jahrhunderts', *Journal of Modern European History*, 2(2004), pp. 254—278.

7　竞争能实现协同？战后欧洲税收制度的演化[①]

弗朗西斯·M. B. 林奇(Frances M. B. Lynch)

自第二次世界大战结束后的这段时期，西欧呈现出国家大规模扩张及欧洲内经济逐步自由化和一体化的特征。国家的这种扩张，建立在大幅扩大了的财政基础之上。从1950年到1990年，政府收入占国内生产总值(GDP)的比重增加了1倍多——从历史上看，这种增长规模只有战争时期可媲美，而不是和平时期。[②] 然而，尽管所有欧洲国家政府税收收入占GDP的比重都有所上升，但其占GDP的比重和增长率却有着很大不同。每个国家收入基础的构成也存在重大差异。[③] 这种差异是否会因自由化和一体化所产生的双重压力而随时间缩小，是本章讨论的中心问题。在本章的第一部分，我们使用以各国政府和超国家欧洲机构的记录为基础的文献证据，对自1950年以来贸易自由化影响欧洲煤钢共同体(European Coal and Steel Community，ECSC)和欧洲经济共同体(European Economic Community，EEC)成员国间接税的思想进行分析。由于这个原因，分析聚焦于增值税这一单一税种的引入。在本章的第二部分，我们使用统计证据(因为文献证据仍然是不开放的)来评估20世纪最后20年间欧洲经济更加快速自由化对欧盟内部整体税率和税制结构的影响。由此，成员国广泛征收的税种开始显现。尽管有大量的公开数据，但令人惊讶的是，在日益增多的税收竞争文献中，几乎没有尝试描述税收在战后时期

---

① 感谢ESRC拨款(ESRC Grant No. RES-000-22-1408)对本章部分研究的经费资助。——撰稿人注

② Niall Ferguson，*The cash nexus. Money and power in the modern world*，1700－2000(London，2001)，p. 99.

③ 参见本卷中约瑟夫·桑代克的论文。

是如何发展的文献。[①] 本章就思想传播在试图协调欧洲税收制度中所起的作用进行了评估，突出了国家财政系统的弹性，并强调了经济过程和各国政策制定者之间关于这些过程的沟通，以解释欧盟(EU)内部各国税收制度的持续分歧。

从1951年成立的欧洲煤钢共同体内部贸易自由化的最初阶段开始，人们就担心，随着成员国之间取消煤炭、钢铁贸易的关税壁垒，成员国财政制度的差异本身就会成为自由贸易的障碍。而这又引发了对协调成员国之间征收间接税的呼吁。尽管这些呼吁被ECSC的最高权力机构拒绝，但它们最终导致欧洲经济共同体内部用共同的增值税制度取代了成员国的间接税。然而，尽管欧盟委员会(European Commission)一再尝试协调增值税税率，并且推行一种欧盟内所有税收都在原产国征收的制度，但由于成员国保留了对所有财政立法的否决权，废除财政边界仍未实现。

随着1986年签署的《单一欧洲法案》(Single European Act，SEA)的出台，人们普遍预测，在缺乏任何正式税率协调的情况下，竞争的加剧，特别是在资本市场上将导致欧盟内部的税率趋同。这种税收竞争是否会像美国经济学家查尔斯·蒂伯特(Charles Tiebout)所主张的那样带来更高的效率和更多的福利，还是像德国经济学家汉斯—维尔纳·辛恩(Hans-Werner Sinn)所主张的那样只会加剧市场失灵，这仍然是个悬而未决的问题。[②] 人们普遍预测，《单一欧洲法案》带来的自由化对政府收入的影响是，各国会竞相降低最具流动性的生产要素的税率，这将带来失业率上升[③]，公共开支特别是社会福利方

---

① Andreas Haufler, *Taxation in a global economy* (Cambridge, 2001); Eric Osterweil, The OECD and the EU: two approaches to harmful tax competition, *The Tax Journal*, 3(1999), pp. 89—100; Alex Easson, 'Harmful tax competition: the EU and OECD responses compared', *The EC Tax Journal*, 3(1998), pp. 1—16; OECD, *Report on harmful tax competition: an emerging global issue* (Paris, 1998); European Commission, *Towards tax coordination in the European Union. A package to tackle harmful tax competition*, Doc. COM(97) 495 final.

② John Douglas Wilson, 'Theories of tax competition', *National Tax Journal*, LII(1999), pp. 269—304.

③ Michael P. Devereux, Rachel Griffith and Alexander Klemm, 'Corporate income tax reforms and international tax competition', *Economic Policy*, 35(2002), pp. 451—495.

面的支出减少[①]，或者公共服务效率的提高[②]，从而引发一场"逐底竞赛"(a race to the bottom)。这反过来又会导致一个国家财政制度的水平和结构发生变化，并可能使财政制度趋同。2004年，包括爱沙尼亚、拉脱维亚和立陶宛在内的10个新成员国加入欧盟，而这些国家从20世纪90年代中期就引入了单一比例所得税（平税），引发了人们对在现有成员国中传播的平税新思想的质疑。我们需要确定的是，随着各国政府就税收问题进行更多的思想交流，以及生产要素的更大流动，税率和财政结构的差异是否会随着时间的推移而缩小。

增值税的引进

在20世纪50年代初，西德的钢铁公司首先就贸易自由化对国家财政制度的影响提出了担忧。西德的钢铁公司多年来一直在欧洲钢铁卡特尔的保护范围内经营，但在欧洲钢铁共同体成立后不得不跟法国钢铁公司进行公开的竞争，于是就指出了两国税收差异所带来的问题。它们特别不满的是，国际公约规定，只对已缴纳的间接税给予出口退税，而对直接税不予退税，理由是只有间接税反映在销售价格上。实际上，这就意味着在国际贸易中，直接税是在原产国支付的，而间接税则在目的国缴纳。[③] 德国的钢铁公司认为，这意味着像法国这样的国家生产的钢铁，政府从间接税中获得的收入相对较多，因而在出口时将具有竞争优势。在20世纪50年代初，法国政府收入的近60%来自间接税，而在西德这一比例仅为40%。[④]

在不接受西德钢铁公司投诉的实质内容的情况下，欧洲煤钢共同体(EC-

---

① Peter Birch Sørensen (ed.), *Public finance in a changing world* (Basingstoke, 1998); and idem, *Tax policy in the Nordic countries* (Basingstoke, 1998).

② House of Lords Select Committee on the European Communities, '15th Report, Session 1998—1999', *HL Paper* 92, p. 109.

③ Dirk Spierenburg and Raymond Poidevin, *The history of the High Authority of the European Coal and Steel Community. Supranationality in operation* (London, 1994), p. 83.

④ 欧洲经济共同体部长理事会(Council of Ministers of the EEC，以下简称CM)CEAB 1, No. 1856 'Exposé du point de vue de I'industrie sidérurglque allemande sur les problèmes fiscaux dans le marché commun', 19 Dec., 1961.

SC)最高权力机构主席让·莫奈(Jean Monnet)决定成立一家调查委员会,由荷兰诺贝尔经济学奖得主简·丁伯根(Jan Tinbergen)领导[①],去考虑是否有理由消除 ECSC 内部的财政边界并对所有煤炭、钢铁在原产国征税。丁伯根当时是荷兰中央计划局(Dutch Central Planning Bureau)的局长,在 20 世纪 30 年代在国际联盟(League of Nations)经济和财政委员会工作时[②],获得了作为国际顾问的经验。或许更为重要的是,他在法德争端中被视为是中立的一方。丁伯根委员会的结论是,在 ECSC 的部分关税同盟中,如果只有三种产品在原产国征税,而其余产品在目的国征税,那么相对价格将被扭曲。[③] 在自身从事的一项独立研究中,ECSC 最高权力机构得出结论,扭曲竞争的不是 ECSC 国家间的税负差异,而是一个国家内部不同产业或同一产业不同企业之间的税负差异。[④]

1954 年,当法国政府用新的增值税取代法国的流转税时,德国出口商不得不面对另一个潜在的问题。法国的流转税是开征于 1920 年的一种累积税(cumulative tax),在生产的每一个环节都征税。虽然自第二次世界大战结束以来,法国政府和工会一直在讨论引进增值税,但直到 20 世纪 50 年代初,才因认识到贸易对法国经济日益增长的重要性而采纳增值税。[⑤] 由于增值税不是一种累积税,它不区分国内生产和出口,因此,当一种产品出口时,出口商可以收回的税款是在生产的最后阶段支付的金额。尽管增值税涉及大量的文书工作,但它是完全透明的。相比之下,欧洲其他地方普遍征收的累积税或周转税(cascade tax)在征收频次方面具有很大的歧视性。首先,它对那些垂直整合的公司有利,对德国许多拥有煤矿的大型钢铁公司尤其如此。事实上,在战

---

① John Gillingham, *Coal, steel and the rebirth of Europe*, 1945 — 1955 (Cambridge, 1991), p. 345.

② Patricia Clavin and Jens-Wilhelm Wessels, 'Transnationalism and the League of Nations. Understanding the work of the Economic and Financial Organization', *Contemporary European History*, 4(2005), pp. 465—492.

③ CM, CEAB 1, No. 1878. 1961 年 6 月 15 日,德国钢铁工业经济协会主席 Hans-Günther Sohl 写给欧洲煤炭和钢铁共同体最高权威机构主席 Piero Malvestiti 的信。

④ CM, CEAB 2, No. 2190. Haute Autorité, Division Economique, 'Etat d'avancement des travaux du comité des taxes', 15 July, 1955.

⑤ Frances M. B. Lynch, 'A tax for Europe. The introduction of value-added tax in France', *Journal of European Integration History*, 4(1998), pp. 67—87.

后不久，同盟国就曾试图通过对母公司和其附属公司之间的交易征税来取消德国垂直整合公司的税收优惠，但该项法律最终只适用于少数情况。周转税不仅有利于纵向一体化的公司，而且也有利于劳动密集型企业，因为与资本投资成本不同，劳动力成本不受税收的影响。批评者称，这样的税收阻碍了技术进步，扭曲了消费者支付的价格。它还扭曲了贸易，因为出口退税的金额是根据一种货物经过不同生产阶段已缴税款的平均数量来计算的。这意味着，对于某些出口产品，特别是垂直整合公司的出口产品来说，退回的税款多于实际支付的税款。①

然而，西德政府并没有打破这一套特权体制，不打算采用增值税作为间接税制度，而是在建立欧共体(EEC)的谈判中抓住机会，坚持所有的商品都应在原产国征税。他们的论点是，在消除共同市场关税壁垒的同时也应该消除财政壁垒。② 面对法国坚持认为间接税应该继续在目的国征收，德国人认为，在其他条件相同的情况下，某一成员国的公民不应该在其他成员国缴纳其他税收，或缴纳比其他会员国的国民在相同条件下缴纳的更多的税收。因此德国人继续主张，在成员国之间的贸易中逐步取消出口退税和进口关税，并由成员国在与第三国的贸易中逐步协调统一。然而，法国财政部部长坚持认为，保持在目的国缴纳间接税的原则对法国而言是绝对不可或缺的，而且鉴于欧洲煤钢共同体的经验，有关出口退税和进口税的精确规则应在《罗马条约》中予以规定。③ 根据《罗马条约》第 95 至 98 条，最终达成的协议是，将实施过渡性安排，以确保在根据第 99 条建立的财政协调实现之前不存在滥用财政边界的情况。第 99 条设想，以一种全共同体流转税(community-wide turnover tax)取代成员国所有现存形式的间接税。④ 但是，由于法国人拒绝接受不经一国同意就对该国的税收制度作出改变的条款，因此德国人希望废除财政边界的条款，必须得到一致同意。在《罗马条约》签署后的半个世纪里，这样的一致同意

① French Ministry of Finance(hereafter referred to as F. Min. Fin.) Z808, letter from Meersmann, 17 Dec., 1955.

② F. Min. Fin. Z808. 'Proposition de la délégation allemande concernant les remboursements de la taxe sur le chiffre d'affaires et les taxes de péréquation sur le chiffre d'affaires', 6 Feb., 1957.

③ F. Min. Fin. Z808, letter from P. Ramadier to C. Pineau, 26 Jan., 1957.

④ Treaty setting up the European Economic Community, Rome, 25 Mar., 1957, (London, 1967).

被证明是不切实际的。

因此，在法国的坚持下，《罗马条约》没有提到废除财政边界，事实上也未提及财政协调是什么含义。唯一确定的是，随着贸易壁垒的消除，财政壁垒和在目的国征税将继续存在，除非各方一致同意在所有成员国采取对类似产品征收类似税率的全共同体流转税。

在一开始，就如何执行《罗马条约》第 95 至 99 条的问题，交给了欧共体委员会去提建议。① 在 1959 年 6 月 22 日米兰举行的国家税务专家预备会议上，与会者普遍同意，除法国外，在所有其他成员国运作的周转税本身就是自由贸易的障碍。②《罗马条约》第 97 条允许实行周转税的成员国根据对产品或产品组估计的平均税率计算出口退税。然而，所有的税收专家和欧洲委员会(European Commission)的成员都清楚，那些平均税率将根据某一商品经过几个生产阶段所支付的税额进行估计，这将大大有利于那些垂直整合的公司，它们缴纳的税收将因此减少。由于每个成员国的生产结构各不相同，因此各方一致同意，最佳解决方案是协调所有成员国的周转税。在促进公司垂直整合的过程中，周转税不仅扭曲了单一经济体内部的竞争，也扭曲了成员国之间的竞争，而且事实上，征收周转税是出于财政而非经济原因，这使得税收专家和委员会一致认为这种税收制度必须加以改变。③

尽管除法国以外的所有成员国都实行梯级周转税，但各国的操作方式各不相同。卢森堡的制度与德国相似，只是税率不同。荷兰的制度也与德国制度大体相似，只是荷兰的税收没有覆盖到零售部门，而且为纠正有利于垂直整合的偏向采取了更多的措施。此外，税率更高，完全免税的产品数量也更多。正常的税率为 5%，但汽车等被视为奢侈品的商品要按 15%的税率征税。税

① Donald Puchala, 'Worm cans and worth taxes: fiscal harmonization and the European policy process' in Helen Wallace, William Wallace and Carole Webb(eds), *Policy-making in the European Community*(London, 1983), pp. 237—265.

② French Ministry of Foreign Affairs(hereafter referred to as F. MAE), DE-CE 678. 'Marché commun: Fiscalité, taxes compensatoires. Compte-rendu de la réunion des experts fiscaux des pays du marché commun'. Milan, 8—9 May, 1959.

③ French Ministry of Foreign Affairs(hereafter referred to as F. MAE), DE-CE 678. 'Marché commun: Fiscalité, taxes compensatoires. Compte-rendu de la réunion des experts fiscaux des pays du marché commun'. Milan, 8—9 May, 1959.

务专家认为，比利时和意大利的征税制度比其他国家更为复杂和陈旧。①

在米兰达成的税收协调协议意味着一套共同的税收制度得到同意。委员会针对这一协议设立了三个工作小组，分别来审议这一共同制度的各种备选方案。人们看到了以下各种选择：从在零售阶段征收共同税，到在批发阶段征收共同税，或在两个阶段都征收共同税，或在生产征收共同税的同时再加上对分销自主征税，或在增加值征收共同税等。②

每一种选择都有批评者。事实上，德国人和意大利人质疑周转税是否真的鼓励了工业集中化，因为各国都有立法应对这种滥用。所以，对现有制度进行任何改变都存在一些阻力。令意大利人尤其担心的是，鉴于在意大利生产过程比较分散，而且存在数量众多的小生产者，因此税收制度的任何改变对管理而言都将是一场噩梦。周转税的一大优点是能够将税率保持在较低水平，这一点在西德尤其受欢迎。用非累积税来替代周转税必然意味着税率的提高，除非财政收入要求可以下降，而德国人认为这在政治上是不受欢迎的。但是，德国人赞成在生产环节实行统一税率的共同税，同时在分销环节自主征税，而法国人则反对统一税率，认为这会导致对国家主权的侵犯。另外，德国人对法国的增值税运作方式提出批评。从一开始，法国就决定对投资免征增值税。德国人认为，这有利于大型公司在短期内给经济带来潜在的不稳定性，而且不符合 GATT(General Agreement on Tariffs and Trade，关税和贸易总协定）或罗马条约的原则。③

但是，如果德国人最终想要废除财政边界，并在不改变国家财政立法的情况下对原产国货物征税，那么由比荷卢(Benelux)经济联盟国家进行的研究表明，这种方法有内在的问题。一方面，正如比荷卢经济联盟的经验所表明的，如果取消财政边界，各国之间的间接税税率差异就会产生问题；另一方面，如果国家立法协调一致，就会导致国家预算和价格结构的混乱，取消财政边界无法补偿这一损失。虽然认识到这一问题，但是欧共体委员会设立的工作组仍

① CM，CEAB 2432. Rapport Deringer.

② Archives of the European Commission（hereafter referred to as EC） BAC 1019/1966，Document de travail，28 Sept.，1959.

③ EC BAC 19/1996，No. 2. Minutes of meeting of 29—30 Oct.，1959.

然认为,可以将财政立法和间接税率的协调作为一项长期目标加以保留。[①]然而,他们未能就如何实现《罗马条约》第95—99条向委员会提出具体建议。[②]

在这一阶段,欧共体委员会决定设立一个财政和金融委员会,由德国经济学家弗里茨·纽马克(Fritz Neumark)教授担任主席,以审议成员国财政对共同市场运作的影响这一广泛问题。在经过历时两年、为期10天的会议之后,纽马克委员会(Neumark Committee)发布了一份报告,其结论和建议在某些方面比委员会自身的工作组更为明确。[③] 然而,在税收对竞争的影响这一广泛问题上,作者们没有得出结论。他们认识到高税收和高公共支出会影响价格,但认为就税收对竞争的最终影响不可能得出任何明确的结论。然而,他们确实认为,更为重要的是协调周转税而不是直接税,并且明确建议在共同市场内不应保留累积税。与工作组的德国和意大利成员不同,他们相信周转税确实鼓励了垂直整合,否则企业纵向一体化就不可能发生,而且既然无法准确地计算抵消进口费用或实行出口退税,那么对某些公司来说就是一种间接补贴。

然而,在是否应该消除财政障碍这一棘手问题上,欧共体委员会未能达成任何协议。大多数人认为,最佳解决办法是消除财政障碍,并在原产国的生产或批发阶段对货物征税。而在零售阶段征税并将其作为主要收入来源的提议,被认为并不可行。多数人主张,用增值税替代现有的累积税,而且应该尽可能开征具有单一税率的增值税。在假定增值税收入不能满足成员国全部收入需求的情况下,委员会建议每个国家针对自身的特定需求自主地征收补偿性零售税。如果每一个成员国的增值税税率都按产品逐一标准化设定,那么将自动废除财政边界。[④] 尽管纽马克委员会有少数人拒绝了这些建议,但多数人认为税收最终应该在原产国征收,这符合委员会自身的政治议程。在

① EC BAC 19/1966. Meeting in Brussels, 18 Nov., 1957.

② EC BAC 19/1966, nos. 1—12. Meetings of working groups.

③ International Bureau of Fiscal Documentation, *The EEC reports on tax harmonization: the report of the fiscal and financial committee and the reports of the sub-groups A, B, and C* (Amsterdam, 1963).

④ International Bureau of Fiscal Documentation, *The EEC reports on tax harmonization: the report of the fiscal and financial committee and the reports of the sub-groups A, B, and C* (Amsterdam, 1963).

1962年7月收到纽马克委员会的报告后，欧共体委员会很快就拟订了取消欧洲经济共同体内部贸易财政壁垒的提案。到1962年11月初，该委员会已经起草了一份关于增值税的建议指令，供部长理事会审议。正如建议指令的第4条所述，"委员会将研究周转税的协调应如何以及何时达到其最终目标，即取消整个欧共体贸易的财政壁垒"。在过渡时期结束之前，理事会需要就此作出决定。[①]

欧洲经济共同体的常驻代表委员会(Coreper)在收到欧共体委员会提出的建议性指令后认为，鉴于该建议的重要性，部长理事会应有机会在决定是否将该建议提交议会、经济与社会委员会(Economic and Social Committee)审议之前进行争论。在常驻代表委员会内部，比利时和卢森堡支持用单一税制取代累积税制，不过他们觉得在那时决定新制度的确切性质还为时过早。德国代表认为，欧共体委员会的建议标志着共同市场建成的一个重要步骤。他指出，鉴于最终目标是采用相似的税率，这将对成员国的预算收入和财政结构产生重大影响，特别是考虑到各经济体在直接税和间接税的比重上有差异。德国希望委员会在其建议中设定一个日期，以便直接引入增值税，而不允许成员国在由周转税向增值税转型的过程中拥有一定的灵活性。法国代表声称对此表示赞同。但是，他认为委员会关于废除财政边界的指令第4条是没有必要的，因为中心问题是消除竞争的障碍。意大利代表认为，由于财政结构和经济结构之间存在密切的相互依存关系，这两个结构都是经过一段时间演变而成的，如果不检视所有的经济后果，那么改变财政制度非常困难。他认为，鉴于意大利经济结构中中小企业占主导地位，且增值税税率将高达15%至18%，缴纳增值税将会遭遇强烈的抵制。荷兰代表指出的问题是，如果不考虑直接税，就无法研究间接税的协调问题。[②] 事实上，这成了荷兰人的原则问题。荷兰人主张在财政边界废除之前欧共体的六个成员国必须就国家预算中直接税和间接税的相对权重达成一致，并放弃在预算、社会、货币政策方面的自主权。

---

① F. Min. Fin. B 51721. European Commission Directorate General for Competition, division Fiscal Problems, Nov., 1963.

② F. Min. Fin. B 25335. Note from the Council of Ministers of the EEC, 13 Dec., 1962.

当1962年12月部长理事会将委员会的建议递交给欧洲议会(European Assembly)和经济与社会委员会时,议会表示,希望最迟在1967年12月31日引入共同的增值税制度,届时欧共体委员会可以提出如何废除财政障碍的建议。[①] 在《罗马条约》是否要求废除财政壁垒这一问题上,德国和法国之间存在着根本性的意见分歧。最赞成这样做的德国人不得不承认,它实际上不是《罗马条约》的一项法律要求。

很明显,消除财政障碍并实行货物在原产国征税产生的众多影响之一是,一旦欧共体内部贸易的财政壁垒被消除,像法国这样从第三国进口要远超过从共同体内部进口的国家,将失去财政收入。人们认识到,这些国家将不得不通过增加直接税来重构它们的贸易或税收。经济与社会委员会的结论是,在就欧洲经济共同体的社会、政治、经济一体化做出其他决定之前,不应消除财政壁垒。

欧共体委员会曾提议,应要求成员国分两个阶段引入增值税,并在1969年12月过渡时期结束前实施增值税。在第一阶段,成员国将用不一定是增值税的一种非累积税取代其营业税(turnover tax)。然而,经济与社会委员会、议会都倾向于一次性引入增值税,议会要求将截止日期确定为1967年12月,而经济与社会委员会则倾向于将较晚的截止日期定为1969年12月。在欧共体常驻代表委员会(Coreper)内部,荷兰和意大利都呼吁为引入VAT制定一张灵活的时间表。[②]

尽管欧共体委员会建议的指令在欧共体的各个机构内尚处于争论阶段,但德国议会投票决定,对包括钢铁在内的许多进口产品增加补偿税。这引发了抗议风暴,特别是来自法国钢铁公司的抗议,增加了各国政府决定改革税制的压力。[③] 为了保持一定的动力,欧共体委员会要求各成员国税务当局在1963年9月估算一下,为保持现有的间接税收入水平,它们需要设定的增值

---

① CM CEAB 2, No. 3412. Note d'information 'Harmonisation des taxes sur le chiffre d'affaires'. Brussels, June 1964.

② CM CEAB 2, No. 3412. Note d'information 'Harmonisation des taxes sur le chiffre d'affaires'. Brussels, June 1964.

③ CM CEAB 2 No. 2432. J. Ferry, vice-president of the Chambre syndicale de la sidérurgie francaise to P. Malvestiti, president of the High Authority of the ECSC, 14 Mar., 1963.

税税率。这一要求来自德国的一项提议，即无论最终达成什么协议，增值税的税率都应涵盖服务部门和农业，直到包括零售阶段在内的所有交易。若按照这一做法，估计除法国外，那么所有国家的收入都会增加。对法国而言，这可能意味着降低现有的增值税税率，并为了维持收入而增加直接税。[①] 这样的做法带来的一大影响是，转变了财政部理事会的内部意见，即从同意实施批发阶段的增值税转为同意将增值税推广至零售阶段，并允许个别国家如果愿意也可以选择只在批发阶段适用增值税。[②]

对于唯一一个已经实施增值税的国家——法国来说，若其他五个成员国采用增值税则会不利于自己的经济前景，因为这种做法会减少周转税对五国出口带来的不利影响。但法国税务总局局长坚定地认为，对法国来说，这五个国家采用增值税的风险要小于其他国家在周转税下操纵出口退税的风险。此外，法国可以在承受这一较小风险的情况下，从确认自己对欧洲的承诺中获得政治资本。[③]

直到 1965 年春季，部长理事会最终同意引入增值税的原则。到 1967 年 4 月，理事会批准了欧共体委员会的指令文本，各成员国承诺在 1970 年 1 月 1 日以前引入增值税，在所有生产阶段直至零售阶段征收增值税。尽管两年的延迟被归因于荷兰的内部官僚斗争[④]，但很明显，税收的变化对所有成员国来说都会造成问题。最终，取消周转税制度固有的隐性出口补贴会带来财政收入的增长，这样的前景被证明是解决部际争端的决定性论据。

法国能够立即遵守 1967 年的指令。然而，当联邦德国宣布有意在指定日期前两年引入增值税时，遭到了华盛顿方面的猛烈批评。美国在 1954 年法国宣布采用增值税时并没有表现出多大兴趣，而且确实曾试图在战后的日本推行增

---

① F. Min. Fin. B 51721. Rapport du groupe de travail spécial concernant les estimations des taux de la TVA *à* adopter et des conséquences générales qui pourront découler d'un taux commun.

② F. Min. Fin. B 51721. Conclusions of meeting of Council of Finance Ministers 2－3 Apr., 1964.

③ F. Min. Fin. B 42394. Directeur général des impôts. Projet de note sur les orientations souhaitables de la politique d'harmonisation des fiscalités dans le cadre du marché commun, 15 Sept., 1966.

④ Donald Puchala, 'Worm cans and worth taxes', p. 241; and D. L. Mclachlan and D. Swann, *Competition policy in the European community: the rules in theory and practice* (London, 1967), p. 34.

值税。该任务由卡尔·舒普(Carl Shoup)教授领导[①],但没有成功,而且它与联邦德国宣布将于1968年1月1日引入增值税的情况大不相同。不过由于美国对联邦德国的贸易逆差规模巨大,美国政府试图阻止联邦德国引入增值税,在很大程度上是担心此举会导致德国出口的产品价格下降。基于直接税也会影响价格的理由,美国驻经合组织(OECD)的代表团认为,生产者支付直接税与间接税一样,在产品出口时也应该得到补偿。此外,美国表示打算对来自欧洲的货物征收2.5%或3.0%的进口关税,而美国的间接税平均税率为1.95%。[②]

美国人的敌意反应,对欧洲几乎没有影响。联邦德国在1968年率先引进增值税,荷兰在1969年紧随其后,卢森堡在1970年引入增值税,比利时晚了1年,而意大利政府直到1973年才最终实施了欧共体委员会的指令。[③] 意大利的法国商务参事解释了意大利决定推迟引入增值税,认为部分原因是增值税实施第一年预计财政收入会有损失,不过主要原因是在意大利的周转税制度下,一些出口公司,尤其是菲亚特(FIAT),通过操纵出口退税制度而获得了优势。[④] 法国陆军部也确定了意大利推迟征收增值税的其他因素,驳斥"意大利工业联合会(Confindustria)"(意大利制造商协会,Italian manufacturers' association)的官方说法(后者对增值税引入后生活成本增加的社会后果提出警告),认为意大利工业联合会表达的是对增值税降低意大利工业竞争力的担心。它还驳斥了意大利中央银行的说法,后者声称担心增值税会对里拉汇率产生影响。在法国人看来,是意大利出口下降造成的外汇储备损失引起了意大利中央银行的关注。意大利财政部和外交部敦促在协议日期前引入增值税。意大利财政部辩称,现行的周转税使得许多公司欺骗税务当局,这是造成意大利预算赤字的主要原因。[⑤] 1967年的指令意味着,增值税不仅对6个成员方有约束力,而且作为共同体法律总汇(acquis communautaire)的一部分,

---

① Cf. W. Elliott Brownlee's chapter in this volume.

② F. Min. Fin. B 51716 Note for the Director of Taxes. 'Réactions américaines à I'adoption de la TVA en Europe', 6 Feb., 1968.

③ Donald Puchala, 'Worm cans and worth taxes', p. 242.

④ F. Min. Fin. B 51715. Robert Richard, commercial attaché at the French embassy in Rome, to the French minister of economics and finance. 20 Mar., 1969.

⑤ F. Min. Fin. B 51715. Memo from the French Ministry of the Armies, 25 Mar., 1969.

其对所有新成员国也有约束力。然而，尽管欧洲委员会自 1967 年的指令以来多次尝试协调增值税税率，但成员国征收的税率仍然存在显著的差异，增值税的标准税率从丹麦和瑞典的 25%到爱尔兰的 12.5%不等。在过去的二十年里，各地的增值税标准税率均有所提高（除了爱尔兰，其税率急剧上升然后下降），但当欧洲委员会为了实现最小限度的协调而两次试图引入立法时，其提案均被欧洲理事会（the European Council）否决。[①] 因此，委员会在废除边境控制以实现在原产国征收增值税方面，并未能获得成功。

通过竞争趋向统一？

虽然欧洲委员会无法解决一些成员国对协调增值税或其他税种税率的抵制，但我们现在要讨论的问题是，市场是否在委员会失败的方面取得了成功。鉴于在《单一欧洲法案》框架内贸易的非关税壁垒逐步消除，国家税率和税收制度本身也面临着越来越大的竞争压力。我们将在本章第二部分就这种竞争对所有成员国税收的影响展开分析。

就税收结构而言，从历史上看，长期以来各国政府愿意并且能够从自己公民那里收取的税收数额一直存在着巨大的差异。在 20 世纪，北欧社会民主国家倾向于征收最高税负（以税收收入占 GDP 的百分比表示）（见图 7.1），而从长远来看，税负在战争和备战时期往往会上升，之后下降。[②] 然而，福利国家和冷战的需求结合在一起，让税负在第二次世界大战以后不仅没有下降，而且呈持续增长的趋势，直到 20 世纪 80 年代才打破这一共识基础。伴随着 20 世纪 80 年代和 90 年代以市场为导向的改革，许多政府采取了减税的议程。然而，在过去 20 年里，税负的下降是否符合欧洲各国政府的说辞，以及整个欧洲的经验是否相似，尚属疑问。尽管这样的说辞通常指的是所得税，作为最显性的税收，所得税被认为是政治上最敏感的税种[③]，但我们在解决疑问时必须考

① Kenneth Walker, 'The future of value-added tax in the European Union', *The EC Tax Journal*, 6(2002), pp. 1—20.

② Ferguson, *The cash nexus*, pp. 25—53.

③ Paul Johnson, Frances Lynch and John Geoffrey Walker, 'Income tax and elections in Britain, 1950—2001' *Electoral Studies*, 8(24)(2005), pp. 393—408.

虑所有税种。

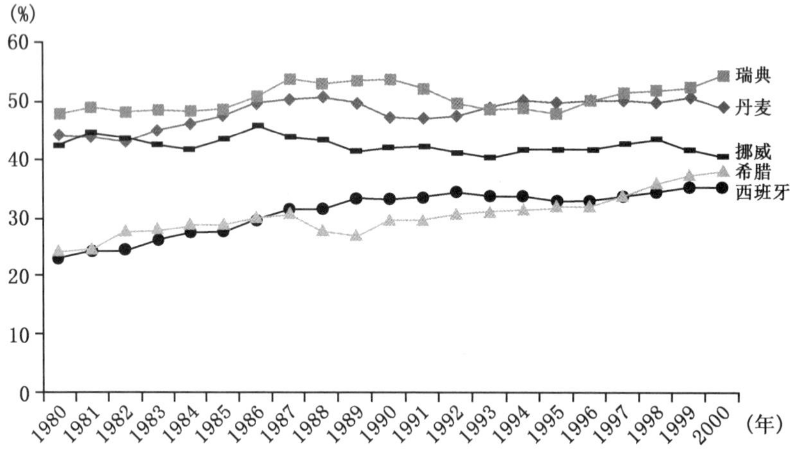

图 7.1　税收总收入占 GDP 的百分比

根据经合组织(OECD)的数据[①],我们可以在图 7.1 中看到,与普遍看法相反,自 1980 年以来,欧盟各地的税收负担其实都在上升。税负下降的一个国家是挪威,它不是欧盟成员国。然而,在同一期间,税负最重的国家和税负最轻的国家之间的差距正在缩小。瑞典和丹麦两国政府继续按最高税负(超过 GDP 的 50%)征税,希腊、葡萄牙和西班牙等南欧国家都在经济增长时增加了税收。很明显,欧盟内部的税收竞争并没有导致成员国的整体税负减轻,但有可能是,欧盟成员国通过刺激经济增长和发展,带来了税收负担的进一步趋同。

然而,如果由于较贫穷的成员国增加了它们的税收收入,导致总税负出现一些趋同,那么我们需要弄清楚的是,不同税种的相对权重是否存在任何趋同。较富裕的北欧国家倾向于从直接税中获得相对较多的收入,而较贫穷的南欧国家则更多地从间接税中获取收入。1980 年,丹麦的所得税收入占税收总额的 52%,而希腊为 14.9%。到 2000 年,丹麦和希腊的该项比重分别为 52.6%和 13.5%。事实上,在整个欧盟,直接税和间接税占税收总额的相对比重几乎没有变化,尽管除丹麦、法国和意大利以外,所得税占税收总额的比重略有下降。在法国,所得税占税收总额的比例最低,已经从 1980 年的

① OECD *Revenue statistics of OECD member countries* (Paris, various years).

11.6%上升到2000年的18%，仍远低于欧盟25.6%的平均水平。所得税相对比重的略微降低，与20世纪80、90年代政府的减税论调相吻合。然而，当我们用GDP来衡量所得税时，只有比利时、爱尔兰、卢森堡、荷兰、瑞典的所得税在2000年比1980年要低，如图7.2所示。

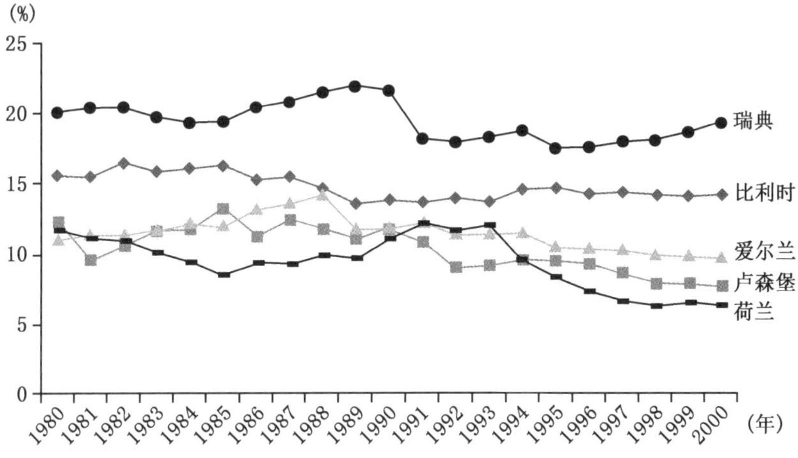

图7.2　个人所得税占GDP的百分比

人们普遍认为，在过去20年里，各国政府在宣布削减所得税的同时，暗中增加了社会保障税和间接税。如果我们首先考虑社会保障缴款的话，那么芬兰显然是这种情况的国家。

1992年，芬兰的社会保障缴款占GDP的比重为10.9%，而1991年这一比例为2.8%。这一增长使芬兰的社会保障缴款更接近欧洲的平均水平，有可能是芬兰加入欧盟的准备工作的一部分（虽然考虑到OECD曾多次修改芬兰在20世纪90年代数据的事实，早期数据可能不可靠）。在欧盟其他成员国中，除法国、爱尔兰、卢森堡、荷兰的社会保障缴款占GDP的比重实际上有所下降外，其他所有成员国都有略微增长。如果我们把所得税和社会保障缴款加在一起，那么只有爱尔兰、卢森堡、荷兰占GDP的比例有所下降。与个人所得税和社会保障缴款相比，其他直接税无论是占税收总额的比重或占GDP的比重，都是微不足道的。考虑到资本日益增强的流动性以及欧洲各国政府吸引外来投资的努力，公司所得税占GDP的比例很低也就不足为奇了。除了卢森堡(在结构和规模上是一个例外的经济体),欧盟内各国企业所得税收入占GDP的比重在1%到5%之间,在此期间只有小幅波动。另外,挪威虽然不是欧盟成员国,却感觉受到了限制,从20世纪80年代中期开始将其公司税税率调整至与欧洲平均税率一致的水平。

尽管公司税收入占GDP的比例相当稳定,但公司所得税占税收总额的比重仍有所上升。在这方面,欧盟的表现与美国截然不同,美国的企业所得税占总税收的份额随着时间的推移而不断下降。在很大程度上这是美国的经验,符合税收竞争的经济理论,并在政策制定者中长期引发了对公司所得税收入下降的担忧。20世纪90年代初,欧盟委员会采取行动,建议实行最低的公司税税率,这一行为很好地解释了欧洲经验的差异。

虽然可以预期,由于资本的流动性,公司所得税在GDP中所占的比重将会很低,但或许也可以反过来假设,在过去20年里财产税的比例会上升。然而,在大多数国家,财产税占GDP的百分比也一直保持在一个较低的稳定水平。由于英国房地产市场的鲜明特征,因此英国是一个例外。在英国,虽然财产税缴款占GDP的比重从20世纪80年代中期的5%下降至2000年的4.4%,但仍高于欧洲2%的平均水平。

另一个普遍假设是,由于各国政府都试图降低所得税,因此在过去20年它们增加了间接税。事实上,欧盟的情况各不相同。9个国家分别是芬兰、德国、希腊、意大利、卢森堡、荷兰、葡萄牙、西班牙、英国,提高了消费税的比重,而其他6个国家已经降低了消费税的比重。

可以这么说,总体百分比并不能充分地说明是税收竞争而非长期历史因素影响了政府的税收政策,也不能说明影响的程度,我们需要对家庭和企业实际缴纳的有效税率进行分析。最近对公司所得税的研究证实,在20世纪80年代和90年代,法定税率有所下降,税基也有所扩大,但就实际税率而言,却呈现出一幅更加微妙的图景。迈克尔·P.德弗罗(Michael P. Devereux)、雷切尔·格里菲斯(Rachel Griffith)和亚历山大·克莱姆(Alexander Klemm)已经证明,有效的边际税率实际上保持稳定,但赢得正的经济利润的项目,其有效平均税率有所下降,并在更高的盈利水平上下降更多。[①]

在对企业所得征税和对个人所得征税的行为之间,税收竞争理论建立了一种隐含的联系,并预测随着前者的下降,后者将会上升。借鉴美国的经验,维托·坦兹(Vito Tanzi)和豪威尔·H. 泽伊(Howell H. Zee)认为,"尽管欧盟内部没有明确协调个人所得税的税率,但经济一体化和要素流动性一直制约着单个欧盟成员国在设定较大差别税率时的灵活性"。[②] 但是,正如维托·坦兹和豪威尔·H. 泽伊所言,"一种由市场力量推动的分散协调"一直在发挥作用,各国政府对其他成员国所得税的实际税率变化是否敏感到了某种程度,对此任何有关的详细分析,都需要对不同税务实体的税收关联情况进行更为细致的调查。根据经合组织(OECD)汇编的数据,我们可以分析自 1979 年以来 15 个欧盟国家中两类家庭的实际税率:无子女的单亲家庭和有两个孩子的单职工家庭,假定这两种情形下均获得产业平均工资。

这些数据(见图 7. 3)显示,在过去的二十年中,对于一位取得平均产业工资、流动性相当强的无子女单身人士而言,欧盟各国的实际税率差别很大,而欧元区国家的有效税率则相当稳定,除了比利时,在 20 年内几乎翻了 1 倍。然而,英国、丹麦、瑞典三个非欧元联盟(EMU)成员国的实际税率有所降低。虽然无子女单身人士现在在丹麦缴税最高,在希腊和葡萄牙缴税最低,20 年前和今天都是如此,但最高和最低之间的差距正在一点点缩小。

即使我们把员工的社会保障缴款和个人所得税一起计算,这种模式还是大体相同。几乎没有证据表明,除了在丹麦和瑞典,税收竞争导致实际所得税税率趋同;也没有证据表明,不论是否包括社会保障缴费,这些税率都被迫提高,以对抗更具流动性的生产要素的税率下行的压力。假设有两个孩子的单职工家庭的流动性低于无子女的单身人士,我们就可以预期这类家庭的实际所得税税率会在这段时间内上升。在一些国家,如芬兰、比利时、意大利、奥地利、希腊、法国,情况确实如此,但在欧盟其他国家却不是这

① Michael P. Devereux, Rachel Griffith and Alexander Klemm, *Corporate income tax reforms and international tax competition*, pp. 451—495.

② Vito Tanzi and Howell H. Zee, 'Consequences of the economic and monetary union for the coordination of tax systems in the European Union: lessons from the U. S. experience', International Monetary Fund working paper, 1998.

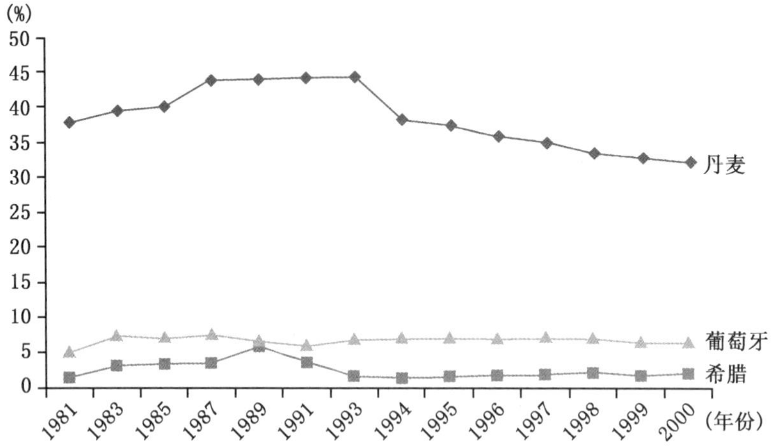

图 7.3　无子女个人基于平均产业工资的实际税率

样。再一次地，如果我们把社会保障缴款包括在内，就会发现没有共同的模式。

从水平、结构、税率等方面，我们已经勾勒出了欧盟成员国财政体系的主要特征。这表明，尽管税收竞争和欧洲协调措施带来了双重压力，但欧洲制度总体上表现出对变革的显著抵制。税收竞争并没有像税收竞争理论预测的那样，导致“逐底竞争”和税负降低，没有导致直接税向间接税的转变，也没有导致资本税向劳动税的转变。事实上，欧洲国家在税收水平和税收组合方面发生的变化，几乎都是在 1965—1980 年间发生的。①

通过对欧洲经济共同体成员国采用增值税作为共同流转税的早期历史分析，以及对自 1980 年以来欧共体/欧洲联盟后续税收演变的分析，我们可以发现各国财政体系的弹性。虽然在迈向建立共同市场第一步时，对税收、税收影响贸易和竞争力等，都进行了详细的审查和意见的交换，但这种审查的范围受到了严格的限制。法国政府坚持认为，在《罗马条约》中，成员国不应放弃税收方面的任何主权，这已被证明具有深远的意义。对一种间接税的共同形式(增值税)的一致意见，并没有溢出导致欧洲经济共同体/欧共体/欧洲联盟的财政

① Ken Messere，‘Tax policy in Europe：a comparative survey’，*European Taxation*，40(2000)，pp. 526—535.

体系趋同。欧洲经济的日益开放，尤其是《单一欧洲法案》，也没有在欧洲税收制度中引入太多竞争。

欧盟的税收协调仍然是一个高度纷争和敏感的问题，在此方面的意见不一。有人认为，若没有正式的立法来协调税收，则经济和货币联盟是难以运转的。有人则主张，仅仅为了防止税收竞争带来更大的危害，就有必要立法。本章证实，在欧洲和国际经济竞争日益激烈的背景下，国家财政制度和财政运行结果具有显著的稳定性。操心于防止税收竞争侵蚀财政收入并且不愿将税收主权让渡给欧盟委员会的各国政府，已经设法相互合作，以便在相当程度上保持对税收的控制。

第三部分

帝国和国际组织

8　税收转移：英国及其帝国(1848—1914)

马丁·唐顿(Martin Daunton)[①]

在他所著的颇具影响力的两卷《英国帝国主义》的一条脚注中，彼得·凯恩(Peter Cain)和托尼·霍普金斯(Tony Hopkins)指出，尽管殖民地官员不得不在现有税基缺失的情况下设法解决收入汲取的问题，"税收在非洲仍是一个被忽视的主题"。[②] 在印度，有一个既存的税基，但并不一定是英国统治者认为合适或可持续的税基。他们考虑如何进行改革，以确保英国统治印度时能获得尽可能多的收入，同时也有助于政治稳定和促进经济增长。相类似地，关于新白人驻领殖民地税收形式的决定，对社会性质、收入和财富分布、土地分配以及福利提供都有着重大影响。在每一种情况下，税收都与最理想社会和经济结构的规范假设联系在一起。这些假设包括土地所有权的性质、收入和财富分配以及市场限制，并与有关政治稳定和秩序的考量相联系。

大多数关于帝国税收的著作都讨论了帝国财政对英国的负担，还有一个争论不休的问题，即其结果是否会使英国国内税收高于欧洲其他国家的

① 马丁·唐顿是剑桥大学圣三一学院院长(2004年9月—2014年9月)、丘吉尔学院教员、经济史教授，著有《信任利维坦——英国的税收政治学(1799—1914)》(2018年12月由上海财经大学出版社翻译出版)《进步与贫穷——1700—1850年英国经济社会史》等多部英国经济社会史方面的著作。——译者注

② P. J. Cain and A. G. Hopkins, *British imperialism: crisis and deconstruction*, 1914—1990 (London, 1993), p. 205. But see T. Garba, 'Taxation in some Hausa emirates, 1880—1939', PhD thesis, University of Birmingham, 1986；这个问题确实出现在许多一般性书籍中，但没有系统研究。

水平。[1] 令人惊讶的是，很少有文献从殖民地的角度研究大英帝国税收以及有关收入汲取方式的决策。这两个问题是相互关联的，因为越能在殖民地成功地获取收入，就越有能力减少来自宗主国的资金转移，或者甚至以帝国贡献为代价来减少国内税收。

英国政府对如何在宗主国中获取财政收入有着很好的理解，并且清楚地知道保证税制公平与公正、账目公开、邀请纳税人参与税收征缴等，这些都有助于塑造英国政府政权的合法性。为了确保遵从和减少冲突，在帝国内部这些征税方法能在多大范围内适用？抑或是否存在其他更合适的征税方式呢？帝国当局并没有采纳国内的假设，即应将税收视为一种对现状干扰最小的收入方式，反而是试图将税收作为一种手段来利用，迫使殖民地社会发展成一个新的形态。如果是这样的话，那么是什么决定了这一选择？是在仿效宗主国的社会结构，还是在某些方面背离它？换言之，关键考虑在于传播税收思想，还是将税收作为传播社会和经济结构假设的一项工具？这么做的目的是促进英国和殖民地之间的融合，认可现实差异，以适应环境和服务宗主国的需要，还是接受原则性的分歧以避免宗主国社会一些令人不满的特征？这一章表明，在帝国和殖民地之间不存在简单的思想传播。相反，思想的传播是由特定的经济条件、对土地和财产的假设，尤其是殖民地官员和被殖民地人民之间的权力关系所介导的。下面的评论是初步结论，主要基于对可用二手资料的分析。各殖民地之间的思想交流这一重要问题值得关注，但在这里没有加以考虑。

1848 年前后税收与英国及其帝国政治合法性的关系

在《信任利维坦》(*Trusting Leviathan*)一书中，我认为，在拿破仑战争结束后，政府开支达到国民生产总值(GNP)的 23%，英国政府在财政支出方面失去了合法性。重建合法性是一个艰难而漫长的过程，它伴随着英国政府支

---

① 关于这场争论，参见 L. E. Davis and R. Huttenback, *Mammon and the pursuit of empire: the economics of British imperialism* (abridged edition, Cambridge, 1988); P. K. O'Brien. 'The costs and benefits of British imperialism, 1846—1914', *Past and Present*, 120(1988), pp. 163—200; Paul Kennedy, 'The costs and benefits of British imperialism, 1846—1914', *Past and Present*, 125(1989), pp. 186—192.

出在19世纪末跌至约8%的低谷。在英国,通过强调国内公平,并且使用会计技术来表明税收被有效用于预期目的,从而确保了高水平的自愿遵从,进而遏制财政军事国家的扩张。[①] 但是,正如贝利所言,财政军事国家也被输出了。1831年,阿齐布尔德·艾利森(Archibald Alison)评论道,辉格党人(Whigs)通过减少对英国大城市和实业家的税收,并将财政负担转嫁给殖民地,从而扰乱了社会和政治。听起来这像是虚假的诡辩,但贝利评论说,“印度农民承担了英国在世界角色中所承担而英国人民却不准备承担的沉重代价”,从而让英国政府能在国内“解除武装并使自己文明化”。[②]

从帝国其他地方攫取更多收入,与宗主国在国内采用的模式背道而驰。在国内,遵从和合法性至关重要;而在帝国,则有可能采取更严厉的政策。在帝国,遥远的殖民地既交税又承担自由贸易调整所引发的成本,而自由贸易本身促进了英国国内的繁荣,由此减轻国内的负担,使得英国摆脱了1848年欧洲大陆所经历的问题。这样做的风险很高,而且英国将巴黎和其他欧洲大陆城市在1848年面临的问题输入殖民地。1848年,英国没有发生财政反抗,但在帝国内部存在着严重的不满情绪。蒙特利尔(Montreal)、新南威尔士州(New South Wales)、塔斯马尼亚(Tasmania)、锡兰(Ceylon)、旁遮普(Punjab)、奥兰治河(the Orange River)、开普(the Cape)等地,都经历了骚乱、非暴力反抗或财政危机。[③]

1848年,宗主国和殖民地的经历截然不同背后有几项因素。在国内,辉格党人希望减少中产阶级的税收,同时增加对法国的防御开支。一种解决办法是通过用地方部队替换驻军来削减殖民地的国防开支;另一种方法是置换

---

① Martin Daunton, *Trusting Leviathan: the politics of taxation in Britain*, 1799—1914 (Cambridge, 2001), pp. 63—76.

② A. Alison, 'On the financial measures of the reformed parliament, No. 1. The Whig budget', *Blackwood's Edinburgh Magazine*, 29 (June, 1831), 975, quoted in A. Gambles, 'Rethinking the politics of protection: conservatism and the corn laws, 1830—1852', *English Historical Review*, 113 (1998), p. 946; C. A. Bayly, 'Returning the British to south Asian history: the limits of colonial hegemony', *South Asia*, 17 (1994), pp. 16, 18—19 and 'The British military fiscal—state and indigenous resistance: India, 1750—1820', in Lawrence Stone (ed.), *An imperial state at war: Britain from* 1689—1815 (London, 1994), pp. 322—354.

③ Cf. on this and on the following Miles Taylor, 'The 1848 revolutions and the British empire', *Past and Present*, 166 (2000), pp. 146—180.

税收负担，例如，通过削减食糖关税，以牺牲殖民地种植园主的利益为代价，使国内工人阶级拥有廉价的商品。这样的政策在国内收到了预期的效果，并在殖民地引发不满。因为自由贸易侵蚀了殖民地的收入，增加了纳税的难度。最坏的影响是在锡兰，在那里，军队的费用由土地税和新的间接税来支付。种植园主们成功地抵制了土地税，使更多的税收负担落在间接税上，导致农民起义。因此，试图将征税负担从宗主国转移到殖民地是有问题的。

本章通过分析在三类地区建立政治合法性和传播税收思想的过程，讨论1848年危机过后的结果：(1)像澳大利亚和新西兰等移民殖民地，它们已通过选举产生了议会，可实现一定程度的政治自治；(2)拥有大量人口和现有收入征收制度的殖民地，如印度；(3)人口众多、没有发达税收制度的殖民地，尤其是在非洲，那里的征税方法几乎是从头开始发展起来的。在每种情况下，政治考量都有很大不同，而且每个地区的经济状况与获取财政收入的能力也各不相同。在每一种情况下，关于税收的争论都与土地所有权和使用权的性质相关，也跟劳动力市场的形式等其他问题相关。

欧洲以外的社会以农业社会为主，最显著的财政收入来源是对土地征税，这在欧洲前工业化社会也是司空见惯的。那时，一个领地国家依存于王室地产的收入，以及来自依附者的商品和服务。而在一个税收国家，财政收入源自税收——这意味着与其他对盈余的索取要求(租金、农民的利润)相冲突。不过，经济学家约瑟夫·熊彼特基于对欧洲情况的研究发现，找不到一个领地国家向一个税收国家明确转变的证据，大英帝国的故事则更为复杂。的确，持续的变化和适应过程比阶段更有意义。事实上，研究阶段性变化不如研究持续性变化和适应过程更有意义。现实结果会是怎样的？是国王和地主结成同盟共同反对农民，还是王权与农民联合起来对抗地主？在不同情形下这些转变是怎样发生的？税收国家是否帮助大庄园兴起或者反对它，取决于在运用最有效的方法榨取财政收入和确保政治稳定之间进行战略选择。它还反映了对什么是刺激经济增长的最有效方式的规范性假设。与不必购买土地的佃农合作，用自己的资产购买更多的牲畜、肥料和工具，这样的大庄园能够通过投资于农业改良促进增长吗？或者，经济增长是由那些不必供养大地主的有地小农场主推动的吗?这些选项处于竞争之中,从未最终敲定。[1]

上面这些问题在19世纪的英国引起争论,并且有着复杂的政治历史背景。小农场经济、土地自由贸易,与对“寄生”和剥削贵族的激进批评联系在一起,这些贵族通过滥用国家权力从小自耕农和农民手中“偷走”土地。在激进派看来,应该通过国家权力,尤其是税收,来依次解散大庄园。他们称赞小农所有制是社会公正地解决了无地穷人的贫困问题,尊重了贵族的权力。但是,这样的土地所有权制度在经济上有效吗?19世纪的主流观点是,在土地所有者、佃户和劳工之间进行区分,在经济上是合理和有效的。19世纪末,由于英国农业未能适应变化,招致了更多的质疑——一些保守派人士意识到,小自耕农有另外一重吸引力,那就是作为财产所有者可以成为反对社会主义的堡垒。[2] 这些英国人,尤其还有爱尔兰人的争论,影响了殖民地的政策;而殖民地的争论,反过来又助长了英国的争论,并借鉴了澳大拉西亚(Australasian)的土地注册制度和土地税改革。[3]

土地所有权的结构,也跟对劳动力市场的看法有关。大佃农集中拥有土地的模式,导致一类无地劳工阶层的出现,这意味着需要提供福利来弥补季节性失业。相比之下,小型自耕农的农场则依靠家庭劳动力,有时会将剩余成员作为生命周期的一部分在彼此之间重新分配。家庭可能选择用农场来支持他们的成员,而不是为市场最大化产出;即使他们采取了一种高度商业化的态

① Joseph Schumpeter,'The crisis of the tax state',in A. T. Peacock et al. (eds),*International Economic Papers*,No. 4(London and New York,1954);关于其思想最近的发展,R. Bonney and W. M. Ormrod,'Introduction:crises,revolutions and self-sustained growth:towards a conceptual model of change in fiscal history',in idem(eds),*Crises,revolutions and self-sustained growth:essays in European fiscal history*,1130—1830(Stamford,1999).关于租金、税收与农业社会结构之间相互作用的有争议的解释,参见R. Brenner,'Agrarian class structure and economic development in pre-industrial Europe',*Past and Present*,70(1976),pp. 30—75.

② F. M. L. Thompson,'Changing perceptions of land tenures in Britain,1750—1914',in Donald Winch and P. K. O'Brien(eds),*The political economy of British historical experience*,1688—1914 (Oxford,2002);cf. also Avner Offer,*The First World War:an agrarian interpretation*(Oxford,1989),ch. 8.

③ 一个很好的例子是1858年南澳大利亚实行的土地登记制度,其目的是建立一个自由的土地市场。这一制度常常(而且不准确地)以它的倡导者之一罗伯特·托伦斯的名字命名。托伦斯试图在英国推行改革。剑桥大学的埃德蒙·罗杰斯(Edmund Rogers)博士即将发表的一篇博士论文,对这一问题进行了讨论。也参见Avner Offer,*Property and politics*,1870—1914:*landownership*,*law*,*ideology and urban development in England*(Cambridge,1981),p. 33.

度，但因为农场为老年人提供了一项资产，对福利的影响也不一样。每种制度都有优点和缺点。没有土地的劳动者可能会对社会稳定构成威胁，也可为资本主义农业提供灵活的劳动力来源。小型家庭农场可以提供社会稳定性，但它们的所有者可能缺乏发展殖民地农业，特别是出口农作物的必要资本和知识。这个问题在非洲尤为突出：一种非商业化的狩猎、畜牧和自给自足的耕作制度如何转变为商业化的农业？如何诱导人们能够在种植园或资本主义农场和矿山工作以赚取工资？这一切取决于对土地权利的定义和征税。资本主义农业应该通过免税来予以鼓励吗？对非洲人征税是否能刺激劳动力的提供，使他们需要为工资而工作，以满足财政需求？

税收将如何征收呢？是通过官僚机构（可能有失去人们的同意以换取更高收益率的危险），还是通过将税收移交给纳税人或原住民（有可能以牺牲收益率来换取同意）？获取税收收入的成功或困难，影响了为基础设施举债筹集资金的能力，也影响了向财政国家转变的能力。财政国家是税收收入和大规模的低利率借贷的结合，而且没有违约的威胁。税务当局需要留意来自纳税人的阻力，也要关注伦敦的债券市场（它会仔细评估贷款风险）——而且向本社会之外的债券持有人支付利息，可能会引起纳税人的政治不满。

在印度和非洲执行税收政策的殖民地官员和宗主国的政治家，以及在澳大拉西亚的定居者立法议会，都意识到英国的财政假设和方法，并且经常在宗主国和殖民地应用。例如，詹姆斯·威尔逊（James Wilson），一个自由贸易主张者，《经济学人》的创始人，自由党议员，在成为英国财政部的财政大臣之前，曾担任印度控制委员会（the India Board of Control）的秘书，负责财政和税收。他在1859年成为印度委员会（the Council in India）的财政委员——实际上是印度的财政大臣。他肩负着解决印度兵变引发的财政危机的艰巨任务，尝试着利用科布登（Cobdenite）在次大陆的政治经济学洞见，因而与"曼彻斯特学派（Manchester School）"的联系是显而易见的，也是有争议的。相类似地，斯塔福德·诺斯科特（Stafford Northcote）和他的儿子亨利（Henry）将格莱斯顿（Gladstone）式财政和印度联系在一起。[①] 斯塔福德是印度事务大臣

① 威廉·尤尔特·格莱斯顿（William Ewart Gladstone），1809年12月29日—1898年5月19日，英国政治家，曾作为自由党人四次出任英国首相，四次出任英国财政大臣。——译者注

格莱斯顿的私人秘书,格莱斯顿1874年至1880年任财政大臣。亨利曾在财政部担任他父亲的秘书,并于1900年成为孟买总督。在1903年移居澳大利亚担任总督之前,亨利在孟买发起了一项土地收入改革计划。阿尔弗雷德·米尔纳(Alfred Milner)是大臣乔治·葛逊(George Goschen)的秘书,出任过埃及会计总监和财政部副部长,在回到英国担任税务局局长之前,在殖民地担任过开普敦总督和南非高级专员,并最终担任了殖民地大臣。马修·内森(Matthew Nathan)则提供了另外一种联系。他最初在皇家工程学院(Royal Engineers)任职,随后由于一场反抗税收的暴动而到塞拉利昂殖民政府工作。1911年,他成为国内税收委员会的主席,并于1920—1925年重返殖民地,担任昆士兰总督。[①] 除了政治经济学家的著作以外,这些个人的职业生涯都将国内税收和帝国税收联系在一起。但是,究竟是思想从一个地方传播到另一个地方,还是由环境决定了不同的财政汲取方法和技术呢?

思想的传播,土地税和白人驻领殖民地

在白人驻领殖民地,土地和税收之间有着怎样的联系?大量的公共土地的存在,意味着白人驻领殖民地具有一些领地国家的特征,能够通过出租或出售土地来增加收入,这就提出了应该采用何种土地保有制度的问题。如果土地所有权或占有权普遍存在,那么可以通过将负担转移到家庭农场来降低一些福利成本。小型农场创造了一个产权所有者的社会,摆脱了有地贵族和无地劳动者的两极分化,可以被视为稳定的来源。但是依赖小型家庭农场也有一定的缺点,比如牺牲了规模经济,在业主自住的情况下,放弃了在租户和土

---

① Cf. Thomas J. Spinner jun., 'Goschen, George Joachim, first Viscount Goschen (1831－1907)', *Oxford dictionary of national biography* (Oxford, 2004), online edn, May 2006 [http://www.oxforddnb.com/view/article/33478, accessed 29 Aug., 2006]; Colin Newbury, 'Nathan, Sir Matthew (1862－1939)', ibid. [http://www.oxforddnb.com/view/article/35189, accessed 29 Aug., 2006]; idem, Colin Newbury, 'Milner, Alfred, Viscount Milner (1854－1925)'; ibid., online edn, May 2006 [http://www.oxforddnb.com/view/article/35037, accessed 29 Aug., 2006]. W. D. Rubinstein, 'Northcote, Stafford Henry, first earl of Iddesleigh (1818－1887)', Ibid. [http://www.oxforddnb.com/view/article/20328, accessed 29 Aug., 2006]; P. Lucas, 'Northcote, Henry Stafford, Baron Northcote (1846－1911)', rev. H. C. G. Matthew, ibid. [http://www.oxforddnb.com/view/article/35256, accessed 29 Aug., 2006].

地所有者之间分担风险和投资的能力。它们也可能是一种无效率的方式，会导致缺乏资金或知识来有效利用土地的定居者们滥用资源。这些问题在英国、澳大利亚和新西兰的驻领殖民地都引起了讨论和争议——土著人权利保护等重要议题被弃置一边。[①]

白人驻领殖民地的发展需要在诸如公路、铁路和港口等公共工程领域进行大规模投资，这些投资每年都超过了它们的税收收入。与财政军事国家一样，"巨额"投资需要贷款，并且需要有稳定的收入流来支付利息，维持政府不会违约的信心。其结果是，在白人驻领殖民地，围绕贷款成本和收益也展开了与财政军事国家类似的讨论。1815 年法国战败后，战时债券融资的高成本导致对财政制度的激烈攻击。由于 1816 年所得税废止以及 1690 年后土地税制修正失败，这就意味着大部分税收负担将由工人和生产者通过关税和消费税来承担，而贵族和食利者们却得到了好处。在 19 世纪 30 年代和 40 年代，消除这种不平等和滥用政治权力的看法，是政治家们的主要任务。[②] 同样地，在移民社会中，公共工程可能导致土地价格上涨，而收益被大的"非法占地者"或殖民地贵族所攫取，大众则必须纳税来偿还大部分在殖民地以外发行的债务。

受益者可能认为英国在白人移民殖民地的投资是以合理的条件提供稀缺资源，也可能将其看作是剥削和帝国主义在榨干殖民地的经济。政治形势因制度体系和债务人的社会结构而异，并且随时间而变化。例如，在第一次世界大战之前的澳大利亚，政府的借款掌握在代表机构手中，而大多数非政府借款流向澳大利亚人拥有和经营的企业。因此，与阿根廷的情况相比，澳大利亚的资本输入在很大程度上并不成问题。阿根廷是帝国外的一个移民经济体，在那里，大部分贷款发放给在英国注册、由英国董事管理的公司。英国企业和阿

---

① Cf. , for example, the contentious work of H. Reynolds, *The law of the land* (Ringwood, Victoria, 1987) 以及有关更为复杂的分析，P. G. McHugh, *Aboriginal societies and the common law: a history of sovereignty, status and self-determination* (Oxford, 2004). S. H. 罗伯茨(S. H. Roberts)所做的更早研究，*The squatting age: Australia*, 1835—1847(Melbourne, 1935)，仍然引起人们的兴趣。

② 参见 P. K. O'Brien, 'The political economy of British taxation, 1660—1815', *Economic History Review*, 41(1988), pp. 1—32; Philip R. Harling and Peter Mandler, "From 'fiscal-military': state to laissez-faire state, 1760—1850", *Journal of British Studies*, 32(1993), pp. 44—70.

根廷企业之间存在直接竞争,或者至少让人感觉外部资本家在榨取本地收入。[①] 第一次世界大战后,对全球资本流动的反对变得更加强烈,那时初级产品的价格急剧下跌,给国际收支平衡以及国内繁荣带来了压力。即使在澳大利亚,对借款成本的不满情绪也在不断高涨,而在阿根廷,出现了反对英国利益的民族主义情绪。

因此,在福利提供和基础设施投资方面,税收与土地所有权问题密切相关。结果之一是人们对土地税产生了兴趣,这不仅是为了获得财政收入,也是为了塑造社会结构。对土地征税在管理上是方便的,因为在难以衡量收入的社会中,土地是一种显而易见的可税实体。在农业社会中,土地税通常是税收的一个主要组成部分,除了确保国家取得收入外,没有任何其他的动机。但是,土地税也可以有更大的野心,不仅仅出于对收入的考虑,而且可用来塑造定居者的社会结构。土地税吸引了反对大土地所有的人,他们主张将土地税作为一种手段,以便将土地分拆给小农场主。例如,1860 年新南威尔士州提出的土地税,有效地防止了在公共土地拍卖时出现地产的大量集中。征收土地税遭到了倡导大土地所有者的反对,也不受其他许多人的欢迎,因为他们担心这会对财产与财富造成更广泛的激进攻击。在当时争论的另一个问题是,对土地而不是对其他形式的财产与源自贸易和工业的收入征税是否公平。这些争论可能产生各种各样的结果,而税收采取什么形式,则处于对移民社会的性质、汲取财政收入的能力等争论的中心。

新西兰提供了一项案例研究,事关白人定居者社会中有关税收和土地的争论,以及土地所有权观念在宗主国和殖民地之间的传播。[②] 在新西兰,模仿英国引入所得税的最初尝试并没有成功,于是人们把注意力转向一种基于未改良土地的价值而非土地年度价值(如英国的所得税)的土地税。这样的税基是一种假设,即虽然土地所有者没有缴纳他们应缴的那部分税款,但他们提高

---

① L. E. Davis and R. E. Gallman, *Evolving financial markets and international capital flow: Britain, the Americas and Australia*, 1865—1914(Cambridge, 2001), pp. 817—819, 822—825; see also Donald Denoon, *Settler capitalism: the dynamics of dependent development in the Southern Hemisphere*(Oxford, 1983).

② 这些评论很大程度上依赖于 Peter A. Harris, *Metamorphosis of the Australasian income tax*, 1866—1922(Canberra, 2002).

了土地价值并从公共工程中获益。考虑到地主贵族在上议院的影响,该法案能否通过还是个未知数,而且进展也被推迟了。维多利亚州在 1877 年开创了一个先例,引入澳大利亚首先开征的土地税,意图使 640 英亩以上的大地产解体。1878 至 1879 年,新西兰紧随其后,当时的殖民地财长约翰·巴兰斯(John Ballance)引入了土地税。然而,巴兰斯的做法与维多利亚不同,因为新西兰欠了更多的债款,尤其是在朱利叶斯·沃格尔(Julius Vogel)担任总理期间。而且,新西兰的土地税适用于所有的土地,而不仅仅是大量持有的土地。来自个人的努力(即工资、专业服务费、贸易和工业利润)的收入是免税的,相较于英国在 19 世纪 50 年代和 60 年代所提倡的差别待遇更进一步。主张区别对待的英国人认为,无论所有者的健康状况或年龄如何,来自土地或债券的"不劳而获"收入都会持续下去,并能留下一笔资产来养活受抚养的人。从薪金和利润中获得的"劳动"或"勤劳"所得,取决于个人的健康状况和年龄,而且可能在不给受抚养人留下一笔收入前就中断了。因此,部分劳动所得需要被储蓄起来,这理应通过较低税率予以鼓励。格莱斯顿拒绝接受这种差异化,理由是它把所得税变成了不同形式的收入和财产的冲突之源,而不是像他所希望的那样,通过共同努力将各个阶层融合在一起。他至多允许对人寿保险单的实际支付金额减税,以支持退休和受抚养者。① 相比之下,1879 年的新西兰对受雇收入根本就没有征税,而对地产即使没有产生收入也要征税。

巴兰斯(Ballance)主张,通过小农场和土地国有化来实现更为密集的土地定居。1885 年,他提出了一项土地法案,通过提供少量皇室土地的租赁和政府贷款来鼓励定居。他认为,大型畜牧农场阻碍了经济发展,并且阻止新移民获得土地。与同时代的许多人不同,他并不主张毛利人应该放弃他们的土地来鼓励定居。在 1890 年的选举中,他发起了激进的土地改革运动,主张对"非劳动增值"征税,并倡导亨利·乔治(Henry George)的计划,将其作为一种"摧毁大庄园"的手段。这次选举使巴兰斯既成为总理,又当上了殖民地的

① 关于这一争论,参见 H. C. G. Matthew,'Disraeli, Gladstone and the politics of mid-Victorlan budgets', *Historical Journal*, 22(1979), pp. 615—644 and M. Zimmeck,'Gladstone holds his own: the origins of income tax relief for life insurance purposes', *Bulletin of the Institute of Historical Research*, 58(1985).

财政部部长。他与1891年至1900年间担任土地部长的约翰·麦肯齐(John MacKenzie)合作,来实践自己的提议。1891年,自由党政府以累进土地税和累进所得税取代了现行的财产税。在1892年,进一步的立法导致政府从大土地所有者手中购买土地以供定居,并威胁要对那些不愿意出售土地的人采取强制措施。1892年到1912年期间,政府购买了223个庄园,在庄园土地上安置了7 000名农民。[①]

税收制度既是一种通过分割大地产来创造特定社会结构的工具,也是一种为其他社会政策提供资金的手段——尤其为1898年的非缴费型养老金制度(non-contributory pensions)。自由党希望更广泛地推广土地所有权,并创建一个更开放、社会流动性更高的社会。[②] 新西兰的税收制度成为殖民地应对19世纪90年代大萧条的一个典范。在新西兰和澳大利亚殖民地的争论中,有四个因素影响了观念的传播。首先,公共工程的成本意味着有必要为公路和铁路贷款增加收入,并为土地安置成本提供资金。其次,希望分割大庄园,并区别对待那些不靠自己努力生活的人,这是自由主义政治的一个主要关注点。再次,19世纪90年代的大萧条给移民社会带来了困难。最后,福利问题。财政压力让政府当局有意尝试扩大家庭责任的定义,从而将更多的抚养费用通过《济贫法》(the Poor Law)转嫁给家庭成员,这导致人们担心家庭农场负担过重。于是,另一种由税收资助的福利形式出现了。[③] 在新西兰,自由党所采取的政策已经超出了宗主国可接受的税收限度,在那里所得税仍然是无差别的统一税率。这些关于税收和其他话题的殖民地思想,又回到了英国。老年养老金是英国引人注目的领域,在劳动纠纷中使用仲裁等做法也存有相

① 参见他的文集 *A national land policy based on the principle of state ownership*(1887);Tim McIvor,'Ballance,John(1839—1893)'. *Oxford Dictionary of National Biography*(Oxford,2004)[http://www.oxforddnb.com/view/article/1225,accessed 29 Aug.,2006];idem,*The rainmaker:a biography of John Ballance*(1989);D. Hamer,*The New Zealand Liberals:the years of power*(1988).

② 关于理查德·塞登(Richard Seddon)的政策,参见 David Hamer,*The New Zealand Liberals:the years of power*(Auckland,1988) and idem,'Seddon,Richard John(1845—1906)',*Oxford dictionary of national biography*(Oxford,2004);online edn,May 2006[http://www.oxforddnb.com/view/article/32,accessed 29 Aug.,2006].

③ D. Thomson,*A world without welfare:New Zealand's colonial experiment*(Auckland,1998).

当大的争议。英国的自由党政府开始在所得税制上采用分级和累进的政策，并利用土地税来攻击大型地产，以此作为自由贸易政策来回应保守派支持的关税改革方案。

印度的税收和政治合法性

在印度，英国人面对一套原先的土地所有制和财政汲取制度，人口众多的土著居民在制定政策时并没有正式的政治权利。这使印度与白人驻领殖民地之间的思想传播有了不同形态，关键问题是让印度摆脱复杂的权利层级制度，因为在这一制度中所有权和财政收入的汲取是重叠和多重的。后来的解决方案反映了对最理想的土地所有权模式的假设和对增长过程的理解，而这两者都受到英国先例的影响，并根据印度的行政和政治国情进行了调整。

1793年孟加拉国的永久解决方案(permanent settlement)提供了一种解决方法。柴明达尔(zamindar)获得了明确的土地所有权，但必须与为政府提供财政征收服务挂钩。向政府缴纳的财政收入是固定的，不上缴就意味着丧失土地所有权。东印度公司(East India Co.)和柴明达尔之间创建起对抗农民的联盟，以此建立起遏制税收反抗的中间人机制(intermediaries)。东印度公司可能将柴明达尔视为英格兰的大土地贵族，以为他们会鼓励农业发展并成为农村社会的稳定力量。①

英国的土地税本身就是一种"永久解决"的形式，它在17世纪90年代得以固定，在18世纪后期随着租金上涨而逐渐降低了占土地收入的比例。打个比方，柴明达尔可能会和英国的大地主一样，把他们的利润用于投资，以促进经济增长和繁荣。然而，永久解决方案也有一个严重缺陷，那就是，随着土地价值的上升，东印度公司和后来的王室并没有分享到农业利润，税收不得不强加于社会其他群体。这么做会被认为不公平，并引发政治争议。换言之，将土地占有制和税收制度与增长前景联系在一起，是基于对英国农业革命和大庄园利弊的特定看法。英国的土地所有者也被激进分子批评为"寄生虫"，他们

① Cf. T. N. Travers, "'The real value of the lands': *the Nawabs*, the British and the land tax in eighteenth-century Bengal", *Modern Asian Studies*, 38(2004), pp. 517—538.

占据公用土地,提高租金水平,忽视其社会义务。类似地,印度地主也因收取更多的租金却未进行再投资,没有履行其维持供水和其他公共服务的义务而受到批评。1833 年,西北省份的成果是一项临时解决方案。这一方案允许就政府的财政收入要求展开重新谈判,从而确保财政收入增长与不断上涨的租金和土地价值相一致,或者取决于政府的需要。然而,临时解决方案也造成了现实问题,因为重新谈判导致局势紧张,并使公司或皇室更多地参与财政汲取。因此,英国政府在印度重新使用永久解决方案,这样做的理由是可以促进增长,并将阻力降至最低。

不过,并非所有人都同意永久解决方案是可取的,尤其是詹姆斯·穆勒(James Mill)表示反对,他在伦敦的控制委员会(Board of Control)给印度政府写了有关收入的信函。追随着其他政治经济学家尤其是大卫·李嘉图(David Ricardo)和托马斯·马尔萨斯(Thomas Malthus)的观点,穆勒认为租金是来自土地而非劳动的收入,可以在不扭曲劳动力和资本配置的前提下提供最佳的财政收入来源。穆勒认为,在没有永久解决方案的地区,税收应以土地生产总量中的租金份额为基础。通过对耕种者直接征税,可以消灭具有剥削性的中间人,而且通过对不同质量的土地征收不同的税,可以获得由优质土地所产生的不劳而获的剩余(所谓的李嘉图地租)。这项研究任务委托给马尔萨斯(Malthus)的一名学生 R·K. 普林格尔(R. K. Pringle)负责。他开始记录每一租种土地的规模、质量,并估计在支付所有成本(包括家庭劳动力和资本的合理回报)后的剩余净产量,然后政府要求获得其中 55%的份额。该计划于 1828 年实施,但未获成功,因为数据收集存在缺陷,而且财政收入需求过高。解决的办法是调整普林格尔的做法,而不是放弃寻找李嘉图租金。当然,在伦敦经济学家和理论家的观点与当地实践有冲突,因为行政人员必须遵守当地习俗并关注社会秩序。然而,尽管实践行动受到了限制,但否认这些观点具有某种冲击则是错误的。①

① E. Stokes, *The English Utilitarians and India* (Oxford, 1959), pp. 93—102; M. B. McAlpin, *Subject to famine: food crises and economic change in Western India*, 1860—1920 (Princeton, 1983), pp. 108—109. 关于就李嘉图租金在实践中的重要性的否认,参见 For a denial of the importance of Ricardian rent in practice, M. Mann, 'A permanent settlement for the Ceded and Conquered provinces: revenue administration in north India, 1801—1833', *India Economic and Social History Review*, 32 (1995).

实践中的调整构成了莱特瓦尔制度(ryotwari system)的基础,该制度维护了向政府直接缴税的耕种者或农民(印度农夫)的权利。[①] 从1835年起,“孟买调查和解决方案”(Bombay Survey and Settlement)演变成了防止包税人剥削耕种者的一种手段,并通过激励耕种者积累资本和增加他们的收入,鼓励提高生产力和效率;对土地进行调查,确定土地占用和土壤质量,不对净产量进行不切实际的计算,而是根据占用者的情况和过去该地区支付的金额来评估付款。然后,对佃农保证在实施一个新解决方案之前的一段确定期限内支付相同的数额——这是一项高度复杂和费时的工作。从理论上讲,所有土地都属于国家,但只要佃农向政府纳税,他们就有土地使用权的保障,可以出售和遗赠土地。税收数额因土地质量的差异而不同,这样一来,就会鼓励效率低下的佃农改进他们的技术以缴纳税收,或者将他们占有的财产转让给那些有能力的人。因此,“孟买调查和解决方案”建立在土地使用权和经济增长之间有联系的这类特殊观点之上。[②]

该制度是否实现了预期的效果是另外一回事。由于跟改革者的意图相背,这样的税收可能会因向耕种者征收得过高而起到抑制作用,而且税吏的闯入可能会引发紧张局势。这一税收制度也许是以牺牲经济增长为代价来获得财政收入的。饥荒委员会(the Famine Commission)在1901年抱怨说,莱特瓦尔制度的支持者们“期望农业资本积累:但是他们的计划并没有促进节俭,也没有促成佃农独立。他们想寻找资本主义的耕种者,而我们看到的是索卡尔(sowkar)的农奴”。[③]

印度许多民族主义者抱怨说,随着时间的推移,土地的财政负担占土地产出的比例增加,带来了严重的经济后果。不过实际情况则有所不同,特别是将每英亩土地征收的土地税额与为支付地税而出售的产量相比较时。[④] 在孟买总统任期内,在最初的解决方案中,每英亩土地的名义税额有所降低,并继续

---

① 莱特瓦尔制度(ryotwari system)是英国东印度公司为巩固殖民主义,在印度实行的一种田赋制度,实际上是以东印度公司为地主、以解体的农村公社社员为个体佃农的租佃制,主要实行于南印度的马德拉斯省和西印度的孟买省。——译者注

② McAlpin, *Subject to famine*, pp. 110—113.

③ 引证于 A. K. Bagchi, ‘Land tax, property rights and peasant insecurity in colonial India’, *Journal of Peasant Studies*, 20(1990), p. 40.

④ Cf. Travers, ‘The real value’.

下降;虽然重新设定解决方案时这一数额有所增加,但仍低于初次安置前的数额。价格的变化意味着核定税额占实际收入的比例变化:在此期间,价格上涨,所以税收的实际价值下降的幅度更大。① 当然,土地税仍然是中央财政收入的主要来源,但它占净财政收入的比例确实从 1865 年的 52.8%下降到 1895 年的 48.1%,1910 年下降到 40.1%。② 战后,由于政治上的抗议,例如,孟买总督任期内的巴尔多利运动(Bardoli campaign)反对就土地进行重新评估并拒绝缴纳税款,使得这一下降加速。征收土地税是行政当局而不是代表性立法委员会的责任,所以征收土地税与宪政改革之间有冲突。③

土地税的不断减少意味着印度政府不得不转向其他收入来源。1858 年,统治权从东印度公司移交给王室(the Crown)时,鸦片和盐的专营是主要收入来源。不出意料,詹姆斯·威尔逊(James Wilson)感到他的科布登主义(Cobdenite)原则受到了冒犯,而且他的目标是使印度的财政状况符合 1842 年皮尔(Peel)和 1853 年格莱斯顿提出的原则。皮尔和格莱斯顿一直担心,税收不应该划分阶级和利益,而应通过减少间接税和允许穷人分享商品消费来创造一种共同利益感。因此,在他 1860 年的第一个预算中,威尔逊敦促"所有的税收都必须建立在假定社会不同阶层之间完全平等和公正的基础之上"。此外,"税收必须符合合理的商业和财务原则"——也就是说,税收水平不应扭曲或减少贸易和生产。④ 他的目标是将自由贸易和所得税引入印度。他是如何成功地实现这一雄心壮志,将宗主国的税收公平原则引入英国统治时期的印度的呢?

所得税只占净财政收入的一小部分:1865 年总计达到 2.1%,1895 年为 3.9%,1910 年为 3.7%。所得税最初在 1860 年被引入,作为临时措施来弥补镇压叛乱的成本,而且委员会的大多数成员认为应该在 1865 年终止。虽然总督约翰·劳伦斯(John Lawrence)对此表示疑虑,但财政委员查尔斯·特里威

---

① McAlpin, *Subject to famine*, pp. 198—202.

② P. J. Thomas, The growth of federal finance in India(Madras, 1939), p. 500.

③ N. Charlesworth, 'The problem of government finance in British India: taxation, borrowing and the allocation of resources in the Inter-war period', *Modern Asian Studies*, 19(1984), pp. 522—523.

④ Thomas, *Growth of federal finance*, 121.

廉(Charles Trevelyan)在面对来自柴明达尔(作为永久解决方案的结果,他们可以申请豁免)和英国社会的强烈反对下,认可了所得税的终止。相比1842年所得税被重新引入并与自由贸易相联系,特里威廉(Trevelyan)的选择与1816年拿破仑战争结束后终止所得税时有更多的共同点。作为替代,特里威廉提议征收出口关税:既然不能同时拥有所得税和自由贸易,他被迫以牺牲后者为代价来成全前者。然而,伦敦政府不允许征收出口关税,反而在1867年和1868年引入了牌照和证书税(licence and certificate taxes),这实际上相当于一种所得税。威尔逊关于公平和平衡的提议被牺牲了。尽管管理者们担心印度富人剥削大众,但由于受到印度人和英国平民的强烈反对,虽然在1870年重新引入了所得税,却在1873年再次废除。①

19世纪后期,由于卢比贬值、军事开支和经济发展投资等原因,政府成本不断上升。间接税变得更加重要,性质也发生了改变。鸦片收入占净收入的比例有所下降,这是由于对鸦片贸易的道德判断发生了改变,以及中国人对鸦片进口的反抗造成的。盐业专营的重要性最初上升,但随后由于政治抗议而下降。1865年,鸦片收入占净收入的19.7%,盐业收入占14.6%;到1895年,这些数字分别为10.8%和18.1%;到1910年,分别为14.6 %和6.5%。与此同时,关税收入从1865年占净财政收入的5.7%上升到1895年的10.5%和1910年的14.9%,而且国内消费税从5.1%上升到12.0%和15.4%。② 1865年的政策目标是引入出口关税,以确保印度对英国商品保持开放。很显然,印度商界更倾向于征收进口关税,这一政策在伦敦或兰开夏郡(Lancashire)都是不可接受的。③ 随着19世纪后期财政压力增加,财政状况变得更为紧迫,进口税对在印度的英国当局越来越有吸引力,并于1894年开征。然而,这一方案在兰开夏郡遭遇强烈反对,因为人们看到了关税和卢比汇率恶化对其市场的严重威胁。解决的办法是,对来自印度的纺织品征收消费

---

① M. Naidis, 'A note on Sir John Lawrence and the income tax', *Bengal Past and Present*, 80 (1960); S. Chandra, 'The Income tax(1860—1873): a study in basic contradictions', *Indian Economic and Social History Review*, 3(1966); I. Klein, 'Wilson v Trevelyan: finance and modernization in India after 1857', *Indian Economic and Social History*, 7(1970).

② 这些数据来自 Thomas, *Growth of federal finance*, p. 500.

③ Naidis, 'Note on Sir John Lawrence', p. 78.

税,以对应于印度征收进口关税,确保市场不被扭曲。[①]

第一次世界大战之后,印度获得财政自主权,关税份额进一步上升。1930年,由于土地税降至22.7%,关税占净财政收入的比例达到39.9%。在那时,来自鸦片和盐业的收入已经分别降至4.9%和1.6%,消费税比例降至12.7%。关税收入延续战前的趋势,并发生了根本性的转变。[②] 鉴于民族主义压力不断上升的政治考量,这并不令人意外。税收的增加导致了对政治更广泛参与的需求——用彼得·罗伯(Peter Robb)的话来说,"扩大征税数额和范围的企图,引发了对英国统治的反抗"。[③]

因此,英国税收思想向印度的传播受到了高度的限制。就土地税而言,由于英国国内意识形态的差异和实际的行政权宜之计,对土地占有制与经济增长之间联系的不同假设之间存在着冲突。同样地,宗主国的自由贸易和公平原则也与印度的政治现实发生了冲突,迫使印度转向间接税,尤其是转向在英国国内受到诅咒的关税。

思想的传播和非洲殖民地

非洲带来了与印度不同的问题。在那里,没有既存的财政收入制度(或者至少没有一个获得英国当局承认的制度),也没有按照英国人所理解的方式进行农业商业化或实施农地占有制度。这就对税收思想的传播产生了重要影响,并在土地使用权和农业的不同中介形式方面产生两种广泛的结果。一种极端形式是依赖小型农场和非洲的耕种者,土地由农民直接拥有,或由国王托

---

① A. W. Silver, *Manchester men and Indian cotton*, 1847—1872(Manchester, 1966); P. Harnetty, 'Lancashire and the Indian cotton duties, 1859—1862'. *Economic History Review*, 18(1965) and 'The Indian cotton duties controversy, 1894—1896'. *English Historical Review*, 77(1962); I. Klein, 'English free traders and Indian tariffs, 1874—1896', *Modern Asian Studies*, 5(1971) and 'Politics and public opinion in Lytton's tariff policy', *Journal of Indian History*, 45(1967); C. Dewey, 'The end of the imperialism of free trade: the eclipse of the Lancashire lobby and the concession of fiscal autonomy to India', in C. Dewey and A. G. Hopkins(eds), *The imperial impact: studies in the economic history of Africa and India*(1978).

② Thomas, *Federal finance in India*, p. 501.

③ P. G. Robb, *Ancient rights and future comfort: Bihar, the Bengal Tenancy Act of* 1885, *and British rule in India*(Richmond, 1997).

管。这种模式可以在乌干达和西非找到，在那里除了采矿以外，几乎没有大规模的欧洲式生产，而且帝国当局甚至通过强制种植棉花的方式鼓励农民生产。另一种极端形式是由白人定居者经营大型农场，宗主国公司运转种植园，开发从非洲人那里转让来的大量土地，这些土地没有得到合理的利用。这种模式最明显地适用于南非地区。非洲的其他地区则介于两种极端形式之间：例如，在肯尼亚，白人定居者依赖本土劳动力，但没有大规模的资本主义土地问题；在中部和南部非洲，大型农场和种植园与非洲耕种者共存。最终的结果因三项因素而显示出不同：(1)时间因素，在殖民初期，土地更容易被转让(alienated)；(2)地理因素，在气候更吸引欧洲人定居的地方，有更多土地被转让；(3)自治因素，在白人定居者对政治进程有更多控制权的地方，土地转让更容易发生。①

在所有情况下，殖民统治者都必须设法增加收入，以支付行政和长期经济发展的费用，鼓励非洲人为了市场而种植农作物，或为欧洲农场、矿山和种植园提供劳动力。殖民地当局或地方议会采用了一些技术来鼓励商业化和可雇佣的劳动力大军出现。一种做法是要求非洲人在指定的时间内工作，除了在肯尼亚和乌干达以外，这是不常见的，即使在肯尼亚和乌干达也没有持续多久。另一种更为普遍的做法是向酋长们施压，要求他们为欧洲企业提供“志愿者”，或者种植特定作物。然而，面对来自宗主国当局的敌意，这样的做法没落了，更常见的是采用另外三种方法：通过土地政策创造雇佣劳动力的储备，如在南部和中部非洲；通过签订有时附有惩罚性规定的合同，如在南部和东部非洲；通过征税鼓励商业作物生长和雇佣劳动出现。② 最为重要的是，帝国的权力行使依赖于征收棚屋税。③

起初，人们有些担心棚屋税的影响。1855 年，开普总督乔治·格雷(George Grey)在殖民地议会第二次会议上解释了他的税收政策。格雷认为，

---

① D. K. Fieldhouse, 'The economic exploitation of Africa: some British and French comparisons', in P. Gifford and W. R. Louis(eds), *France and Britain in Africa: imperial rivalry and colonial rule*(New Haven and London, 1971), pp. 616—622.

② Fieldhouse, 'Economic exploitation of Africa', pp. 620—622.

③ 棚屋税(hut tax)是英国殖民者在非洲以每个小屋或家庭为基础引入的一种税收，以货币、劳动力、谷物或家畜等多种形式支付。——译者注

需要更多的收入来弥补授权支出(authorized expenditure),解决的办法是间接税,因为在一个人口高度分散的国家征收直接税很困难,而且“野蛮或半野蛮的部落”不容易被说服去纳税。间接税是在不知情的情况下缴纳的,实际上是自愿的;而且,随着当地人社会地位的提高,他们消费的商品越来越多,产量也会随之增加。① 事实上,当局甚至可能会拒绝征收棚屋税,因为它与土地权利息息相关。1855 年,东开普省(the eastern Cape)的特别专员担心人口涌入,并拒绝接受征收棚屋税,理由是没有空间给新移民,这些人把纳税收据当作是对土地的要求——这是首相约翰·罗素(Lord John Russell)勋爵所赞成的立场。② 然而,格雷对间接税的信心是错的。除非非洲人被迫进入商业化和货币化经济,产生应税商品和收入,以应对纳税义务,否则,财政收入怎么能够充分地增长呢?除非创造出雇佣劳动,否则怎么能为市场种植农作物,或者开发矿山呢?这些原因导致当局越来越依赖棚屋税,并将其作为迫使经济和社会发生变革的手段。当然,移民的到来还有许多其他原因——对旱季、疾病和饥荒引起的生态灾难的传统反应,或前殖民地社会制度的崩溃——但税收无疑是一种阻止的力量。③

利用棚屋税来创造劳动力的做法在南非最为明显,塞西尔·罗兹(Cecil Rhodes)的政策在 1894 年的格伦·格雷法案(the Glen Grey Act)中得以体现。为了用个人小块土地取代公有财产,土地被分成小块农田。当然,有一种危险是非洲人将继续保留他们的小农场,在产品市场上与白人农民竞争,并拒绝提供雇佣劳动力。但罗兹相信,资产细分的过程将很快迫使男性进入劳动力市场。正如他所指出的那样,“不可能每个黑人都拥有 3 英亩土地和 1 头牛……必须让他们明白过来,在未来,他们中有十分之九的人将不得不在日常劳

---

① *Cape of Good Hope: further papers relative to the state of the Kaffir tribes*, 'Governor's address to the Legislative Council and the House of Assembly, at the opening of the second session of the Colonial Parliament', p. 524.

② *Cape of Good Hope: further papers relative to the state of the Kaffir tribes*, 'Report of special commissioner, appointed to inquire into the present state of the Fingoe locations on the Eastern Frontier, especially in the division of Victoria, Fort Beaufort, and Queen's Town, and the location of the Zitzikama', W. Calderwood, 22 Jan., 1855, p. 505; 'Copy of a despatch from the Right Hon. Lord John Russell to Governor Sir George Grey', 26 May, 1855, p. 533.

③ M. Wright, 'East Africa, 1870－1905', in R. Oliver and G. N. Sanderson (eds), *The Cambridge history of Africa*, vol. VI: *From* 1870 *to* 1905 (Cambridge, 1985), p. 590.

动、体力劳动和手工作业中度过他们的一生”。对那些连续3个月没有为工资而工作的人征收10先令的棚屋税，这会加速经济和社会转型的进程。①

南非在土地权利改造上的做法是极端的。在尼亚萨兰(Nyasaland)，这种做法多少有些谨慎。② 行政官哈里·约翰斯顿(Harry Johnston)最初被罗兹(Rhodes)收买，后者希望创造出在大型种植园工作的无地劳工。后来约翰斯顿选择向非洲人提供土地，并依靠棚屋税来创造雇佣劳动以及最重要的商业化种植。

1901年，棚屋税的全额税率为6先令，但如果纳税人为一个欧洲人工作一个月，税率则降低到3先令；1911年，税率提高到8先令，那些为欧洲人工作或向欧洲人出售大米、烟草或棉花的人，则以4先令的较低税率纳税。当地的殖民地官员批准了一份欧洲人名单，非洲人可以为其工作，能够与其交易。尽管这一制度很容易被利用，但非洲的小农场主们确实有了一些独立性，因为他们能够通过自己的经济活动来筹集资金并缴纳税款，这样可以避免沦为雇佣劳动力或者像更南边地区的人那样有依赖性。③

税收的吸引力是显而易见的。棚屋是有形的，很容易清点，而且是那些被指派参与评估和收税的酋长们已知的。例如，在尼亚萨兰，酋长们得到10%的佣金，至少在最初阶段，他们很可能比政府官员直接收税更为有效。后来，尼亚萨兰的税款征收移交给了官员。④ 不足为奇的是，以传教士、原住民保护协会(Aborigines Protection Society)等团体和担心混乱的小心谨慎的伦敦公务员的视角来审视这项税收合法性的官员们，强调了征税的便利性和高度遵从性。尼亚萨兰在1910年的报道中说，“可以公平地说，定居人口几乎在没有

① Shula Marks, 'Southern and central Africa, 1886—1910', in Oliver and Sanderson(eds), *Cambridge history of Africa*, VI, pp. 462—463.

② 尼亚萨兰是非洲东南部国家马拉维(Malawi)的旧称。——译者注

③ L. White, *Magomero: portrait of an African village* (Cambridge, 1987), pp. 85—90; C. Baker, 'Tax collection in Malawi: an administrative history, 1891—1972', *International Journal of African Historical Studies*, 8(1975), pp. 49—50, 52, 53; Marks, 'Southern and central Africa', p. 456; A. J. Hanna, *The beginnings of Nyasaland and North-Eastern Rhodesia*, 1859—1895(Oxford, 1956), pp. 241—244; R. I. Rotberg, *The rise of nationalism in Central Africa: the making of Malawi and Zambia*, 1873—1964(Cambridge, Mass., 1966), pp. 40, 41—43, 46—47.

④ Baker, 'Tax collection', pp. 40—45, 55—57.

压力的情况下履行其纳税义务至最后一个先令”。[1] 事实上,与心满意足的非洲人心甘情愿地为仁慈的英国政府提供的保护买单的图景相比,现实是有些不同的。

棚屋税征收可能会以某种程度的残忍和暴力方式予以实施。例如,在尼亚萨兰和肯尼亚,征税是通过毁坏或没收棚屋、扣押妻子或监禁违约者来执行的。[2] 这种制度很容易被农场主和商人滥用。他们不记录非洲人的工作或销售情况,因此非洲人被迫提供超过法定需要的劳动力或商品。为鼓励更多人从事雇佣劳动和生产,税收制度所规定的工资率或商品价格可能会偏离市场价格。[3] 此外,对税收的评估可能会与当地的习俗发生冲突。例如,在斯威士兰(Swaziland),对男性征收 2 英镑的税,在第一次征税后又对每位妻子额外征收 2 英镑的税,这项征收引起了人们的强烈不满。[4] 税收制度在任何情况下都是高度累退的。棚屋税由非洲人承担,欧洲定居者和公司只支付很少或根本不支付。欧洲人的收入通常不被征税,而且在某些情况下,对非洲产品而不是欧洲产品征收出口关税。其结果是,非洲农民缴纳的税款占其收入的比例要高得多,这是一种从穷人到富人的有效转移,以便非洲人为殖民地企业所需要的基础设施和劳动力买单。1927 年,肯尼亚劳工委员会(Labour Commission)估计,在考虑间接税之前,直接税大约占到一个非洲家庭储蓄收入的30%。[5] 用约翰·朗斯代尔(John Lonsdale)的话来说,“对所有人征收的税使得公共支出有可能补贴了少数人,让他们对外部投资者来说显得更具吸引力”。[6]

---

① Baker,‘Tax collection’,pp. 46—47.

② Baker,‘Tax collection’, pp. 47—49; Marks,‘Southern and central Africa’, p. 456; R. D. Wolff, *The economics of colonialism: Britain and Kenya*, 1870—1930 (New Haven and London, 1974), p. 117.

③ Rotberg, *The rise of nationalism in Central Africa*, pp. 33—34.

④ D. H. Gillis, *The Kingdom of Swaziland: studies in political history* (Westport, Conn. and London, 1999), p. 136.

⑤ 参见 V. 贾马尔(V. Jamal)所做的一个殖民地案例研究,‘Taxation and inequality in Uganda. 1900—1964’, *Journal of Economic History*, 38(1978), pp. 418—428; also Wolff, *Economics of colonialism*, pp. 118—119; Fieldhouse, ‘Economic exploitation of Africa’, pp. 614—615.

⑥ John Lonsdale, ‘The conquest state of Kenya’, in J. A. de Moor and H. L. Wessling (eds), *Imperialism and war: essays on colonial wars in Asia and Africa* (Leiden, 1989), p. 88.

棚屋税及其对社会和经济结构的广泛影响,带来了周期性的反抗,这不足为奇。"官员们担心反抗,就像他们期望征税一样"。① 最早也是最严重的叛乱之一,是 1898 年塞拉利昂(Sierra Leone)的"棚屋税战争"。② 这一经历让在尼日利亚和黄金海岸的英国政府,对征收直接税或挑战酋长们对土地的控制权持谨慎态度。在这些地方,种植园或大型非洲农场的资本主义农业未能实现。在尼日利亚,这个殖民地的北部伊斯兰的埃米尔们(the emirs)负责收税并保留了在当地政府的行政权力,有一部分税收收入移交给"本地国库",其余部分则交给国王。③ 总督弗雷德里克·卢加德(Frederick Lugard)希望通过提供安全保障,并依靠"间接统治",让他们依附于英国政府,并转而从事耕作,以此来代替奴隶制和战争。正如约翰·朗斯代尔(John Lonsdale)所言,英国当局"承认失败,并称之为原则。为了掩饰英国赤裸裸的软弱和无知,它将部落统治下的集体土地所有制这一模糊概念奉为圭臬"。④ 南非当局则相对更为强硬。1896 年,祖鲁人(The Zulu)反抗征收棚屋税;对成年男性进一步征收 1 英镑人头税(poll tax),引发了 1907 年的武装叛乱,并导致 1 000 至 4 000 名非洲人死亡、7 000 人被监禁。⑤ 在英国殖民部(the Colonial Office),丘吉尔(Churchill)批评"对土著人令人作呕的屠杀",让殖民地成为"大英帝国的流氓"。⑥ 在十年以前,对付动乱的方式不会引起过多关注,现在则是不可接受的。但是,英国政府几乎没有采取任何措施来消除南非国内潜在的不满情绪。在南非,土地被迫转让后,男人被迫以不利的条件进入劳动力市场,财政制度呈现出严重的累退性。

---

① John Lonsdale, 'The European scramble and conquest in African history', in Oliver and Londsale(eds), *Cambridge history of Africa*, VI, p. 752.

② L. Denzer and M. Crowder, 'Bai Bureh and the Sierra Leone hut tax war of 1898', in R. I. Rotberg and A. A. Mazrui(eds), *Protest and power in black Africa* (New York, 1970); A. Abraham, 'Nyagua, the British and the hut tax war', *International Journal of African Historical Studies*, 5 (1972); A. Abraham, 'Bai Bureh, the British and the hut tax war', *International Journal of African Historical Studies*, 7(1974).

③ 埃米尔(the emirs)是对穆斯林酋长等的尊称。——译者注

④ J. Lonsdale, 'The European scramble and conquest in African history', in Oliver and Sanderson(eds), *Cambridge history of Africa*, V1, pp. 744, 761, 764—765.

⑤ Marks, 'Southern and central Africa', p. 457; eadem, ' 'The Zulu disturbances in Natal', in Rotberg and Mazui(eds), *Protest and power*.

⑥ Marks, 'Southern and central Africa', p. 455

因此,从尼日利亚非洲人的所有权和行政管理权得以幸存,到南非的土地丧失和无产阶级化,在非洲土地和税收之间的关系是各不相同的。从诱导非洲耕种者为市场生产,到强迫他们为大型种植园或矿山提供雇佣劳动,税收与通过不同方式创造一个更加商业化和资本主义化社会的愿望联系在一起。税收不仅为发展和行政管理创造收入,而且也是改变社会结构的一个杠杆。与英国不同的是,管理者对税收制度的平衡和公平并不关心:作为一项深思熟虑的政策行为,税收制度在不同群体之间存在着歧视。英国的先例对非洲财政管理几乎毫无贡献,对帝国的其他地方也没有什么作用。英帝国的目的是建立一个为出口市场而生产的商业化社会,并且在此过程中,采用了增加财政收入的策略,这导致民众的抵抗和合法性的缺失。非洲民族主义者处境艰难,因为反对征税是他们运动的核心。问题在于,反对英国人强加的税收制度,认为它缺乏合法性和未经同意,也削弱了非洲国家自身的实力。

结　论

在大英帝国内部,税收思想的传播是多样而复杂的。在大多数情况下,这种传播并不需要将英国的财政制度直接应用于殖民地,这与采用了宗主国地籍调查法的法兰西帝国不同。即使在白人驻领殖民地,所得税的征收实践也与宗主国背道而驰,这反映了当地居民想去刺激劳动所得产生并拥有大地产。在当地,所得税采取了比在英国更为激进的做法,比自由党政府在1906年之后采取的政策更早。同样,印度的财政政策建立在与英国不同的直接税和间接税之间的联系上。为了解决由于所得税征收困难和土地收入缺乏弹性而引起的财政收入增加困难的问题,印度殖民政府不得不转向征收关税。在印度和非洲的白人驻领殖民地,有关税收的争论更多地集中于土地占有的性质和促进经济增长的理论假设,而不是将英国本土的公平和平衡的定义应用于财政制度中。此外,关于土地占有的争论并不是针对强制实施一种单一规范。该规范基于英国本土通行的大地主、佃农、无地劳工三重结构而形成。但这一规范确实运用到印度柴明达尔身上,运用者相信柴明达尔会像农业革命期间的英国大贵族地主一样去推动经济增长。但这样的理论假设在意识形态方面受到了质疑[如印度的被詹姆斯·穆勒(James Mill)质疑、新西兰的被约翰·巴伦斯(John Ballance)质疑],而在尼日利亚的则纯粹在实践方面受到了质疑。如此产生的结果也塑造了殖民地国家的能力,包括为长期发展提供资金、以优惠条件获得贷款以及为福利和社会基础设施提供资金的能力。税收是否应该用于支持殖民地的福利,尤其是英国济贫法是否应该为白人定居者社会所采纳?像在苏格兰那样,也许把钱花在教育上会更好?在印度和非洲,如何应对饥荒和疾病对牲畜造成的破坏性灾难?应该在国防上花多少钱,又有多少钱可以转移到英国来为帝国买单,或者从英国转移出去用于刺激经济发展?只要帝国存在,这些问题就一直存在。

9 美国占领日本期间"改弦易辙"中的税收观念传播①

W. 艾略特·布朗利(W. Elliot Brownlee)

帝国主义国家常常试图将税收思想移植到实力较弱社会的土地上。历史学家们很清楚扩张的帝国传播私人金融机构的方式(正式的或非正式的)②,但不太清楚的是,扩张的帝国如何传播或者至少试图传播包括税收在内的公共财政理念。本章试图在美国经济和政治扩张的历史背景下(特别是在第二次世界大战之后的一段时期内)来探索后一历史现象。税收思想的传播,可能是美国在大萧条和第二次世界大战之后开展国际经济机构建设、实施各项重建计划的一个重要方面。③ 本章探讨的是与这一重建的重要方面——美国占

---

① 这章内容基于两篇相当长的文章——"舒普使团和日本占领期间的'改弦易辙'"和"美国对日本的占领和税收思想的传播"而改写。这两篇文章是我为有关舒普使团历史和长期意义研究的一本书所撰写的。东京大学(the University of Tokyo)的神野真彦(Jinno Naohiko)教授,立教大学(Rikkyo University)的安德鲁·德威特(Andrew DeWit)教授正在与我合作撰写这本书。2005 年 7 月 18 日,我在加州大学洛杉矶分校法学院关于"税收法律和政策的历史视角(Historical Perspectives on Tax Law and Policy)"会议上发表了第一篇文章;2005 年 9 月 17 日,在剑桥大学艺术、社会科学及人文研究中心关于"税收思想传播(Transfers of Ideas about Taxation)"的会议上,发表了第二篇文章。——撰稿人注["改弦易辙"(Reverse course)是指第二次世界大战后重建期间,美国政府和盟军对日占领政策发生了大变化。这段时间大约从 1947 年到 1948 年,一直持续到 1952 年占领结束。——译者注]

② 关于这一主题的学术文献非常广泛,涵盖了许多国家的历史。例如,关于非正规帝国在 19 世纪美国经济发展中所起作用的分析,参阅 Mira Wilkins, *The history of foreign investment in the United States to* 1914(Cambridge, Mass., 1989), and Lance E. Davis and Robert J. Cull, 'International capital movements, domestic capital markets, and American economic growth, 1820—1914', in Stanley L. Engerman and Robert E. Gallman(eds), *The Cambridge economic history of the United States*, vol. Ⅱ (Cambridge, 2000), pp. 733—812 and 950—959(bibliography).

③ 关于这些机构,例如国际货币基金组织、关税和贸易总协定(GATT)、世界银行(WB)和马歇尔计划(Marshall Plan)的起源和意义,有很多重要的学术研究。但是,没有学者质疑美国在战后不久是否将其制度全球化(或经济美国化)的努力推进到税收和公共财政领域。

领日本(1945—1952)——相关的税收思想传播,方法是深入研究当时的政府决策(包括美国和日本的主要政策制定者在占领期间的思考)。

占领初期(1945—1947)

在1945年美国占领初期,日本的财政体系依赖于所得税和高额的公司税,并具有高度集中的财政结构。就像在美国一样,战时危机也促成了日本的一次重大税收重组,这一重组强调了所得税和中央政府财政政策的主导地位。1940年,日本政府进行的战时税收改革,包括一项以经济学家神野直彦(Jinno Naohiko)所描述的以"按累进税率征收综合所得税,按比例征收分类所得税的两种做法"为基础的个人所得税。① 分类所得税也称为"一览表税",实行因收入类型而异的单一比例税率。这种个人所得税对资本利得免征,对国债利息征收的税率低于其他任何形式的应税收入。此外,1940年的改革还包括特别公司税,包括在其他条款中对国内企业征收35%的净所得税,征收10%至40%的累进超额利得税,以及对资本存量征收高税。在这一制度下,日本对工薪收入的正常纳税义务增加了一套源泉课征系统(比美国和英国早几年)。这些改革试图增加经济现代化部门的绝对和相对税收负担。同样在1940年,中央政府进行了地方税收和政府间转移支付等一系列复杂改革,用神野的话来讲,这些改革旨在加强"当地社区维持秩序的能力"。然而,在实践中,这些改革增加了中央政府控制地方政府提供公共服务方式的能力。正如神野所写的

---

① 参见Jinno,"The 'Japanese-model' fiscal system",in TetsuJi Okazaki and Masahiro Okuno-Fujiwara,*The Japanese economic system and its historical origins*(Oxford,1999),pp. 228—229. 神野(Jinno)的文章(同上,第208—238页)是对日本税收和公共财政历史最好的英文调查报告,其优点之一是对公共财政的体制背景进行了详细分析。另一位对日本税收史有着同样优秀研究实力的是安德鲁·P. J. 德威特(Andrew P. J. DeWit),'Trench warfare on the tax fields:fiscal sociology and Japan's centralized tax state'(Ph. D. dissertation,the University of British Columbia,1997). See also Andrew DeWit,'Caught over a pork—barrel:decentralizing Japan's 1940 fiscal regime',*Studies in Political Economy*,57(1998),pp. 103—127. 美国占领时期日本税收史上最重要的早期研究是Saburo Shiomi,*Japan's' finance and taxation*,1940—1956(New York,1957),which provides excellent detail on the 1940 reforms(pp. 33—52,127—129),以及Martin Bronfenbrenner and Kiichiro Kogiku,'The aftermath of the Shoup tax reforms'(Parts I and II),*National Tax Journal*,10(1957),pp. 236—254,345—360. 汐见(Shiomi)是舒普代表团的日本顾问,而布朗芬布伦纳(Bronfenbrenner)在1949年至1950年期间担任盟军最高司令部的税收经济学家。

那样，通过这次税制改革，"一种以财政资源控制为手段的集中—分散体制孕育成形。"[①]

在占领初期(1945 年至 1947 年末)，盟军最高司令部(the Supreme Commander for the Allied Powers，SCAP)道格拉斯·麦克阿瑟(Douglas MacArthur)将军没有对日本税收制度的结构或管理进行任何激进的改革，但他确实迫使日本政府采取了一些温和的改革措施。例如，在 1946 年，盟军最高司令部安排制定了对资本征收严格的累进税。设计这一税种，目的是加强早期占领时解散财阀集团的努力。1947 年，为了对股息、利息和高劳动收入征收更重的税，盟军最高司令部用合并劳动收入、股息、利息的个人所得税取代了上述一览表的个人所得税，并采取了一种更为陡峭的累进税率结构。在 1947 年，这些改革的初始效应是，在创建一种更为累进的税制的同时，加强了所得税的重要性和中央政府在日本财政秩序中的主导地位。[②] 美国占领期间也保留了日本强大的大藏省(Ministry of Finance，MOF)——这一决定增强了税收改革的中央集权力量。由于存在这一官僚机构，美国的占领面临着税收思想传播的固有障碍，尤其是那些威胁到中央政府权力的观念。[③]

---

① See Jinno，"The 'Japanese-model' fiscal system"，p. 233. 神野(Jinno)的其他重要学术成就见 194 页注释②。

② 有关盟军最高司令部从 1946 年到 1948 年的改革历史，参见 Henry Shavell，'Taxation reform in occupied Japan'，*National Tax Journal*，1(1948)，pp. 127－143，and 'Postwar taxation in Japan'，*Journal of Political Economy*(1948). 1948 年，沙维尔(Shavell)在盟军最高司令部的经济与科学部门(ESS)财务司担任税务顾问，并且很有可能对这一时期日本税收史的另外两段有用的历史作出了贡献。这些是盟军最高司令部文件中未曾发布的文档，位于 Record Group(RG) 331 of the holdings of the National Archives and Record Administration(NARA). 除非另有说明，本章引用的所有档案都是 RG 331 NARA 中的文档。两段未曾发布的历史是：General Head-quarters(GHQ)，ESS，Internal Revenue Division(IRD)，'General survey of Japanese taxation'，6 May，1949，Box 2144，file folder：'Taxes，Shoup mission 1949'；and Moss，'Historical summary of the Japanese tax system'，30 June，1951，Box 8377，file folder：'Historical summary of the Japanese tax system'. See also Shiomi，*Japan's finance and taxation*，1940－1956，pp. 62－73，130－132.

③ 正如约翰·道尔(John Dower)所言，盟军最高司令部根除了军队，废除了控制警察和地方政府的传统堡垒——内政部(the Home Ministry)，盟军最高司令部保留并强化了其余的"平民官僚机构"。盟军最高司令部认识到，它"缺乏直接有效治理国家的语言和技术官僚能力"。参见 John Dower，*Embracing defeat：Japan in the wake of World War* Ⅱ(New York，1999)，pp. 212－213.

税收和“改弦易辙”(1947—1949)

在美国占领早期的税收政策中,促进经济和社会稳定比推进民主更为重要。但在1947年税制改革之后不久,美国占领日本的总体目标发生了转变,这把美国在日本的税收政策推向更加保守的方向。盟军最高司令部采取了后来被称为“改弦易辙”的做法,在这一过程中,经济复苏的目标变得更为重要。为实现这一目标,哈里·S.杜鲁门(Harry S. Truman)总统政府允许军队、财政和国家的各个部门,在美国商界强大势力的支持下,接管占领政策。在这次事实上的占领重组中,领导机构是国际和金融事务全国咨询委员会(National Advisory Council,NAC)。该委员会由约翰·W.斯奈德(John W. Snyder)担任主席。斯奈德于1946年至1953年期间担任杜鲁门政府的财政部部长。在这一“改弦易辙”过程中,盟军最高司令部很大程度上成为全国咨询委员会和内阁部门的“传送带”。①

早在1947年,美国的财政部就开始改变盟军最高司令部的税收政策方向。② 它的长期目标是要建立强大的日本经济,为建立东亚反共大本营打下基础。在财政部看来,一个充满活力的日本经济,既需要更高的日本储蓄率(和投资率),也需要复兴日本出口工业。③ 最重要的挑战是要控制在1947年加速的通货膨胀。通货膨胀侵蚀了储蓄,提高了日本的出口成本,从而损害了日本经济。在1947—1948财年,日本不断攀升的预算赤字似乎让这两个问题更为严重,而且通货膨胀威胁到日本政府的稳定。第二项挑战是要降低美国纳税人的占领成本。若成本不断上升,就可能会加剧孤立主义者对在亚洲发

---

① 关于“传动带”的隐喻,参见 Theodore Cohen, *Remaking Japan: the American occupation as New Deal* (New York, 1987), p. 426.

② 约翰·道尔写道,直到1949年1月道奇使团来到日本后,“才有了稳定日本经济、促进出口生产的具体、系统的尝试”。道尔选择“系统性”这个形容词是有根据的,但1947年美国财政部的税收政策改变,无疑构成了稳定日本经济的“具体”努力。而且1947年财政部的转变非常重要;事实上,它是制定“系统性”计划的第一步。Dower, *Japan in war and peace: selected essays* (New York, 1993), p. 175.

③ 此时,财政部的核心目标并不包括促进美国在日本的资本投资或刺激美国对日本的出口。在这方面,美国促进日本复苏的政策,似乎已大大偏离了其鼓励德国和更普遍的西欧复苏的方针。

动冷战的强烈反对。对于帮助日本及美国政府控制通货膨胀和稳定政治环境,财政部很有信心。

1947—1948年,通过增加税收收入来平衡预算的巨大努力,促使日本政府努力加强征税能力。1948年1月,盟军最高司令部强有力的经济和科学部(Economic and Scientific Section,ESS)利用美国第八集团军(Eighth Army)的人员,对组成国家税收服务的8个区域局和450个地区税务机关实施了所谓的"现场监督"。在1947—1948财年的剩余时间里,有100多名军官和士兵分头出动,监视税收征收。经济和科学部还与大藏省合作,在国家层面实行大幅增税。1948年初,大藏省和美国占领者就所谓的"交易税"达成一致,即对大多数货币性交易征收1%的税。[①]

1947年,财政部、经济和科学部与盟军最高司令部也得出结论,要在短期内平衡预算并最终建立一个强大的财政收入基础,需进一步加强日本的税收管理,可能还需要对日本的税收结构进行改革。为了实施这一计划,美国财政部把它的国际专家之一——美国国税局(Bureau of Internal Revenue)的L.哈罗德·莫斯(L. Harold Moss),以及"经验丰富的税务技术人员和经济学家"团队,借调给盟军最高司令部。盟军最高司令部在经济和科学部内部创建了一个新部门,即国内收入局(the Internal Revenue Division,IRD),并任命莫斯为其主管。[②]

1948年,莫斯和他的工作人员概述了一项改革方案。莫斯希望在国家层面进行改革,征收个人所得税和公司税,以产生更多的财政收入。莫斯的做法之一,就是从行政上打击那些通过自我评估的申报形式少报收入的人。他认

---

① ESS约有500名员工,并负有监管包括大藏省(MOF)和日本央行在内经济部门的强大职责。盟军最高司令部将这一职责定义为明确立法,包括在国会采取行动之前涉及财政问题的修正案。参见Justin Williams,'Completing Japan's political reorientation,1947—1952:crucial phase of the Allied occupation',*American Historical Review*,73(1968),p. 1457;Major General J. A. Lester,Headquarters Eighth Army,'Surveillance of Japanese tax administration',21 Jan.,1948,Box 7629,file folder:'Organization of tax bureau';Shavell,'Tax reform in occupied Japan',p. 142.

② 杜鲁门总统的财政部部长约翰·W.斯奈德(John W. Snyder)描述莫斯(Moss)是"我在财政部的代表"。参见'Oral history interviews with John W. Snyder',Truman Presidential Library,http://www.trumanlibrary.org/oralhist/snyder36.htm,p. 1415;General Headquarters,Economic and Scientific Section,Internal Revenue Division,'General survey of Japanese taxation',6 May,1949,Box 2144,file folder:'Taxes,Shoup mission 1949'.

为，传统行业（农民和小商人）和现代行业（富有的商人和公司）的许多成员，在这方面都有过错。为了增强方案的说服力，莫斯力图减少日本税收制度中最为激进的部分，从而鼓励自愿遵从。最重要的是，他希望降低最高边际税率。他认为，有必要对个人所得税进行“税率结构的大幅修正”，特别是因为它已经“超出了报酬递减的临界点”。①

在地方层面上，莫斯希望提高地方政府的征税能力。他的政策还具有潜在的重大民主化元素，将促进地方政府独立。盟军最高司令部的其他部门已经迫使地方进行了以民主为名的改革，例如，地方长官的普选和内务省（Home Ministry）的解散。然而，这种分权的推力效果有限，因为它促使中央政府的其他部门做出反应，即通过在日本各地设立前哨站来集中提供公共服务并进而实施反击。因此，尽管盟军最高司令部实施了地方改革方案，但是来自中央的财政控制还是进一步加强，而且文职官僚机构获得了更大的权力。莫斯希望能够成功挑战这一官僚机构，在这方面盟军最高司令部的其他机构都失败了。但是，对于莫斯来说，地方一级的民主化更应是达到目的的一种手段，目的是提高政府的财政能力，而不是目的本身。②

莫斯认为，盟军最高司令部内部现有的官僚机构没有能力推行他所设想的提高财政能力的改革。他尤其担心的是，降低高边际税率的努力可能面临盟军最高司令部内部其他部门的反对。而且他预期，日本政府会强烈反对，特别是对地方层面上的民主化。1948 年春天，莫斯开始组织一个税务专家使团来帮助解决这两项问题。

莫斯有效地控制了使团专家人员的任命，并以各种方式运用他的权力，提出了他所青睐的税收政策建议。对使团领导者的任命是关键。作为战时财政部和国税局有经验的老手，莫斯特别欣赏一位有影响力的经济学家——卡尔·S. 舒普（Carl S. Shoup）的工作，并任命他为“税务使团团长”。

在 20 世纪 30 年代初，舒普参与了许多关于税收政策的重要合作研究，用

---

① Moss to Carl Shoup，5 April，1949，Box 7637，‘9 TR-60 Shoup tax mission’.

② 关于盟军最高司令部在占领初期对地方政府的改革和日本各部门所采取的补偿措施，参见 Jinno，“The ‘Japanese-model’ fiscal system”，pp. 233－234，and DeWit，‘Trench warfare on the tax fields’，pp. 91－96.

历史学家约瑟夫·桑代克的话来说，他已经成为"围绕罗斯福新政（New Deal）中的税收问题而形成的专家政策团体的创始成员"。[①]

舒普作为一名商业税收方面的专家，开启了他的财政部生涯，并对大部分新政税收政策的反垄断取向表示赞同。但他并未支持新政中最具惩罚性的反商业措施——未分配利润税。后来，在第二次世界大战期间，他曾建议不要采用美国在第一次世界大战期间对企业收入征收的那种极端的过分利得税。在日本，舒普很可能会提倡改革公司税，这样更有经济效率。在财政部，舒普也因支持拓宽所得税税基——从而推进黑格—西蒙斯所得税模型——以及降低所得税最高边际税率而闻名。[②]

使团的其他成员主要由舒普负责招募，他们强化了舒普的观点。同事威廉·维克里（William Vickrey），是舒普以前在哥伦比亚大学的一名学生。他对沿着黑格—西蒙斯的路线推动改革有着特别浓厚的兴趣，并思考处于累进级距顶端的边际税率达到多高，就"只会促使纳税人更多利用……漏洞"。[③]加州大学伯克利分校和哥伦比亚大学的法学教授斯坦利·萨里（Stanley Surrey）和威廉·沃伦（William Warren）分别承诺堵住个人所得税的漏洞，强化了黑格—西蒙斯的路线吸引力。1989 年，在回答一位采访者有关他为什么为代表团选择萨里时，舒普回忆起自己对税收优惠的敌对影响了他对同事的选择："我自己的偏见决定了税务使团成员的选择，如果萨里是税收优惠的倡导

---

① 关于新政中的舒普（Shoup），参见 Joseph J. Thorndike，Ⅲ，'The price of civilization: taxation for depression and war，1932－1945'（Ph. D. dissertation，Department of History，University of Virginia，2005），pp. 377－383，500. 除了就国家税收政策向财政部提供咨询外，舒普还对销售税进行了广泛的研究，并参加了古巴财政部关于公共财政的研究。参见 Carl Shoup，*The sales tax in the American states: a study made under the direction of Robert Murray Haig*（New York，1934）；Carl S. Shoup，*The sales tax in France*（New York，1930）；and Roswell Foster Magill，*The Cuban fiscal system: a study made at the request of the secretary of the treasury*（New York，1939）.

② 罗伯特·M. 黑格（Robert M. Haig）将收入定义为"两个时间点之间个人经济实力净增值的货币价值"。亨利·西蒙斯（Henry Simons）使这一定义更加明确，他将所得描述为"（1）消费权利行使的市场价值和（2）所讨论时期的开始和结束之间财产权储存价值变化之和"。参见 Robert M. Haig（ed.），'The general concept of income'，*in the federal income tax*（New York，1921），p. 7，and Henry Simons，*Personal income taxation*（Chicago，1938），p. 50.

③ William Vickrey，*Agenda for progressive taxation*（New York，1947），p. 14. 这本书根据维克里（Vickrey）刚刚发表的论文写成，舒普把它推荐给莫斯。Shoup to Moss，30 Sept.，1949，Box 7637，file folder：'9 TR-60 Shoup tax mission'.

者，我可能不会邀请他加入这个使团。”①

由于承诺推进黑格—西蒙斯所得税模型并降低高边际税率，舒普、维克里和两位法学教授代表了一条改革路线，这条路线强调经济效率和横向公平。不过，该路线在美国既未赢得广泛支持，也未对美国的税收政策产生重大影响。然而，财政部内部的专家早在 20 世纪 20 年代就支持过这一改革路线。②因此，在为舒普使团配备人员的时候，莫斯支持了日本的一项改革方案，该计划更多地基于美国的思想而不是美国的实践。事实上，莫斯是在邀请舒普、维克里、萨里用他们在美国无法实施的模型来改革日本的税收制度。莫斯为他们提供了一个设计累进所得税的机会，而他们认为这将是世界上最具有经济高效和横向公平的所得税。为了强化使团的美国取向，莫斯没有委任日本财政方面的任何一位专家。③

在莫斯慢慢组织舒普使团的几个月时间里，华盛顿内部和盟军最高司令部关于财政政策的讨论发生了急速地转变。在 1948 年的秋天，麦克阿瑟拒绝了由盟军最高司令部或日本政府实行紧缩政策。在日本通货膨胀加剧、杜鲁门和全国咨询委员会希望重振日本出口经济的背景下，麦克阿瑟的固执促使美国财政部和美联储联合起来，进一步增强它们对占领区的影响力。特别是在 1949 年 12 月，它们迫使参谋长联席会议颁布了一项指令，为日本经济复苏

---

① Mark Ramseyer and Carl Shoup，‘Japanese taxation：the Shoup mission in retrospect，an interview’，*The Japan Foundation Newsletter*，16(1989)，pp. 5—6.

② 关于第一次世界大战后财政部对黑格—西蒙斯模型(Haig-Simons)和降低最高边际税率的支持，参见 W. Elliot Brownlee，‘Tax regimes，national crisis，and state-building in America’，In W. Elliot Brownlee(ed.)，*Funding the modern American state*，1941—1995：*the rise and fall of the era of easy finance*(Washington，DC and Cambridge，UK，1996)，pp. 99—101；and M. Susan Murname，‘Selling scientific taxation：the Treasury department’s campaign for tax reform in the 1920s’. *Law & Social Inquiry*：*Journal of the American Bar Foundation*，29(Fall，2004)，pp. 819—856. 关于 20 世纪 30 年代舒普和萨里在财政部的合作，参见 Ramseyer and Shoup，‘Japanese taxation：the Shoup mission in retrospect’，p. 5.

③ 不过，莫斯和舒普曾试图任命日本经济学家到这个团队。东京大学的经济学家都留重人(Tsuru Shigeto)、京都大学的经济学家汐见三郎(Shiomi Saburo)和一桥大学的经济学家伊藤汉雅(Ito Han’ya)显然同意担任这一职务，但是盟军最高司令部只愿意任命他们为使团的“顾问”，而非正式成员。Moss to Shoup，15 January，1949；Moss to Shoup，10 February，1949；Moss to Shoup，5 April，1949；Shoup to Moss，14 April，1949；Moss to Shoup，23 April，1949；and 5 May，1949，Box 7637，file folder：‘9 TR-60 Shoup tax mission’.

制定了"九点计划"。1949 年 2 月,杜鲁门政府在舒普使团之前派遣了一个代表团前往日本,负责执行"九点计划"。在杜鲁门总统的亲自邀请下,代表团由底特律的银行家约瑟夫·道奇(Joseph Dodge)领导。因此,"九点计划"被称为"道奇路线"。①

道奇是一位性格直率、精明强干的银行家,对日本的财政状况有着成熟的看法。1948 年 9 月,他草拟出了道奇路线的执行原则。一方面,他对日本政府在平衡预算方面的承诺持怀疑态度。他认为,"日本的政治、官僚、商业和其他因素合力,正不断努力地降低税率和税收收入"。另一方面,他认为日本的税收政策应该与美国目标相挂钩,尤其是"最终消除对美国援助的需求,并防止通货膨胀卷土重来"。他提出了一套评估日本税收政策的标准:"在提供外国援助的时候,也许我们应该用一个标准来衡量受援助国对我们自己税收的不利方面。如果美国纳税人因提供援助而不得不承担重税的话,那么不该允许外国纳税人缴纳不成比例的低税。"②

1948 年 10 月,由民主自由党(Democratic Liberal Party)保守派领袖吉田茂(Yoshida Shigeru)组建的新日本政府,共享了道奇计划的总目标和方法。日本首相吉田和他的财政大臣池田勇人(Ikeda Hayato)与美国财政部和美联储达成基本共识,即日本的通货膨胀已达到危险的高位,反周期的财政政策是恰当的。因此,池田与莫斯合作,通过执行更严格的所得税计划来努力增加税收收入。③

强有力的执法努力和新的交易税,以及因通货膨胀而使"税级攀升",最终 1948 年全年创造了不断增长的税收收入。但是,税收征收的加速引发了公众对占领区税收的普遍敌意。特别令人不满的是大藏省的做法。在第八军"现场监督"的支持下,大藏省为每一地方税务局都设定了所得税收入目标。这些

---

① 美国财政部部长斯奈德回忆说,继麦克阿瑟将军(General MacArthur)"曾让他的许多参谋试图从事……货币和教育业务,而且没有取得很大成功"之后,由他出面干涉,将约瑟夫·道奇派往日本。斯奈德解释说:"我们甚至明确表示,道奇先生可以直接向华盛顿汇报他的计划。" 'Oral history interviews with John W. Snyder', Truman Presidential Library, pp. 1405—1406.

② 'Tentative preliminary comments on C-51322 by Ambassador Joseph W. Dodge', Box 8355, file folder: 'Joseph M. Dodge'.

③ 打印稿, 'Taxation investigating committee appointed to study improvements in system', Box 7637, '9 TR-60 Shoup tax mission'.

办公室的许多负责人对纳税人进行任意评估，并尽可能地向他们征税。这种任性的做法并无新鲜之处，但战后的高税率引起了人们的抵制，尤其是那些习惯逃避自我评估所得税的纳税人。当吉田在1月份召集大选时，包括共产党在内的反对派政治家，就高税收和日本纳税人不得不承担的占领成本提出了主要的质疑。作为回应，自由党承诺废除交易税，并降低所得税。在1月24日的选举中，共产党在国会(the Diet)中获得了大量的席位，但是吉田和自由党的反税主张(message)仍帮助自己赢得了决定性的胜利。①

然而，这场胜利给吉田和池田带来了一个政治问题。一方面，他们认为必须履行自己的竞选承诺，减少税收；另一方面，他们明白道奇会对减税采取强硬立场。池田和道奇之间的严重冲突已经拉开了帷幕，尽管他们一致认为，通货膨胀需要凯恩斯主义的反周期药物。

道奇使团2月抵达东京，很快道奇和池田就因减税问题而争吵不休。一方面，道奇认为平衡预算不仅需要削减开支，还需要增加税收收入，这可以通过改进征收来实现；另一方面，池田提议废除交易税，增加所得税免税额，经过无数次的会议协商后，却一事无成。然而，在3月，道奇似乎认定保守的池田政府确实陷入了政治困境，而且税收已经过高。于是，道奇软化了他的路线。在幕后，他和莫斯决定，愿意支持一些所得税减税政策以换取池田政府削减支出，但是他们不愿意接受任何可能让人觉得他们已经屈服于日本政府的减税计划。道奇向池田提议，让舒普使团提议减税，然后再追溯实施。池田接受了这一妥协方案。池田和道奇的关键都在于宣传。对舒普使团的高调宣传，给日本公众留下了即将减税的印象，也让池田和大藏省摆脱了没有立即减税的困境。而且，这一宣传使得对同意减税负责的看起来似乎是舒普使团，而不是盟军最高司令部。②

在达成妥协的过程中，池田认为，使团的目的是建议减税，并就加强税收管理提供建议，而不是提议进行根本性的税制改革。池田后来回忆道："我并

① Bronfenbrenner and Kogiku, 'The aftermath of the Shoup tax reforms, Part Ⅰ', pp. 237－238.

② 关于与池田(Ikeda)的妥协，参见 Joseph M. Dodge, 'Summary of meeting with Finance Minister lkeda from 1415 to 1530, 28 March', March 28, 1949, Box 5976, File folder: 'Dodge mission-Jan.-May 1949 meetings with Fin Min Ikeda'.

没有特别的打算，让舒普给我提供日本税收制度的理论建议。"若有人暗示说日本政府及其专家需要得到有关财政最佳实践的指导，将会让他感到羞辱。"我们的税收制度是基于对各种欧洲制度相当细致的研究而建立的"，池田观察到，"它的理论基础已经很完善，因此制度本身并不特别需要寻求外国人的指导。"池田对日本政策制定者关注了欧洲经验的表述是正确的。在明治维新后不久，他们就开始这么做了。在起草并于1887年通过的日本第一部所得税法时，财政大臣松方正仁(Matsukata Masayoshi)和其他政府成员同时研究了英国和普鲁士的所得税。例如，在1884年的立法草案中，松方在收入分类和源泉征收的规定方面密切关注了英国的税收制度；但到1887年，他却放弃了源泉征收，转而采用普鲁士一次总付的办法。最后，在1940年起草个人和企业所得税改革时，大藏省借鉴了美国、德国、英国和法国的观点。经济学家盐见三郎(Shiomi Saburo)写道，这样做的目的"是采用其他国家的所有先进制度"。①

池田的减税运动与舒普使团之间的联系，形成了池田对使团大事记的解读。他回忆说，"让舒普来到日本"的决议并不是在1948年的秋天，而是"大概在那年2月份我与道奇的减税谈判失败的时候"。② 池田并没有提及税收改革。相应且一致地，美国财政部部长施耐德(Snyder)也回忆道，他派遣舒普使团前往日本，以"支援"道奇实施他的紧缩计划。③

---

① 池田(Ikeda)的引证，由吉田茂报道 *in Kaiso Junen*[‘Ten Years of Memoirs’](Tokyo，1957—1958)，pp. 231—232，以及杰森·C. 詹姆斯(Jason C. James)翻译的‘Japanese tax policy in the wake of the Shoup mission’(Dissertation for Part Two of the tripos in Oriental Studies：Japanese Studies at Cambridge University，1987)，p. 19，in Oriental Studies Faculty Library，University of Cambridge. 舒普后来注意到池田在舒普使团的声明，‘The tax mission to Japan，1949—1950’，in Malcolm Gillis(ed.)，*Tax reform in developing countries*(Durham and London，1989)，p. 220，and Shoup，‘Melding architecture and engineering：a personal retrospective on designing tax systems’，in Lorraine Eden(ed.)，*Retrospectives on public finance*(Durham and London，1991). p. 23. 关于其他国家经验对日本建立个人所得税的影响，参见 Kotaro Ikeda，‘The establishment of the income tax in Japan(a historical and sociological study)’，*Public Finance*，12(1957)，pp. 161—165，and Shiomi，*Japan's finance and taxation*，1940—1956，pp. 114—130. The Shiomi quotation is from p. 27.

② 吉田茂引用池田的话，Jason C. James，‘Japanese tax policy in the wake of the Shoup mission’，p. 19.

③ ‘Oral history interviews with John W. Snyder’，Truman Presidential Library. pp. 1405 and 1927.

宣布舒普使团公开露面的一则新闻稿发布 3 天后，莫斯对舒普爆料说，“您的团队将陷入旧金山最热门的政治议题：税收”。莫斯解释了道奇代表团的历史，强调日本政府对减税计划的强硬坚持导致了道奇的决定——为舒普使团宣传。“您登上了日本全国各地媒体的头条”，莫斯写道，“数百万人期待着舒普博士和他的使团来解决日本的所有税收问题。”[①]实际上，莫斯告诉舒普，他的使团将不仅为盟军最高司令部和日本政府提供技术建议，也参与关于税收的公共争论。这一争论是 1947 年和 1948 年期间大幅增税、1949 年 1 月选举以及道奇和池田决定鼓吹承诺舒普使团的结果。

在舒普使团到来之前，道奇认为池田在追求开支削减方面不够积极。他在潜在的减税问题上立场强硬，而这进一步加大了对使团的压力。道奇开始担心，除非“预先警告和小心”，日本的政界人士可能会说服使团成员去实施过多的短期减税。因此，在预期来自大藏省和公众舆论的压力下，他努力加强使团的决心。他写道，对“已经在这里完成的工作”，使团“需要给予彻底的教导”。[②]

一夜之间，舒普使团已经成为一个政治焦点。日本政府和美国占领区官员都对使团寄予了很高的期望，但双方有不同的优先顺序。前者强调大幅减税的目标，后者以约瑟夫·道奇为代表，强调削减支出和抗击通胀，而哈罗德·莫斯和国内收入局期待进行所得税改革和对政府间财政进行根本性的重组。所有这一切，进一步加大了舒普使团的压力。

舒普建议书

虽然莫斯正确地预见到舒普使团建议书的一般性质，但是他和其他任何人都没有充分考虑到舒普使团的能量和雄心。在经历了 3 个月的紧张工作后，8 月舒普和他的同事们完成了一份非常详尽和极其复杂的提案。这一提案不仅提议减税，而且是对日本税收制度的彻底重建。

---

① Moss to Shoup，5 April，1949，Box 7637，file folder：'9 TR-60 Shoup tax mission'.

② 无线电报'For West from Dodge'，19 April，1949，Box 5976，file folder：'Dodge mission-Jan.-May 1949 reference folder'.

舒普提倡的改革核心，是努力在日本的税收体系中更强调横向公平——正如舒普在20年后所定义的那样，“平等对待那些处境相同的人”。[①] 舒普认为，这样的税收将有助于实现美国人提出的增加收入流的关键目标。舒普和他的同事们认识到，沿着黑格—西蒙斯路线征收所得税，会与日本人倾向于使用所得税来创造投资激励的做法相冲突。因此，在整个舒普报告中，它的作者们强调，一项黑格—西蒙斯模式的所得税会提升经济效率。1989年，舒普强调该使团曾避免为刺激经济增长提出具体建议。“我们怎么知道”，舒普问道，“什么样的经济增长才是合意的？”他解释说，既然“我们不知道应该优先进行哪种经济活动”，该使团就转而寻求一种“经济中性”的税收制度。该使团对日本“市场”和生产能力有信心，并“希望谨慎地避免税收制度妨碍经济的自发复苏”。[②]

关于个人所得税，舒普和他的同事们专注于以下几点：(1)通过扩大税基促进横向公平；(2)降低个人所得税的边际税率，包括将最高税率从85%降到55%。为了鼓励小企业遵从个人所得税制度，舒普建议只允许那些保持良好记录的未公司化的非农企业（unincorporated non-farm business）申报人进行折旧扣除。这样的申请人将提交特别申报表（“蓝色申报表”系统），并且只有在他们的账本经审查后才会被重新估征（reassessed）。使团还建议征收两项新的国家税收：(1)资产净值税（net worth tax），以部分抵消降低税率的累退效应；(2)财产增益税（accessions tax），它将取代所有的遗产和赠与税，而对受益人一生所收到的礼物或遗产总额征税。在公司税领域，使团提议了各种各样的改变。最为重要的，也许是考虑到战时和战后通货膨胀的资产重估，建议允许企业建立减值准备金，并避免缴纳巨额的资本利得税。此外，使团还建议：(1)将企业所得税的正常税率降至35%；(2)采取一些适度措施，将个人所得税和公司所得税综合起来（包括减少个人所得税项下的股息税）；(3)采用适度的未分配利润税，以激励股利支付。此外，该代表团还提议废除过分利得税

① Shoup, *Public finance* (New York, 1969), p. 23.

② Ramseyer and Shoup, ‘Japanese taxation: the Shoup mission in retrospect: an interview’, pp. 2—3.

(excess profits taxation)和不得人心的交易税。[①]

舒普使团曾推荐了大量的减税措施,但它们的规模和时机远不如吉田政府在大选和1949—1950财年预算中所提议的那样激进。舒普屈服于来自道奇的公开压力,并就道奇对预算"过度平衡"(削减债务并平衡)的要求提供了无条件支持。即使舒普,也许还有使团的其他成员,就个人而言都认为道奇路线过于苛刻。[②] 在报告中,舒普甚至进一步强化了约瑟夫·道奇的主张。而这一主张在池田看来,是在他们的争论中最不引人注目也最令人恼火的问题,这就是所谓的日本税收负担相对较轻的说法。舒普和他的同事们明白,比较各国间税收负担计量方法有局限性。尽管如此,他们仍然强调,1949—1950年度日本所有税收与净国民生产总值的比率可能不超过20%,相比之下,"1948年美国这一比例是24%,英国是38%"。舒普报告得出的结论是,这些数据中,没有证据表明"日本的税收总额异乎寻常得高"。[③]

在舒普的财政改革建议中,最具野心的是那些呼吁在地方层面重组财政的提案。舒普建议创建一个地方财政委员会。该委员会将拥有相当大的权力:(1)确定中央政府的拨款;(2)将紧急征税权力扩展到地方;(3)调整各地方的财产税税率。舒普还建议改革地方税。按照舒普的规划,所有地方都要摆脱对中央政府资金的依赖,并发展它们自己的收入来源。都道府县将主要依靠现有的地方营业收入税,而这种被称为"企业税"的税种,将被转化为增值税。[④]

舒普在向麦克阿瑟概述这一计划时声称,他并没有试图把日本变成一个社会实验室来测试新的财政工具。"在我们的建议中",舒普告诉麦克阿瑟,"我们试图坚持我到达后第二天在您办公室会面时所表达的原则——最少实

---

① *Report on Japanese taxation by the Shoup mission*(Tokyo:Supreme Commander for the Allied Powers,1949),vol. Ⅰ,pp. 51—55,83,105—112;vol. Ⅱ,pp. 123—131,165—167,224.

② 7月,就在使团起草最终建议时,道奇坚决反对舒普提出的一项初步建议,即提供大约1 000亿日元的额外税收减免。道奇提醒舒普,他认为修正日本税收政策的根本目的"应直接有助于发展实现美国目标的手段,包括最终消除对美国援助的需要和防止通货膨胀卷土重来"。参见'Tentative preliminary comments on 盟军最高司令部 C-51322 by Ambassador Joseph W. Dodge',Box 8355,file folder:"Joseph M. Dodge,Teleconference transcript,'Taxation in Japan —Ref. Cable 51322'",July 1949,Box 8355,file folder:'Shoup tax mission'.

③ 参见 *Report on Japanese taxation by the Shoup mission*,vol. Ⅰ,pp. 4—8.

④ Shoup to 盟军最高司令部,12 Aug.,1949,enclosed in Radiogram,盟军最高司令部 to Vorhees,'Taxation progress report',Aug. 12,1949,Box 6369,file folder:unmarked.

验，没有‘小白鼠’的方法。”然而，舒普承认：“据我们所知，增值税并没有以这种形式在其他地方使用。”[①]1989 年，舒普说，提议征收增值税没有违背使团对麦克阿瑟的承诺，但是“我们认为，也许一件新事物没什么问题”。[②]

在他对麦克阿瑟的汇报以及在 1989 年的回忆录中，舒普忽略了他和他的同事们近乎实验性地推荐其他新税的事实。只有波多黎各采纳了一项财产增益税方案。美国已经放弃了未分配利润税的实验，而且从未采用过一种净值税。也许最重要的是，包括美国在内，没有一个现代国家明确而全面地接受了黑格—西蒙斯的所得税概念。[③]

舒普和他的同事们相信，凭他们的智慧对财政的理解足以让自己的有关创新税收的建议超过风险实验的水平。因此，他们认为自己的工作是谨慎的改革，而不是大胆的实验。完成报告后，舒普在给陆军部的信中写道，“我们已经尽力在不做过度实验和不拘泥于过去之间保持审慎的平衡。”他解释说：“我们建议日本实行一套既可靠又现代的税收制度。”但是，舒普和他的同事们认为，如果日本政府采纳了整个改革方案，其结果将不仅仅是“现代化”，它将是独一无二的，而且在他们看来，是独特、精湛的。舒普宣称：“我们相信，在五到十年的时间里，日本人民应该有机会宣布他们拥有世界上最好的税收制度”——换言之，甚至比美国的税收制度更好。“我们已经根据这个目标制定了我们的建议”，舒普继续说道，“剩下的将由他们自己（日本人民）决定”。来自美国的专家传教士们相信，他们向日本提供了拯救财政的手段。[④]

舒普措辞谨慎。他和他的同事们在准备改革方案时，考虑的是日本人民而不是日本政府。舒普一定很清楚吉田政府将会有怎样的反应。他必须明白，新税种——资产净值税、财产增益税、未分配利得税和增值税——肯定会引起吉田和池田的反对。他还必须明白，创建地方财政委员将会对大藏省的权力的关键要素之一构成直接威胁。事实上，当舒普与大藏省大臣池田会面，

---

① 无线电报，盟军最高司令部 to Vorhees，‘Taxation progress report’，12 Aug.，1949，Box 6369，unmarked file folder. 关于吉利斯(Gillis)的引证，参见 Malcolm Gillis，‘Legacies from the Shoup tax missions：Asia，Africa，and Latin America’，in Eden，*Retrospectives on public finance*，p. 32.

② Ramseyer and Shoup，‘Japanese taxation：the Shoup mission in retrospect’，p. 4.

③ 1989 年，舒普将净资产税和未分配利润税称为“小创新”。出处同上，第 4 页。

④ ‘To West from Shoup’，24 Aug.，1949，Box 6836，file folder：‘Taxation’.

讨论他的初步报告时，池田提出了一连串关于地方财政委员会的难题。舒普不得不向经济和科学部的负责人威廉·马奎特(William Marquat)将军承认，“这些都是真正的问题，我们的使团并没有详细解决”。不过，他明确表示了对池田立场的不满：“我担心老调重弹——国家政府的影响力渗透到每一个主要是为了维护地方利益而设立的组织。”①

在向陆军部预先汇报了他的结果两天后，舒普就公开了这些结果。他在新闻发布会上发表了一篇长篇演讲，并发表了一篇 3 000 字的研究成果摘要，公开征求民众的意见。舒普说，他希望“通过这篇报告的发表，能够在新闻媒体、国家和地方税务机关、商界、妇女组织以及大学和中学中，对日本税收制度进行一次明智的讨论”。② 这相当于是精心策划的针对吉田政府的挑战。在吉田政府尚未正式收到舒普报告时，莫斯和舒普就已经得出结论，只有广泛的民主压力才能使报告获得通过，于是决定直接呼吁民众支持。③ 也许从一开始，当道奇把使团的工作公之于众时，莫斯和舒普就已经明确，吉田政府不太可能认真考虑拟议中的改革。完全有可能的是，莫斯和舒普估计占领将会持续很长一段时间，即舒普在其挑战中向日本人民提及的“五年或十年”。舒普和莫斯可能认为，“五到十年”的时间足够让一届政府上台执政，这个政府至少会比吉田更加赞同使团的提议。例如，一个社会主义政府更有可能支持舒普提出的地方改革建议。④

---

① Shoup to General Marquat, 27 Aug., 1949, Box 5980, file folder: ‘Shoup tax report—1949’.

② ‘CIE press conference on summary of recommendations of tax mission, 1 000 hours, 26 August, 1949’, Box 5386, file folder: ‘Shoup tax mission’.

③ 就在舒普召开新闻发布会的当天，莫斯告诉马奎特将军(General Marquat)，他建议将舒普的报告“公开进行自由讨论和争论”。Howard Moss, ‘Analysis of Shoup tax mission final report’, 26 Aug., 1949, Box 5980, file folder: ‘Shoup tax report—1949’.

④ 马丁·布朗芬布伦纳(Martin Bronfenbrenner)声称，1955 年 5 月，舒普告诉马丁，他“期待一个新政府，与吉田内阁(Yoshida Cabinet)相比，这个新政府可能会将吉田首相听取美国建议的意愿与对财政公平的更多赞同结合起来”，参见 Bronfenbrenner and Kogiku, The aftermath of the Shoup tax reforms, Part Ⅱ’, p. 346. 至少，都留重人(Tsuru Shigeto)作为舒普使团的日本顾问之一，可能强化了舒普的政治判断。1947 年至 1948 年，都留在片山哲(Katayama Tetsu)的社会主义政府担任顾问，而且明显支持舒普对于地方政府改革的建议。参见 Shigeto Tsuru, *Japan's capitalism: creative defeat and beyond* (Cambridge, 1993), pp. 16—18, 53—54. 此外，1949 年有迹象表明，特别是在地县一级，社会党正在从 1 月份的失败中东山再起。参见 Robert A. Fearey, *The occupation of Japan, second phase*: 1948—1950 (New York, 1950), p. 111.

执行舒普报告

对执行舒普报告的问题,在盟军最高司令部将报告正式转交给日本政府之前就已经开始了。使团宣布:"所有的主要建议和许多次要建议都是相互关联的。"舒普和他的同事们警告说,"如果任何一项主要建议被淘汰,那么其他一些建议的价值就会降低,甚至变成有害的。"他们宣称将"不对仅采纳我们部分建议的结果负责任"。[①] 尽管如此,甚至在国内收入局、经济和科学部等其他部门,对一些最具创新性的舒普建议——增值税、资产净值税、财产增益税和一些扩大税基的措施,也都提出了强烈的反对意见。占领区内的批评人士发现,这些未经尝试的措施在其收入潜力方面不太确定,而且超出了日本政府的行政管理能力。[②]

鉴于盟军最高司令部内部存在分歧,麦克阿瑟正式要求日本政府只遵循"舒普博士建议中提出的广泛原则和目标"。[③] 然而,盟军最高司令部非正式地向吉田政府施压,要求它对该方案的大部分内容采取行动,并在地方财政和税收执法方面迅速采取行动。莫斯在 9 月告诉马奎特说,"除非对日本政府施加实质性压力",否则日本政府不会"大力"地实施地方财政改革和税收执法改革的建议。[④]

莫斯进一步对吉田政府施压。就像舒普在 8 月底所做的那样,莫斯在政府中四处奔走,直接向日本人民呼吁。8 月,莫斯秘密组织了这份报告的日文

---

① *Report on Japanese taxation by the Shoup mission*, vol. Ⅰ, p. ii.

② 批评人士包括税务局副局长亨利·沙威尔(Henry Shavell),他反对征收增值税和财产增益税。他对后者的批评表明,他与威廉·维克瑞(William Vickrey)之间存在着摩擦;沙威尔报告说,财产增益税是维克瑞的主意,而作为波多黎各的顾问,维克瑞将它强加给了这个国家。参见 Shavell to File, 'Exceptions to the Shoup report-accessions tax, Oct. 9, 1949', Box 7637, file folder: '9 TR-60 Shoup tax mission'; Henry Shavell, 'Value added tax', 3 Dec., 1949, Box 7637, file folder: '10 PE-80 Shoup report and recommendations'.

③ MacArthur to the Prime Minister, 15 Sept., 1949, Box 7637, file folder: '9 TR-60 Shoup tax mission'. 1989 年,舒普错误地回忆麦克阿瑟将军"完全接受报告,并向首相建议,作为一揽子计划,不做任何改变地接受和执行报告"。参见 Shoup, 'The tax mission to Japan, 1949—1950', p. 179.

④ Moss to General Marquat, 'Formal release of the Shoup tax report', 10 Sept., 1949, Box 5980, file folder: 'Shoup mission[1949—1950]'.

翻译工作。在盟军最高司令部将这份报告递交给吉田的同时，莫斯广泛地分发了这份报告的日文副本。他还将 50 000 册长达 160 页的日文摘要寄送给所有地区的税收管理机构和办公室。这引发了一场持续 1 年的宣传运动。到这场运动结束时，盟军最高司令部和财务省已经创作了 2 部电影、3 部电影预告片、344 则电台广播和 433 份报纸广告。① 莫斯明确地以第二次世界大战期间美国国内税务局和其他联邦机构在美国境内发起的"缴税运动(pay-your-taxes)"为模版，开展了这场宣传运动。②

9 月 16 日，日本首相吉田在信中写道，他已经收到了这份报告，并认为它"必将标志着日本财政政策的一个新时代"。他解释说："我充分认识到，这些建议不能被折衷地接受。如果要像舒普博士设想的那样，作为合理、公平税收制度的基础，就应该把它们作为一个整体来考虑。"他接着承诺："正是基于这一事实，我的政府将研究这份报告，并制订一个税收计划，提交给即将开始的议会。"③

这种反应并没有使莫斯消除疑虑。他认为，池田和吉田都采取了积极的态度，只是为了增加他们与道奇就减税讨价还价的筹码。他担心池田和吉田会成功地将减税问题与包括大幅增税在内的税收改革问题区分开来。他们将制定减税政策，但逃避税收改革。莫斯相信，他们计划"即使不同意基本的哲理，要让它停滞不前，也要在书中加入大量推荐的言辞。"④

吉田的公开声明确实包含了很多模棱两可的成分。事实上，他并没有明确赞同该报告。他的政府仍然专注于大幅减税的需求，而且他们相信需要实施比舒普建议更大幅度的减税。但是池田则强烈反对舒普提议的其他内容，

① 关于莫斯在这一宣传活动中所起的关键领导作用，参见 Stanley S. Surrey to Moss，17 Oct.，1949，Box 7637，file folder：'9 TR-60 Shoup tax mission'；以及日本政府的税务管理机构，'Table of information activities concerning Shoup recommendation'，Box 7631，file folder：'Shoup recommendations'.

② 关于二次世界大战模型，参见 Carolyn C. Jones，'Mass-based income taxation：creating a taxpaying culture，1940—1952'，in Brownlee(ed.)，*Funding the modern American state*，1941—1945，pp. 107—147.

③ Yoshida Shigeru to MacArthur，16 Sept.，1949，Box 7637，file folder：'9 TR-60 Shoup tax mission'.

④ 这是布朗芬布伦纳对莫斯处境的描述。参见 Bronfenbrenner to Shoup，22 Oct.，1949，Box 7631，file folder：'9 TR-60 Shoup tax mission'.

尤其是那些寻求地方改革的提议。

在议会内部考虑舒普的建议时，池田避免把它们“作为一个整体”来考虑，正如莫斯担心他会做的那样。池田将舒普计划分解为单独的立法提案，然后就它们展开争论，从而有效地动员了反对具体增税建议的力量，并且指责盟军最高司令部采取了不受欢迎的措施。鉴于盟军最高司令部的官僚机构内部对舒普的建议持保留意见，莫斯对此无能为力；盟军最高司令部不愿坚持全面立法。事实上，美国人对舒普提出的增税计划持保留态度，因为从6月份开始，通货紧缩和失业率上升在很大程度上是走道奇路线的结果。道奇路线的普遍不受欢迎，逐渐转变成公众对舒普的报告的敌意。他呼吁日本公众的策略事与愿违。①

约瑟夫·道奇也鼓励采取这种零敲碎打的方式。1949年11月，他回到东京，协商本财政年度的补充预算和下一财政年度的新预算。与当年早些时候相比，他更愿意与池田合作。与通货膨胀相比，道奇更喜欢通货紧缩，而且他看得出来，池田正在努力削减开支。此外，尽管出现了通货紧缩，但征税依然强劲。道奇决定不坚持在税收改革上让步。他和池田很快就削减个人所得税和废除交易税达成一致，并宣布他们的减税计划将“遵循舒普建议书”。这一结果对池田来说是有利的。与舒普的建议相比，减税幅度更大，时间也更快，而且池田也不必为同意进行实质性改革而付出代价。②

道奇和池田之间第二轮主要谈判的结果再次表明，经济稳定的目标在“改弦易辙”过程中主导着美国的占领区。当证明基本未经改革的税收体系能够产生充足的收入时，美国人对促进横向公平和地方政府财政活力的兴趣就减弱了。尽管哈罗德·莫斯、国内收入局和盟军最高司令部一直在敦促进行税收改革，但约瑟夫·道奇和杜鲁门政府的态度都有所缓和。

---

① 关于道奇路线(Dodge line)的通货紧缩效应，参见津波(Tsuru)，《日本资本主义》，第54—55页。

② Moss to Dodge, ‘The progress report’, 31 Oct., 1949, Box 7637, file folder: ‘11 RF-Ⅱ Dodge reports’; Bronfenbrenner to Shoup, 22 Oct., 1949; Moss to Jerome B. Cohen, 18 Nov., 1949, Box 7631, ‘9 TR-60 Shoup tax mission’. 有关道奇和池田之间更为和谐的会议，请参阅道奇保存的各种会议记录，Box 5977, file folder: ‘Dodge mission Nov. —Dec., 1949 meetings’. 也参见‘State of the national economy speech by finance minister on the occasion of the introduction of the 1949—1959 supplemental budget, Nov. 15, 1949’. Box 5977, file folder: ‘Dodge Mission-November-December 1949 memoranda’.

道奇一回国，莫斯、国内收入局和盟军最高司令部就游说日本政府采纳舒普的建议的许多改革措施。最终，议会同意将舒普建议中关于国家层面的大多数改革写入法案。但是事实证明，在地方财政改革方面，与池田的谈判尤为困难，特别是因为先前颁布的舒普减税法案削弱了盟军最高司令部的议价能力。吉田和池田认为，舒普提出的地方改革建议直接威胁到中央政府的权力，尤其是大藏省的权力。他们让莫斯和税务局国内收入局陷入关于税率、税收限制、税收分享、均等化拨款和税收权力再分配等复杂问题讨论的困境中。事情变得如此混乱，以至于莫斯敦促舒普使团返回进行再次协商。1949 年 12 月，莫斯向舒普抱怨"我们在地方税收领域正在遭遇困难"。他解释说："日本提出的地方税收法案含糊不清，在许多方面似乎都与你们的报告和我们几周前与他们达成的作为起草法律应遵循原则的谅解完全不一致。"①

到了 3 月，莫斯对任何进展都感到绝望，并安排麦克阿瑟向吉田政府施压，要求其在地方改革方面采取行动。麦克阿瑟在给吉田的信中写道，"我确信日本的民主政府必须在一套健全的地方行政管理计划以及一套可接受的财政制度指引下，从管理数以千计的地方社区发展为满足公众需求的政府。"②

尽管如此，有关地方财政的谈判仍在拖延。事实证明，池田善于利用占领军当局内部的意见分歧。5 月，他甚至前往华盛顿特区，直接就地方财政问题游说美国财政部。③ 终于，在 7 月，议会似乎屈服了，采纳了舒普的地方财政改革提案，包括成立地方财政委员会。然而，正如约翰·道尔（John Dower）所写的那样，国会只是"部分地、折衷地"这么做。正如约翰·道尔所言，在立法生效后，吉田"通过最基本的反对策略——不任命足够的人员使其可行，就有效地扼杀了地方财政委员会"。④

而且，虽然议会将增值税写入了法案，但将其生效日期一直推延至 1954

① Moss to Shoup，15 Dec.，1949，Box 7637，file folder：'9 TR-60 Shoup tax mission'.

② MacArthur to the Prime Minister，21 March，1950，Box 2144，file folder：'Equalization grant'. Bronfenbrenner to Carl Shoup，27 March，1950，Box 8377，file folder：'Memorandum for Shoup'.

③ 回到日本后，池田避开了 ESS 和 IRD，直接向吉田和麦克阿瑟提交了修改后的税收建议书。Shavell to Shoup，29 May，1950，Box 7507，file folder：'Memorandum for Shoup'.

④ 参见 Dower，*Empire and aftermath*，p. 361. 道尔对舒普计划就这方面提出意见，这是对占领期间地方自治问题的精彩讨论的一部分。具体参见 pp. 356－361. The most thorough discussion of the Shoup programme and public finance is DeWit，'Trench warfare on the tax fields'，especially pp. 96－109.

年，并在1954年正式废除了增值税。[①] 在1950年夏天，第二任舒普使团访问日本长达两个月，并发表了后续报告。[②] 但是它对地方财政委员会的设计，或地方改革领域的任何其他重大问题几乎没有影响。朝鲜战争于6月开始。从那时起，美国人毫不动摇地支持吉田政府，而且占领和盟军最高司令部的提前结束似乎已成定局。

军事占领结束后，日本逐步取消了国家层面的舒普改革。1953年，日本废除了资产净值税，并取消了财产增益税；1954年，日本也取消了未分配利润税。最重要的是，日本政府恢复了在第二次世界大战期间大力采用所得税刺激经济的做法。政府恢复对个人所得按照一览表征税，并且填补了所得税的漏洞。例如，1953年，议会恢复了舒普前的政策，将50%的资本利得排除在征税范围之外，而且在1955年，议会对银行利息予以免税。其他激励措施的例子，包括对某些工业设备加速折旧、对出口所获收入的减税，以及对出口贸易损失准备金给予免税待遇。在日本政府看来，对投资的特殊激励是可取的。因为一般来说，税基广泛的累进所得税更有利于消费而不是储蓄，这是不明智的，而且在某些情况下，市场无法识别战略增长机会。

军事占领结束后的1年内，日本政府取消了舒普报告中关于基本财政改革的大部分建议。这场反改革运动几乎没有引起美国方面的反对，美国越来越重视与日本和吉田政府的反共伙伴关系。[③]

---

① 美国人到准采用增值税的时候就已经放弃了。尽管如此，舒普向麦克阿瑟指出，法国早在1950年就采用了增值税。1950年5月，舒普得出应该推迟实施增值税的结论，这或许与亨利·沙维尔(Henry Shavell)的观点一致："如果不推迟，我担心这项税收会被日本管理者无情地破坏。"然而，在1950年，舒普并没有为增值税建议道歉；6月，他向麦克阿瑟将军指出，法国刚刚采用了增值税。然而，在1989年，舒普认为，提议征收增值税"为时过早"。他还说，资产净值税"管理困难""我不确定如果我们有更多的时间考虑的话，我们是否会推荐它"。他的结论是：未分配利得税"或许……不值得大惊小怪"。Shavell to Shoup, 29 May, 1950, Box 7507, file folder: 'Memorandum for Shoup'; Shoup to MacArthur, 2 June, 1950, Box 5980, file folder: 'Shoup tax report-1949'; Ramseyer and Shoup, 'Japanese taxation: the Shoup mission in retrospect', pp. 3—4.

② 参见舒普使团关于日本税收的第二份报告(Tokyo, Supreme Commander for the Allied Powers, 1950)。这一后续报告于1950年9月20日送交日本政府。W. F. Marquat to the Japanese government, 'Shoup mission report on Japanese taxation', 20 Sept., 1950, Box 7631, file folder: 'Shoup projects'.

③ 关于舒普建议书立法实施的卓越计分卡，参见Bronfenbrenner and Kogiku, 'The aftermath of the Shoup tax reforms', Part I, pp. 245—254. See also Tsuru, *Japan's capitalism*, pp. 104—106.

舒普遗产和税收思想的传播

在军事占领日本的第二阶段，或称"改弦易辙"的过程中，一项主要通过舒普使团来传播税收思想的努力，在美国旨在加强日本作为冷战盟友地位的计划中占有重要地位。然而，这种努力在影响日本制定税收政策方面收效甚微。事实上，美国占领的净效应是强化了日本政府在第二次世界大战期间建立的税收制度。[①] 而且这种强化效应可能是长期的；1940 年建立的"中央集权—分权"(centralized—deconcentrated)财政制度至今仍基本有效。[②]

舒普使团的历史证明，将税收理念强加给像日本这样强大、有韧性的社会，尤其是通过自上而下的重建，存在着固有的困难。这些社会通常具有有效、灵活的财政机制来帮助维持社会稳定，而且不愿对其进行重大改革，特别是它们的税收制度。像日本在 1940 年建立的税收制度，已经被证明具有充分的灵活性，足以应付国家的紧急情况。

可以肯定的是，日本政府在军事占领结束后仍然实施了一些舒普改革措施。但这些或多或少的永久性改革，只是那些强化了政府现有倾向的改革。事实上，如果没有舒普使团，日本政府很可能也会以某种方式采纳它们。这些改革包括增强中央政府的所得税管理、考虑通货膨胀的资产重估、"蓝色申报表"系统、增加股息扣除，以及一系列的减税措施，包括废除交易税、降低个人

---

① 最近，研究日本税收史的学生越来越支持这一立场。例如，在 1991 年，明纳中里(Minoru Nakazato)写道："到 20 世纪 50 年代中期，日本的税收体系与报告的建议几乎没有相似之处"，而且"基于舒普报告的税收体系是短暂的"。1993 年，神乃总结道："舒普报告……主要支持战争时期形成的税收制度。"因此，学者们或多或少同意布朗芬布伦纳和小菊(Bronfenbrenner and Kogiku)的观点。他们在 1957 年写道，舒普使团"被证明只是有限和部分成功"。参见 Minoru Nakazato，'The Shoup report and Japanese development'，in Eden(ed.)，*Retrospectives on public finance*，pp. 57，64；Jinno，"The 'Japanese-model' fiscal system"，p. 234；and Bronfenbrenner and Kogiku，'The aftermath of the Shoup tax reforms，Part I'，p. 237.

② 至于为什么会这样提出建议，参见 Jinno，"The 'Japanese-model' fiscal system"，especially pp. 235—236，and DeWit，'Caught over a pork—barrel：decentralizing Japan's 1940 fiscal regime'. 神乃在其 *Shisutemu Kaikaku no Seijikeizaigaku*[The political economy of structural reforms](Tokyo，1998)一书中也提到了这一问题。不幸的是，这本书没有英文版本，但是安德鲁·德威特(Andrew DeWit)用英文撰写了一篇广泛的评论，参见 Andrew DeWit，'Book review'，*Tax Notes International*，31 Jan.，2000，pp. 533—536.

和企业所得的高边际税率，以及废除过分利得税。

从对日本税收产生更大影响的意义上讲，盟军最高司令部的更好策略是否会带来更加有效的税收思想传播？一方面，盟军最高司令部本可以用更有外交手腕的方式推进舒普改革，尽量避免那些激怒吉田政府的自视高人一等的做法。例如，盟军最高司令部本来可以将日本经济学家提拔为使团的正式成员。尽管如此，不那么高人一等的策略也许不会让吉田政府更容易接受根本性的改革，包括采纳黑格—西蒙斯所得税，以及在地方层面建立财政自主权。当然，莫斯、舒普和盟军最高司令部本可以缓和他们的公开努力，以推进使团的改革议程。盟军最高司令部的做法招致了怨恨，并加剧了吉田和池田以及日本公众的抵制。或许有人会说，如果道奇和盟军最高司令部保持了舒普的低调，正如莫斯最初在1948年计划的那样，可能会对民主税制改革的进程产生更大的影响力。但是几乎可以肯定，吉田和池田对按舒普路线进行根本性改革的主要反对意见仍会存在。另一方面，盟军最高司令部本可以采取更为强硬的策略。占领军本来可以更加统一地支持舒普，并积极坚持全面立法。毫无疑问，其结果将是在1949年至1952年间制订更多的舒普计划。但是，这些附加改革不太可能会在占领结束后幸存下来。事实上，日本人对占领军改革的强烈反对可能更加严重。

除非一个不那么保守的政府在日本上台执政，盟军最高司令部才有可能在推进舒普议程方面取得更大的成功。例如，在社会主义政府下，促进地方政府财政自治的想法会受到更为热烈的欢迎。但是颁布一项高度实验性的增值税可能仍然是无望成功的，其他一些地方自治的财政工具则是必要的。舒普的其他提议可能不会比吉田执政时更好。按照黑格—西蒙斯路线征收所得税不会有更大的吸引力。而且，一些成功的舒普提议，诸如削减最高边际税率和废除过分利得税，可能不会获得批准。此外，即使在社会主义政府，日本的文职官僚机构也会继续限制税收改革的可能性。无论如何，虽然舒普和莫斯可能会欢迎一个社会主义政府，但华盛顿那些"改弦易辙"的"建筑师"不会，而且他们对吉田政府的大力支持，与舒普和莫斯所期望的更有利的改革政治环境背道而驰。

朝鲜战争开始时，舒普已经意识到自己的具体建议可能产生的影响有限。

相反,他开始强调使团直接向日本人民发出呼吁的长期重要性。1950 年 6 月,他写信给麦克阿瑟:“我倾向于认为,我们的工作最持久并且最后最有益的影响,可能是已经在日本引起了对税收目标和技术的广泛兴趣,这主要是因为您授权印刷和分发的报告全文。”[①]在 1989 年,舒普就使团作为一股民主化的力量,作出了内容更广泛的声明。他宣称:“当我们来到日本时……日本的税收政策是财政部和部分国会议员间不公开的小秘密。”他接着说:“我们把它打开了——打破了那个外壳,揭开了那个秘密。”[②]

关于舒普报告对日本税收政策影响的考察,不在本书的讨论范围内。但是,就短期而言,值得注意的是,如果日本的税收政治在军事占领期间变得更加民主,那么这种情况在舒普到来之前就已经发生了。民众对增税的抵制,与对美国的占领及其通货紧缩政策日益普遍的不满联系在一起,并在 1948 年期间发挥了重要的政治作用,影响了 1949 年 1 月的选举。而且,尽管舒普直接向日本民众呼吁,但几乎没有证据表明,日本的税收政治在考虑“舒普改革”期间变得更加民主。从长远来看,舒普使团可能确实帮助拓宽了参与税收政治的圈子。[③] 在随后的几年里,由于其范围之广,以及舒普写作的清晰和非技术性质,舒普报告经常作为一本有用的教科书,并很有可能促进了日本税收政策界对税收选择的讨论。(然而,除了增值税以外,舒普报告并没有向日本税务专家介绍任何新的想法。)此外,在占领后的几年里,日本政府似乎遵循了舒普的建议,鼓励培养税务会计师、律师和经济学家对公共财政进行系统研究,并组建了诸如日本税务协会这样的专业组织。然而,这种鼓励税收专业化的政策在日本并不一定代表任何全新的事物。而且,促进税收专业主义的新方案并不一定是舒普使团带来的结果。

舒普使团更为清晰的长期影响,是提高了税收使团在美国税收政策界的声誉。舒普使团成员的资历以及它在日本取得巨大成功的神话,使得舒普使团成为美国和诸如国际货币基金组织等实体后来发起使团的模范,这些使团

① Shoup to MacArthur,2 June,1950,Box 5980,file folder:‘Shoup tax report—1949’.

② Ramsayer and Shoup,‘Japanese taxation;the Shoup mission in retrospect’,p. 7. 至于舒普如何相信他的使团改进了日本税收“氛围”的更详细描述,参见 Shoup,‘The tax mission to Japan,1949—1950’,pp. 206—207.

③ 有关这方面的建议,参见 Giilis,‘Legacies from the Shoup tax mission’,pp. 41—42.

负责重组“发展中”或“新兴”国家的税收制度。[①] 舒普使团可能仍会影响美国的政策制定者。例如，一些税务专家建议，它可以作为美国财政部为重建伊拉克税收体系而采取独立行动的一个范例。但是，在美国为了民主和经济增长，将舒普使团作为自上而下重建工具的模范之前，财政部最好仔细回顾一下美国占领日本期间的税收改革历史。[②]

---

① 1964年，舒普亲自率领改革代表团，与斯坦利·萨里(Stanley Surrey)一起前往委内瑞拉和利比里亚，并对巴西公共财政进行了主要研究。参见 Gillis, 'Legacies from the Shoup missions', pp. 42－48, and Charles E. McClure, Jr, 'Income tax reform in Venezuela: thirty years after the Shoup mission', in Eden(ed.), *Retrospectives on public finance*, pp. 67－85; and Carl S. Shoup, 'Retrospectives on tax missions to Venezuela(1959), Brazil(1964), and Liberia(1970)', in Gillis(ed.), *Tax reform in developing countries*, pp. 252－314.

② 关于这些建议，参见，例如，Bruce Bartlett, 'Taxing from scratch: Iraq might want to use the Russian flat－tax model', *National Review Online*, 12 April, 2003(http://www.nationalreview.com/nrof_bartlett/barlett042103.asp) and "Thomas F. Field, 'The litmus test: taxation in post-Saddam Iraq', *taxanalysts*, 14 April, 2003(http://www.taxanalysts.com). 然而，菲尔德(Field)不赞成一种独立的税收重建方式。他指出，与日本被占领时期相比，现在有一些国际机构，尤其是国际货币基金组织和世界银行，拥有“在各种环境下引入新的和重组的税收制度方面的广泛经验”。

10 税收政策向发展中国家的转移：政治活动、机构和专家

米兰达·斯图尔特(Miranda Stewart)

（税收改革）不仅仅取决于部长们的个人信誉，也不仅仅取决于对所涉技术问题的正确理解。政治权力才是其中最主要的问题。

——尼古拉斯·卡尔多(Nicholas Kaldor)[①]

我们越来越多地受到专家的管理。

——大卫·肯尼迪(David Kennedy)[②]

引 言

税收思想一直在跨国界传播。然而，自 20 世纪 80 年代初以来，税收思想的传播具有越来越重要的全球意义。有许多人认为，20 世纪 80 年代是全球"税收改革的十年"。[③] 对一些人来说，这标志着全球税收规范的形成[④]，或者

---

① Nicholas Kaldor, 'Will underdeveloped countries learn to tax?' Foreign Affairs, 41(1963) pp. 410—418, at p. 418.

② David Kennedy, 'Challenging expert rule: the politics of global governance', *Sydney Law Review*, 27(2004), pp. 5—28, at p. 6.

③ See Joseph Pechman(ed.), *World tax reform: a progress report* (Washington DC, 1988); Michael J. Boskin and Charles E. McLure Jr(eds), *World tax reform: case studies of developed and developing countries* (San Francisco, 1990); Cedric Sandford, *Successful tax reform: lessons from an analysis of tax reform in six countries* (Bath, 1993); Malcolm Gillis(ed.), *Tax reform in developing countries* (Durham, 1989).

④ John L. Campbell and Ove K. Pedersen(eds), *The rise of neoliberalism and institutional analysis* (Princeton, 2001), 'Introduction', pp. 1—23, at p. 1.

标志着专家达成了"显著的共识",反映出"发达国家、发展中国家和转型经济体在适用税收政策上的一场实质革命(virtual revolution)"。[①] 另一些人则认为,"如果不是所有国家,那么主要的发达国家的税收制度将越来越趋同"。[②] 全球税收改革的这些进展,是由更广泛经济背景中的两项重大变化所推动的。首先,20 世纪 80 年代是"许多发展中国家遭遇经济危机和工业化增长缓慢的十年"。[③] 其次,在一定程度上正是为了应对这场危机,在 20 世纪 80 年代新自由主义范式崛起,而这一范式提倡出口导向型增长和自由市场经济,它可以被理解为提倡减少国家参与经济发展。许多发展中国家在这一新范式下进行了结构调整改革,以此作为接受国际货币基金组织、世界银行和诸如联合王国(the United Kingdom)等主要国家所提供的贷款和援助的条件。

本章讨论了自 20 世纪 80 年代以来在结构调整背景下大规模生产过程中税收改革的进程,目的在于探讨向发展中国家传播税收理念。本章考察了加纳的具体实例。加纳有一段时期是"非洲比较有趣和成功的调整案例之一",这个时期还包括政治上从威权政府向民主政府的和平转变。[④] 本章考察加纳从 1983 年结构调整开始从事的税收改革,到 1990 年代后期颁行增值税时这一改革的努力达到高潮。本章旨在说明,在特定的税收改革背景下,政治和专家意见在国际和国家层面的复杂性。

税收改革中的政治与范式

自 20 世纪 80 年代以来,发展中国家的税制改革通常是由政策制定者中

---

① Glenn P. Jenkins, 'Introduction' to Ward Hussey and Donald Lubick, *Basic world tax code and commentary* (Virginia, 1996), at p. iii.

② Sandford, *Successful tax reform*, p. 222.

③ Miles Kahler, 'Orthodoxy and its alternatives: explaining approaches to stabilization and adjustment' in Joan Nelson (ed.), *Economic crisis and policy choice: the politics of adjustment in the third world* (New Jersey, 1990), pp. 33—61, at p. 33.

④ Stephen Younger, 'Estimating tax incidence in Ghana using household data' in David E. Sahn (ed.), *Economic reform and the poor in Africa* (Oxford, 1996), pp. 231—253; and see Sergio Pereira Leite, Anthony Pellechio, Luisa Zanforlin, Girma Begashaw, Stafania Farbizio and Joachim Harnack, *Ghana: economic development in a democratic environment*, IMF Occasional Paper 199 (Washington DC, 2000).

的精英推动的,他们寻求运用有关新技术或新思想中的专门知识来加强征税,并实现其他政策目标。然而,增加收入是一个强制性的政治过程,需要利益集团和精英阶层与作为权力、社会组织、再分配中心的国家机关进行协商。[①] 征税和支出"将资源直接地或间接地从社会的一个部门转移到另一个部门"。[②] 一个政府要想成功地进行税收改革、大幅度增加税收收入,就必须具有政治合法性,而且在政府活动的更广泛背景下,税收改革本身必须被认为是合理的。因此,领导人或精英人士必须通过谈判达成一项稳定的"财政协议",进而在税收制度中实现准自愿遵从。理想的情况是,通过建立一套被普遍认为公平的税收制度,并经由公共程序,"伴随着与广泛的潜在纳税人进行高度协商"[③],最终实现这一目标。

自 20 世纪 80 年代以来,各国政府的财政谈判不仅发生在国内政治谈判的背景下,而且是在国际结构调整的背景下进行的,目的是吸引国际资本。国际金融组织(IFIs)、货币基金组织、世界银行、世界贸易组织和区域经济组织制定的条件和规则,对发展中国家的税收政策具有重大的影响。有人指出,对许多发展中国家来说,对国际金融机构的外部责任可能变得比国内税收责任更为重要。[④] 在国际金融机构内部,新自由主义范式为从事发展中国家税收改革的税务专家们建立了框架。[⑤] 新自由主义范式经常地与降低政府在经济中的地位有关,包括以下几个方面:放松对资本、商品、服务市场的管制;实行国际贸易和投资自由化,取消保护主义措施;实行严格的宏观经济政策以消除赤字财政;减少国内和跨境投资壁垒。桑德福(Sandford)在 20 世纪 80 年代

---

① Sven Steinmo, *Taxation and democracy: Swedish, British and American approaches to financing the modern state* (New Haven, 1993); Andrew C. Gould and Peter J. Baker, 'Democracy and taxation', *Annual Review of Political Science*, 5(2002), pp. 87—110, at p. 91; John Campbell, 'The state and fiscal sociology', *Annual Review of Sociology*, 19(1993), pp. 163—185.

② United Nations, *World economic and social survey* (New York, 1997), p. 65.

③ Margaret Levi, *Of rule and revenue* (Berkeley and Los Angeles, 1988), p. 49.

④ Siri Gloppen and Lise Rakner, 'Accountability through tax reform? Reflections from Sub-Saharan Africa', in Mick Moore and Lise Rakner(eds), *The new politics of taxation and accountability*, *Institute of Development Studies Bulletin*, 33(2002), pp. 30—40, at p. 38.

⑤ Campbell and Pederson, *The rise of neoliberalism*, pp. 170—171; Peter Hall, 'Policy paradigms, social learning and the state: the case of economic policy making in Britain', *Comparative Politics*, 25(1993), pp. 275—296, at p. 279; Ha-Joon Chang, *Kicking away the ladder: development strategy in historical perspective* (London, 2002), p. 1.

对税收政策的定义如下[①]:

> 税收改革是一项总体计划的一部分。该计划旨在弱化国家界限、放松管制、实现汇率自由化、推动私有化、促进竞争,以及在私营部门提高管理效率等。80年代的税收改革主要是为了尽量减少税收扭曲,消除或减少对市场自由运作的税收障碍……在经济世界中流行的短语是"公平竞争环境"。

对于正在进行结构调整的发展中国家来说,新自由主义与发展政策的全面变革联系在一起。20世纪50年代和60年代,包括加纳在内的许多发展中国家在独立后采取了保护主义政策,旨在实现经济自给自足。当时的发展经济学家提倡由国家管理经济发展,高度重视工业化和自给自足。[②] 在这个框架内,国际背景只有在一定程度上有意义:自殖民时代以来,包括加纳在内的许多发展中国家,严重依赖国际贸易税。对国内工业的关税保护、对特定活动和投资的投入补贴、国内税制优惠,以及对农业和矿产品出口部门征收高税收等结合在一起,成为干预经济的工具。[③]

在开放市场经济中呼吁出口拉动型增长,最终导致以上政策的逆转。经济全球化,或者说是全球资本的影响,在重新制定促进发展的税收政策时显然是很重要的,尽管这种影响程度很难衡量。[④] 贝茨(Bates)和利恩(Lien)认为,全球资本,而非国家资本、农业或劳动力,可能会对发展中国家的经济政策产生不成比例的影响,尽管它"既不夺取权力,也不会被授予政治代表权"。[⑤] 无

---

① Sandford, *Successful tax reform*, p. 21.

② Dharam Ghai(ed.), *The IMF and the south: the social impact of crisis nnd adjustment* (London, 1991), 'Introduction', pp. 1—9, at p. 3.

③ 出处同上;并参见 Gillis, 'Towards a taxonomy of tax reform', in *Tax reform in developing countries*, pp. 7—26, at pp. 19—20.

④ Vito Tanzi, 'The impact of economic globalization on taxation', *Bulletin of the International Bureau of Fiscal Documentation*, 52(1998), pp. 339—343.

⑤ Robert Bates and D. D. Lien, 'A note on taxation, development and representative government', *Politics and Society*, 14(1985), pp. 53—70. 即使在全球化背景下,发达国家似乎也能对资本征税:M. P. Devereux, R. Griffith and A. Klemm, 'Corporate income tax reforms and international tax competition', *Economic Policy*, 35(2002), pp. 451—486; Duane Swank and Sven Steinmo, 'The new political economy of taxation in advanced capitalist democracies', *American Journal of Political Science*, 46(2002), pp. 642—655.

论这种影响是否如模型所暗示的那样重要，新自由主义范式的制度化以及国际援助和贷款流动的杠杆作用，以一种通常可适用于全球资本的方式指导税收改革。全球资本的影响可能妨碍了国际金融组织中的税收改革者加强税收制度的努力，而对外国投资继续广泛实行税收优惠，可能就是一个例子。

20 世纪 80 年代初，新自由主义的另外两大特征也对税收改革产生了影响。首先，新自由主义与减轻对平等和分配正义的重视联系在一起。十多年后，发展话语才重新转变为“有人情味”的发展概念。[①] 跟这个更广泛的趋势相一致的是，税收政策果断地偏离了累进政策。专家们解释说，这是因为税收制度不能承担重大再分配所造成的后果。[②] 这种散漫的说法使得在税收改革的讨论中更难涉及公平问题，尽管承认税收改革的公平可能对改革的政治合法性至关重要。其次，在发展中国家背景下，新自由主义的一个悖论是：目的是利用国家机制来减少国家在经济发展中的作用。[③] 要在发展中国家成功地实施重大税收改革，通常就需要大力加强国家和官僚在税收改革中的“所有权”。与此同时，发展中国家政府又承受了巨大的压力去降低公务员的工资，并削减官僚机构的规模。对于寻求实施改革的政府来说，这可能导致官僚机构内部出现紧张关系。

虽然新自由主义范式是 20 世纪 80 年代发展中国家税收改革的基本原理，但是税收改革在不同的时代和不同的地点采取了不同的形式。为了解释税收理念是如何在特定的发展中国家的税收改革中“被选定、被明确表达然后稳定下来”，本章将讨论正如克亚尔(Kjaer)和佩德森(Pedersen)所述的话题，“思想总是嵌入在话语中”。[④] 在特定的时间和地点上的税制改革话语，涉及在一个历史偶发的、特定的政治过程中专家产生的有关税收政策的共识。专家参与到税收改革中具有政治意义，分析专家意见所包含的政治观点，有助于

① France Stewart, *Adjustment and poverty: options and choices* (London, 1995).

② 最近一次的讨论强烈表明这一立场的是埃里克·M. 卓尔泰克和理查德·M. 伯德(Eric M. Zolt and Richard M. Bird), ‘Redistribution via taxation: the limited role of personal income tax in developing countries’, *UCLA Law Review*, 52(2005), pp. 1627—1694.

③ Kahler, *Orthodoxy and its alternatives*, p. 55.

④ Peter Kjaer and Ove Pedersen, ‘Translating liberalization: neoliberalism in the Danish negotiated economy’, in Campbell and Pederson, *The rise of neoliberalism*, pp. 219—248, at pp. 220—221.

解释新自由主义税收政策在应用上的差异,或者对税收思想传播的抵制。[①]斯坦莫(Steinmo)认为,基于20世纪70年代专家的专业经验和经济学训练,专家们对政府通过税收系统干预经济的能力持怀疑态度,这对于20世纪80年代新自由主义税收政策的制定发挥了重要的作用。[②] 与此同时,税收思想本身可能有助于"为一种新的、改变了的税收政治奠定基础",使得税收改革吸收了新思想之后,在政治上变得可行。[③]

税收改革中的机构、思想和专家

在发展中国家,新自由主义的税收思想主要通过国际金融组织的专家进行介导。这些专家把对政府参与经济活动能力的怀疑与增加税收的强烈愿望结合在一起。从事结构调整的发展中国家,面临着国家能力不足和国内政治不稳定的严重制约,但在进行税收改革时必须向国际金融组织做出解释。

在20世纪80年代,国际货币基金组织成为在发展中国家进行税收改革的领先国际机构。[④] 从历史上看,国际货币基金组织从未直接处理过税收和支出政策,它认为这些政策"过去是,现在也应该是政府的责任",这"使得基金组织(the Fund)无法进入需要判断社会和政治优先顺序的领域"。[⑤] 世界银行倾向于关注特定项目或部门的贷款和援助,通常不涉及一般税收改革。[⑥]然而,在对税收政策感兴趣的有能力的经济学家领导下,最重要的是20世纪

---

① 出处同上;并参见 Michel Foucault,'Politics and the study of discourse',in Graham Burchell, Colin Gordon and Peter Miller(eds),*The Forcault effect:studies in governmentality*(Chicago,1991), pp. 53—72,at p. 59.

② Sven Steinmo,'The evolution of policy ideas:tax policy in the 20th century',*British Journal of Politics and International Relations*,5(2003),pp. 206—236,p. 224.

③ Steinmo,*Taxation and democracy*,p. 204.

④ 关于国际金融组织在税收改革中的作用的更详细讨论,参见 Miranda Stewart,'Global trajectories of tax reform:mapping tax reform in developing and transition countries',*Harvard International Law Journal*,44(2003),pp. 140—190;Miranda Stewart and Sunita Jogarajan,'The International Monetary Fund and tax reform',*British Tax Review*[2004],pp. 146—175.

⑤ J. J. Polak,'The changing nature of Fund conditionality',*Essays in International Finance*, No. 185(Princeton,1991),p. 39.

⑥ World Bank,*Lessons of tax reform*(Washington DC,1991),p. 64.

70年代的理查德·古德(Richard Goode),还有自1981年开始领导国际货币基金组织财政事务部(Fiscal Affairs Department)20年的维托·坦兹(Vito Tanzi)。国际货币基金组织所推行的结构性调整计划扩大到包含“财政政策的结构和社会方面”,包括税收政策、法律和行政管理。[①] 结构性调整中的税收改革受到了目标监测,诸如制定税收法律或增加税收收入占GDP的比例等。[②] 若不履行条件,则可能导致贷款计划中断或终止。国际货币基金组织和世界银行还向许多发展中国家提供税收改革方面的技术援助。[③]

在国际金融组织领导下进行的税收改革,主要属于经济学家的领域。在一定程度上,这是经济学家在这些机构中占据主导地位的结果。特别地,国际货币基金组织一直是“经济学家的天下”,而在20世纪80年代,世界银行的经济学家也开始“积极参与所有重大的决策”。[④] 国际货币基金组织和世界银行的经济学家们也是新自由主义经济思想转变的核心,因此符合新自由主义范式的税收政策成了主流。“经济培训的国际化”项目,部分地就是通过在美国和欧洲顶尖大学攻读博士学位,以及在国际机构中不断增加就业机会,以最终在发展中国家造就一批寻求应用这些理念的经济学家。[⑤]

在这一背景下,作为结构性调整的一部分,税收改革的重要性迅速提升。正如经济学家们所认为的,发展中国家政府需要采取的最重要行动都在财政领域——增加税收和减少开支。[⑥] 在20世纪80年代末,伯德(Bird)观察到,发展中国家的税收改革已经成为财政的一项“特性(speciality)”。[⑦] 在20世纪90年代中期,瑟仁伊(Thuronyi)将宏观经济学家和财政专家的参与列为税收改革的必要条件:他们可以确定收入目标和现金流需求;经济学家可以估算

① Vito Tanzi, 'The changing role of fiscal policy in Fund policy advice', *IMF Seminar Paper* (Washington DC, 1997), p. 1.

② G. T. Abed, *Fiscal reforms in low-income countries: experience under IMF-supported programs*, IMF Occasional Paper No. 160 (Washington DC, 1998), p. 12.

③ See IMF, *Review of technical assistance policy and experience* (Washington DC, 2002).

④ Richard Goode and Andrew M. Kamarck, 'The International Monetary Fund and the World Bank' in Joseph Pechman (ed.), *The role of the economist in government* (New York, 1989), pp. 231—254, at pp. 232—233.

⑤ Kahler, *Orthodoxy and its alternatives*, p. 59.

⑥ Goode and Kamarck, *The IMF and the World Bank*, p. 241.

⑦ Richard M. Bird, *Tax policy and economic development* (Baltimore, 1992), p. 183.

税收收入;经济学家们帮助预测可供选择的税制结构对经济的影响,包括税收对储蓄、投资、工作积极性、消费选择和生产方式的影响。[①]

在霍尔的分析中,发展中国家税收政策的制定过程——政策形成中的“困惑”,越来越多地出现在国际金融机构内部而不是发展中国家政府内部;而且在国际金融机构内,它与外部融资相关的权力联系在一起。[②] 20 世纪 80 年代,正如在早些时候一样,国际货币基金组织的经济学家们很清楚税收问题的政治敏锐性。[③] 尽管如此,国际货币基金组织专家的实践和著述为发展中国家制订了税收改革的一揽子计划,强调减少对所得、资本和出口的税收,增加对消费的税收。国际货币基金组织的一揽子计划包括一项基础税率高于 15%的宽税基增值税,一项低税率、基础广泛的企业所得税,一项高起征点、低边际税率的个人所得税,通过取消税收优惠实现所有税收“中性”的目标,消费税特别是对石油征收的消费税,以及减少并最终取消进出口关税。[④]

虽然经济学家主导了税收政策的制定,但是税收改革的实施需要跨学科合作的努力。[⑤] 它需要税务行政专家、技术税务专家(通常是律师、会计师或某些情况下的经济学家),因为他们熟悉特定类型条款的详细操作,并且能够设计详细条例。另外,它还需要具有税收立法经验的立法起草者。[⑥] 税务律师在移植税法模式方面发挥了重要作用,参与其他调整改革的律师也发挥了重要作用,例如,建立公司监管制度和破产法。许多这样的改革都是通过“法律条款的大规模传播”来进行的。[⑦] 税法专家来自国际货币基金组织法律部

---

① Victor Thuronyi(ed.),*Tax law design and drafting*,1(Washington DC,1996),‘Introduction’,pp. xxvii—xxxi,at p. xxix.

② Hall,*Policy paradigms*,p. 276.

③ Goode and Kamarck,*The IMF and the World Bank*,p. 241.

④ 更多详情参见 Parthasarathi Shome(ed.),*Tax policy handbook*(Washington,DC,1995);Vito Tanzi and Howell Zee,‘Tax policy for emerging markets:developing countries’,IMF Working Paper 2000/2035(Washington DC,2000),p. 56.

⑤ Richard Gordon and Victor Thuronyi,‘Tax legislative process’,in Thuronyi(ed.),*Tax law design*,pp. 1—14,at p. 4.

⑥ Thuronyi,*Tax law design*,p. xxix.

⑦ See Tim Lindsey(ed.),*Law reform in developing and transition countries*(New York,2006);Katharina Pistor and Philip A. Wellons,*The role of law and legal institutions in Asian economic development* 1960—1995(New York,1999).

和国际货币基金组织、世界银行以及发达国家国库的咨询顾问，或者是诸如英国皇家代理(Crown Agents)的咨询公司。这是一家与英国国际开发署(UK Department for International Development)有关的非营利公司。税法有时是从其他国家或者是由税收专家开发和应用的法律示范中移植过来的。[①] 从更广泛的层面说，新自由主义在法律改革中融入了某种建立全球市场规则的信念；特别地，律师在建立世界贸易组织国际贸易体系方面至关重要。世贸组织并不直接规范税收(一般而言)，但世贸组织的规则和原则为贸易税和关税削减创造了强大的"公平竞争环境(level playing field)"。在全球范围内，发展中国家实施以增值税取代出口税的举措，在很大程度上是因为它符合世贸组织的准则。然而，这种聚焦贸易的税制改革有时会导致发展中国家"财政紧缩"，加大提高税收收入的压力。[②]

许多评论人士观察到，增值税是自20世纪70年代以来全球税收政策转移的成功案例。[③] 国际货币基金组织在推广增值税到发展中国家方面一直表现突出，而且皇家代理认为这一过程在很大程度上是成功的。[④] 从20世纪80年代中期到90年代中期，有16个实施结构调整的中等收入国家引入了某种形式的增值税(VAT)。[⑤] 自20世纪90年代中期以来，包括加纳在内的20多个低收入国家也已引进了增值税。发达国家和发展中国家的经验表明，如果实施和管理得当，增值税是一种非常成功的创收手段。在其理想形式中，进口一律征收增值税，而出口免税。尽管如此，增值税仍是一种相当复杂的税收。[⑥] 在更为常见的"发票抵扣(invoice－credit)"程序中，对供应链上从生产者到消费者的每一层业务都按统一税率征税，涉及国内消费的所有商品和服务。在实践中，由于增值税被认为是累退的，或者不公平

---

① 参见，例如IMF近年来开发的模型(www. imf. org)；一个较早的例子是 Ward Hussey and Donald Lubick, *Basic world tax code and commentary*(Virginia, 1996)。

② Isabelle and Grunberg, 'Double jeopardy: globalization, liberalization and the fiscal squeeze', *World Development*, 26(1998), pp. 591－605.

③ Ken Messere, *Tax policy in OECD countries: choices and conflicts*(The Netherlands, 1993), at p. 368.

④ G. R. Olsen, 'The World Bank and the IMF: tax, democracy and shrinking aid in Sub-Saharan Africa', *Forum for Development Studies*, 28(2001), pp. 147－172, at p. 152.

⑤ Abed, *Fiscal reforms in low-income countries*, p. 20.

⑥ See Alan Tait, *Value added tax: administrative and policy issues*(Washington DC, 1991).

的，给贫穷的消费者带来沉重的税收负担，因此增值税通常附带免税或低税率。

如前所述，增值税之所以具有吸引力，是因为它符合世贸组织的规范，而且将为政府创造稳定的收入来源。另外，它往往不受纳税人和企业的欢迎，因为他们必须收缴(collect and remit)税款。增值税要求大量的合规活动，而且企业承担着退税缓慢甚或不退税的风险，以及在消费价格中转嫁税收困难。新引进增值税的国家经验差别很大。许多国家实施的增值税带有"不受欢迎的特征"，背离了"最佳实践"的结构。[①] 这些增值税通常有许多免税和差别税率，而且经常继续对出口产品征税。国际货币基金组织已经要求各国对增值税进行持续改革，特别是取消豁免，修改进口税和出口零税率，减少税率档次并提高主要的增值税税率。

20 世纪 80 年代的税收改革经验使税收专家们认识到，良好的管理对于成功传播税收思想至关重要。到 1990 年，国际货币基金组织一位颇具影响力的改革家说，"在发展中国家，税收管理就是税收政策"。[②] 然而，国际金融组织的专家对税收管理改革的日益关注，并不一定意味着建立最简单的税收结构。特别是增值税，作为一种新的复杂的税收，需要大量遵从和监管活动。国际货币基金组织似乎青睐增值税，将其视为政府税务机构改革的"催化剂"，因为它要求在行政管理方面付出很大努力。[③] 税收专家们寻求增加干预、建设(重建)改革中国家的机构或制度，例如，建立新的收入机构、纳税人识别系统或稽征程序，使增值税得以实施。

将税收思想传播至加纳

1. 历史背景

加纳国家独立于 1957 年，在恩克鲁玛(Nkrumah)的领导下，建立在位

---

① Abed, *Fiscal reforms in low-income countries*, p. 20.

② Milka Casanegra de Jantscher and Richard Bird(eds), 'The reform of tax administration', in *Improving tax administration in developing countries*(Washington DC, 1992), pp. 1—22, at p. 1.

③ Abed, *Fiscal reforms in low-income countries*, p. 11.

于黄金海岸的英国殖民地领土上。[①] 奴隶贸易是黄金海岸的早期经济支柱，但在20世纪可可和黄金成为主要的出口产物。可可至今仍是加纳的主要出口商品。从基础设施、外汇、公务员队伍素质等方面来看，加纳独立时的经济状况相对良好。然而，从20世纪60年代开始，加纳经济开始衰退，基利克(Killick)将这一衰退称为发展经济学的失败。[②] 赫伯斯特(Herbst)则更为有力地指出："加纳经验的全面性非常突出，那就是历届政府连续追求经济破坏"。[③]

与许多其他新独立国家一样，加纳严重地依赖贸易税：1951年，加纳税收收入的35%来自进口税；24%是出口税(主要对可可征收)；20%是所得税，主要向从事进出口活动的公司征收。[④] 国家可可营销委员会(The state Cocoa Marketing Board)还通过将生产者价格维持在远低于出口价格的水平，对可可出口征收了一大笔隐性税收。加纳的经济结构意味着，对可可出口税收收入的过度依赖是一个特别难以打破的习惯。到20世纪60年代末，税收结构开始明显转向公司和个人所得税以及某些消费税和进口税，但这并没有持续多久。随着世界上可可价格的上涨，对通过可可取得收入的依赖再次增加，因此在20世纪70年代早期，可可再次成为"加纳国的摇钱树"。[⑤]

尽管如此，加纳的"税收努力(tax effort)"在1965年达到GDP的16%，与其他发展中国家相比，这一比例相当大。基利克发现，"不能说恩克鲁玛政府缺乏对国家征税以资助其支出计划的意愿"。[⑥] 恩克鲁玛的目标是自给自足，因此加纳很少寻求和接收外国财政的援助或投资。然而，恩克

---

① 加纳作为非洲第一个独立的国家，得到了广泛的研究。这一章摘自 Douglas Rimmer, *Staying poor: Ghana's political economy* 1950—1990(Washington DC, 1992); Jeffrey Herbst, *The politics of reform in Ghana*, 1982—1991(Berkeley, Calif., 1993) and Tony Killick, *Development economics in action: a study of economic policies in Ghana* (London, 1978).

② Killick, *Development economics in action*.

③ Herbst, *The politics of reform in Ghana*, p. 17.

④ Rimmer, *Staying poor*, p. 40. 这种税收结构在许多发展中国家很常见：Vito Tanzi, 'Taxation in developing countries', in Luigi Bernardi and Jeffrey Owens(eds), *Tax systems in North Africa and European countries* (Deventer, 1994), pp. 1—22.

⑤ Rimmer, *Staying poor*, p. 113.

⑥ Killick, *Development economics in action*, pp. 147—148.

鲁玛政府无法控制支出，以至于不断出现赤字。此外，它的绝大部分支出都几乎没有回报，这是“民众对现政权不再抱有幻想”的一个原因。① 1965 年，恩克鲁玛政府寻求国际货币基金组织和世界银行的资助，但不同意以大幅削减政府开支为条件。在 1966 年的一次政变中，恩克鲁玛政府被推翻。

在 1966 至 1968 年间，由全国解放委员会(NLC)组建的新政府获得了国际货币基金组织的贷款支持，而且在接下来的几年里，加纳收到了大量的外国援助和包括英国、美国在内几个国家的优惠贸易信贷。② 与国际贷款机构的这种接触，附有减少财政赤字的条件，而这是全国解放委员会无法满足的，因为它不能大幅削减支出或增加税收。事实上，全国解放委员会的目标是通过削减所得税和进口税来减轻“我们大多数人”的税收负担。③ 个人所得税似乎受到过多的关注，尽管收到的税款极少，而进口税却不受欢迎，因为它使许多商品的价格保持在高位。通过放松进口限制和货币贬值，全国解放委员会还试图在这个时候引入更为开放的贸易和资本政策。不过这些只是导致进口激增和巨大的贸易逆差，自由化很快就被撤回。④

20 世纪 70 年代，加纳没有再尝试进行重大的经济改革，而且评论者认为，在历届政府的领导下，加纳陷入了国家贫困的“深渊”。⑤ 人民对“吸血鬼”政府⑥的回应是通过广泛的投机倒把——黑市(kalabule)和腐败，以及通过大量技术和非技术工人移民，将经济活动从正规市场经济转向维持生计。1979 年，魅力超凡的领导人杰里・罗林斯(Jerry Rawlings)通过政变上台。1983 年，出乎所有人的预料，罗林斯和国家民主委员会(NDC)使加纳走上了与国际货币基金组织和国际捐助者持续接触的道路，这种接触一直保持到今天。这一结构性调整的努力，使加纳成为一个模范借款国，在遵守国际货币基金组

---

① Rimmer, *Staying poor*, p. 80.

② Killick, *Development economics in action*, p. 114 and Table 5. 4.

③ 出处同上，pp. 305, 323 n. 18.

④ 出处同上，p. 302.

⑤ Rimmer, *Staying poor*, p. 133.

⑥ J. H. Frimpong-Ansah, *The vampire state in Africa: the political economy of decline in Ghana* (London, 1991), n. 17.

织的条件方面有着“惊人”的记录。[①] 1992 年，加纳采纳了议会民主制度，继续在民主环境下进行结构调整改革。[②]

2. 结构性调整下的税收改革

到 1982 年，加纳的税收收入已降至 GDP 的 4.6%。毫无疑问，“国家的财政需求是推动改革的主要动力”。[③] 收入下降似乎是由于纳税群体从正规市场撤出、生产萎缩，以及税收管理不善造成的。[④] 公众已经开始认识到，税收制度是不公平的，而且人们相信，逃税现象在那些仍然留在正规经济中的人当中普遍存在，例如“律师、执业医师、会计师和房产主”。[⑤] 国家民主委员会的最初行动之一是成立公民审查委员会（Citizens Vetting Committee）和全国调查委员会（National Investigations Committee），旨在发动一场针对自雇部门（个体经营者）逃税者的“战争”。[⑥]

在结构性调整之下，税收改革的首要目标是通过改进执法来增加税收，并将税收负担从可可出口部门转移出去。税收改革受到国际货币基金组织所要求的其他经济改革的影响，最重要的是货币大幅贬值。在这一早期阶段，收入增加是由于货币贬值带来的出口税这一意外之财。进口价格上涨之后，对石油的征税增加了。从对出口商品特别是石油征税转向对进口商品征税，导致加纳的物价上涨，并有效地将税收负担从农村人口重新分配到城市居民。这样的做法，一直是制造困难和不满的根源，并对后来推动包括增值税在内的税收改革产生了影响。[⑦]

在 20 世纪 80 年代后期，税收改革主要集中在减少向所得和资本的征税，

---

① Herbst, *The politics of reform in Ghana*, p. 35; Ishan Kapur, Michael T. Hadjimichael, Paul Louis Ceriel Hilbers, Jerald Alan Schiff and Philippe Szymczak, *Ghana: adjustment and growth*, 1983—1991, IMF Occasional Paper 86(Washington DC, 1991), p. 1.

② Leite, *Ghana: economic development in a democratic environment*.

③ Eboe Hutchful, *Ghana's adjustment experience: the paradox of reform* (Geneva, 2002), p. 165.

④ Kapur, *Ghana: adjustment and growth*, p. 2.

⑤ Kwabena Donkor, *Structural adjustment and mass poverty in Ghana* (Aldershot and Brookfield, 1997), p. 132.

⑥ Donkor, *Structural adjustment*, p. 134; Hutchful, *Ghana's adjustment experience*, p. 35.

⑦ 特别参见 Donkor, *Structural adjustment* and Lynne Brydon and Kate Legge, *Adjusting society: the World Bank, the IMF and Ghana* (London, 1996).

并引进对投资的激励措施。在1985年的《投资法》中，加纳向国内外投资者提供了税收优惠。在1988年至1991年期间，一系列行业的公司税税率从55%降至35%。资本利得税税率降至5%，而且对某些股票利得免税。股息预提税（dividend withholding tax）税率从30%降低到15%。从1987年到1989年以及1991年，加纳通过调整个人免税额（personal allowances）和纳税税级（tax brackets），以及将最高边际税率从55%降低至25%，从而减少了个人所得税。在当时，加纳还改革了它的国内销售税，将税率提高到15%。虽然这些改革大多包括减税措施，但“在很大程度上由于公司盈利能力的增强和税收管理的重大改进”，企业税收收入在20世纪90年代初期达到GDP的12%。[①] 行政改革包括设立一个自治的收入服务部门，该部门被认为是“公共服务中最具‘活力’和‘办事积极性高’的部门，而其他部门的特点则是死气沉沉”。[②] 到目前为止，加纳税务官员是世界银行在此期间资助出国留学的最大受益者。[③]

尽管取得了这些成就，但到1990年，加纳的税收收入再次低于预算水平。与前几十年不同的是，此时加纳变得严重依赖外部融资：1990年，外部贷款和援助占GDP的比例超过10%。1993年，也就是第一次民主选举之后的一年，加纳出现了巨额赤字，而且没有达到大多数限制性条件的目标。财政部部长博奇韦（Botchwey）在1995年表示，“自愿遵从的基本问题仍远不能令人满意”。[④] 为了提振低迷的经济，加纳出台了更多鼓励外国投资的政策。《1994年加纳投资促进中心法案》将出口（可可除外）公司所得税降低至8%，酒店业的公司所得税降低至25%，并允许75%的资本投资在运营的第一年抵免税款，而且在房地产业、农业、银行业提供免税期（tax holidays）、加速折旧和亏损结转（loss carryovers）。[⑤]

3. 增值税

加纳1995年的增值税改革“可能是自1980年启动国家结构性改革计划

---

① Kapur, *Ghana: adjustment and growth*, pp. 32—35, 36—37.

② Hutchful, *Ghana's adjustment experience*, n. 67.

③ Hutchful, *Ghana's adjustment experience*, n. 67.

④ Ghana Budget Statement 1995, in Donkor, *Structural adjustment*, p. 139.

⑤ Donkor, *Structural adjustment*, p. 194.

以来在加纳最重要的经济调整”。[①] 1995 年 2 月，加纳议会通过了《1994 年增值税法案》及其附带条例。增值税的统一税率为 17.5%，教育、健康和基本食品、金融服务和一些种类的机械设备免税。在增值税制度中，企业登记的门槛设定为 2 500 万塞地(cedl)(约为 1.5 万美元)[②]，这一金额将传统上“达不到纳税标准”的小企业部门纳入了税基。[③] 虽然增值税最初由海关部门征收，但国家仍建立了一个独立的增值税服务部来管理增值税。增值税取代了加纳的旧销售税，后者的税率为 15%，税基要小得多。

1995 年 3 月，增值税开始征收。两个月后，也就是 1995 年 5 月，在爆发骚乱之后，增值税被废除。工会、失业人员、青年和学生加入了一个名为“现在杀了我(Kume Preko)”的联盟，并发起了所谓“加纳最广泛、最有效的反政府示威活动之一”。[④] 抗议者们将增值税称为“增值麻烦”或“增值牙痛”。在支持增值税和反对增值税的人士之间发生的冲突，造成了 4 人死亡、多人受伤和巨额财产损失。在一个总体和平的国家，这是一件令人震惊的事件。[⑤]

1995 年增值税改革的巨大失败有许多具体的原因。[⑥] 17.5%的增值税税率高于已有销售税的 15%，且覆盖范围更广的商品和服务，同时也明显高于邻国尼日利亚的增值税税率(尼日利亚新颁布的税率只有 5%)。由于企业登记门槛低，许多小型企业被纳入增值税征收范围，实施工作似乎也很匆忙，而且供应商登记的时间表很紧张，只有 1 个月。增值税要求纳税人在业务活动

---

① Fred O. Boadu, Victor K. Nyanteng, Seth Bimpong-Buta and Mark Nadler, 'Ghana: promoting accountability and transparency in government behaviour', in Lucie Colvin Phillips and Diery Seck (eds), *Fixing African economies: policy research for development* (London, 2004), pp. 25—63, at p. 26.

② 塞地(cedi)，是加纳共和国的纸币单位。——译者注

③ Seth Terkper, 'VAT in Ghana: why it failed', *Tax Notes International*, 12(1996), pp. 1801—1816, p. 1804.

④ Kwamina Panford, *IMF-World Bank and labor's burdens in Africa* (Panford, Conn., 2001), p. 24.

⑤ Ben Ephson, The Wall Street Journal Interactive Edition, 'Ghana's government braced for troubles with VAT reintroduction', Sept. 4, 1998 in *Tax Notes International*, 17(1998), p. 805.

⑥ See George O. Assibey-Mensah, 'The value-added tax in Ghana', *Public Budgeting & Finance*, 19(1999), pp. 76—90; Terkper, *VAT in Ghana: why it failed*; Seth Terkper, 'Ghana reintroduces Vat — lessons learned and progress after a year', *Tax Notes International*, 20(2000), pp. 1253—1268.

中使用会计和发票系统,而人们对其复杂性有很多担忧。增值税与关税的互相作用也引发了问题。由于设立了新的增值税征收机构以取代海关服务,因此在行政管理方面存在着内部的政治问题和困难。

还有一个更加广泛的问题是增值税改革的政治合法性失效。普恩复(Panford)的解释是,“示威活动可能象征着人们对在加纳生活的繁重成本有更深层次的和日益增长的不满”,这一解释似乎是合理的[①]:

> 反增值税示威期间发生的流血和受伤事件表明,人们对加纳的生活和工作条件有着根深蒂固和普遍的不满……废除增值税,标志着加纳的一个转折点:在一个罕见的时刻,公众压力迫使政府放弃一项不受欢迎的政策。

虽然是由选举产生的议会[尽管在罗林斯(Rawlings)的持续独裁领导下]制定,1995 年的增值税改革仍是国外和国内专家大量参与的产物。它由需要增加税收收入的官僚和政治精英领导,与国际金融组织和贷方政府的外部税务专家有着长期的合作关系。一些人认为,增值税政策源自财政部,“是加强世界银行和国际货币基金组织支持经济复苏计划的一部分”。[②] 加纳官员赛斯·特克珀(Seth Terkper)是引进增值税团队的一名成员,他指出,增值税的设计在财政部内部始于 1992 年 11 月,包括“一个技术委员会两年的精心规划,这个委员会的监督机构和顾问来自皇家代理(UK)”。[③] 他还提到了“皇家代理(UK)和哈佛国际发展研究所(Harvard Institute for International Development)联合进行的一项研究”。该研究“与对加纳税收制度的其他评论一起”“明确建议彻底改革销售税制度的结构和管理”。[④] 皇家代理(UK)、世界银行和英国海外开发局提供了技术援助。[⑤]

在推动改革的过程中,未关注国内政治问题在很大程度上可以从加纳政府精英与国际金融机构的密切历史接触得到解释。从 1983 年开始,结构调整

---

① Panford, *IMF-World Bank*, p. 65.

② Boadu, *Ghana: promoting accountability and transparency*, p. 41.

③ Seth Terkper, 'An examination of Ghana's proposed VAT law', *Tax Notes International*, 9 (1994), pp. 787—792, at p. 788; Terkper, *VAT in Ghana: why it failed*.

④ Terkper, *VAT in Ghana: why it failed*, p. 1803.

⑤ Terkper, *Ghana's proposed VAT law*, p. 788 and n. 3.

计划，似乎都是通过罗林斯政府与国家货币基金组织之间的秘密政策谈判形成的。[①] 尽管研究者无法就1983年的经济计划是“本土的还是世界银行/国际货币基金组织单方面的苛刻条件”达成一致意见[②]，但所有迹象都突出地表明，国际货币基金组织和世界银行持续参与了加纳的政策制定过程。这是因为需要对结构调整计划进行外部监督以确保这种影响，所以要求“国际货币基金组织、世界银行和加纳政府公务员之间持续互动”。[③]

自1992年才成立的加纳议会，似乎在增值税颁布之前就已经意识到公众对它的担忧。议会财政委员会推迟了争论，以允许公众接受教育，并举行了一些听证会。一些企业和劳工组织提交了意见书，表达了对累退性和纳税遵从问题的担忧。然而，委员会主席并没有认真解决这些问题，而是公开表示，增值税是唯一的行动路线——“在扩大加纳的税基方面，除了增值税之外，没有其他已知的替代选择”。[④] 最后，该项立法在几乎没有经过议会争论的情况下仓促通过。而且议会注意到，在关于税收负担分配、纳税遵从问题和其他敏感因素方面，没有准备好当地的经济、法律或政治研究和统计数据。[⑤] 特克珀(Terkper)指出，在增值税推行过程的早期阶段，“有与学者、私营部门团体、政府高级官员举行的研讨会和磋商”。[⑥] 然而，当时举行的小规模磋商，并没有把重点放在与商界、劳工或政界人士就政策形成进行谈判或妥协上。虽然有时特殊利益集团(最具影响力的是跨国公司的当地董事)的意见能够得以倾听，但几乎不存在正式的政策咨询程序。[⑦] 非政府专家，诸如律师、大学或专业领域的经济学家，并没有参与到为期两年的增值税政策制定和设计过程中。在过去的几十年里，加纳经历了一次重大的“人才流失”，也因此缺乏当地的专家资源。而且，罗林斯建立的政策形成模式将非政府专家排除在外，也许是因

---

① Hutchful, *Ghana's adjustment experience*, pp. 36, 38; Donkor, *Structural adjustment*, pp. 120—121.

② Donkor, *Structural adjustment*, pp. 120—121. 弗林蓬—安萨(Frimpong-Ansah)申明最初方案不是货币基金组织的产物：*The vampire state in Ghana*, p. 153 and n. 11.

③ Hutchful. *Ghana's adjustment experience*, pp. 50—51 and 150; Herbst, *The politics of reform in Ghana*, p. 119.

④ Terkper, *Ghana's proposed VAT law*, p. 787.

⑤ Hutchful, *Ghana's adjustment experience*, p. 148.

⑥ Terkper, *VAT in Ghana: why it failed*, p. 1802.

⑦ Terkper, *VAT in Ghana: why it failed*, p. 1802.

为他们被认为是反对调整和批评政府的。因此,“技术分析和评估的唯一来源仍然是政府本身、多边和联盟机构,以及与这些机构有关的各类顾问。”①

1995 年的增值税失败,导致部长博奇韦辞职。自 1983 年以来,博奇韦一直是加纳经济改革的关键人物。② 之前的销售税立即恢复,对服务的征税有所扩大。尽管如此,罗林斯政府还是在 1996 年成功获得连任。它没有放弃增值税,而且加纳的 IMF 意向书表明了其严重的收入需求,以及政府打算尽快重新开征增值税的意图。1998 年,在英国国际开发署的进一步协助下,罗林斯政府成功地做到了这一点。

1998 年的增值税改革,包含政治协商和政治妥协的共同努力。骚乱发生 1 年后,在世界银行的主持下,政府开始与个人、工会和专业团体进行磋商,结果提出了重新引进增值税的建议。商界领袖,尤其是联合利华(Unilever)等跨国公司的当地董事,强烈呼吁重新引入增值税。③ 政府成立了一个增值税监督委员会(VAT Oversight Committee),成员包括专业协会和行业组织,如加纳城市商人协会(the Ghana Urban Traders' Association)。政府还与议会成员和公众开展了进一步的广泛协商,并对其进行教育。④ 反对党继续表达自己反对增值税的意见,而公众似乎也对此进行了广泛的讨论。政府获得了公众的反馈意见,知道他们主要关注的问题包括增值税管理中的潜在腐败,以及更为重要的,即公众能否从增加的税收中受益。⑤ 这场公开争论达成了一些重要的妥协。最重要的是,在议会财政委员会与大多数产业和劳工组织的建议下,于 1998 年开始征收(引进)的增值税,税率仅为 10%,并扩大了免税

---

① Hutchful, *Ghana's adjustment experience*, p. 148.

② 博奇韦接着召集了对 IMF 的条件审查,这一审查吸引了对结构调整过程缺陷的关注:Kwesei Botchwey, Paul Collier, Jan Willem Gunning and Koichi Hamada, *Report of the group of independent persons appointed to conduct an evaluation of certain aspects of the enhanced structural adjustment facility*, part 2(Washington, DC, 1998), pp. 20—21.

③ Seth Terkper, 'Interest in the reintroduction of VAT in Ghana', *Tax Notes International*, 13 (1996), pp. 180—181.

④ 'Parliamentarians educated on VAT', *Ghanaian Digest*, Aug. 4—6, 1997, *Tax Notes International*, 15(1998), p. 679.

⑤ World Bank, *Introducing a value added tax: lessons from Ghana*, Premnote 61(Washington DC, 2001).

范围。[①] 企业的登记门槛显著提高到2亿塞地(cedi)(当时大约价值80 000美元),是1995年颁布的几倍,这让加纳经济中的大多数小商贩被排除在增值税范围之外。实际上,这意味着对"难以征税"的非正规部门征税的问题被搁置了。

1998年增值税的成功实施揭示了一项新的财政协商(fiscal bargain),即政府必须就公众对公平的期望和特定利益做出重大让步。由此形成的妥协意味着增值税增加的收入将低于预期,而且它还将继续限制增值税的改革。在受到来自国际货币基金组织的压力后,政府在2000年将增值税税率提高到12.5%,其代价是另一项政治妥协。在这一妥协中,政府承诺将额外的收入配置给一项特定的教育信托基金。该基金旨在减轻由高等教育补贴逐步取消所带来的家庭负担。[②] 1年后,国家民主委员会在2001年的选举中失利,这是自1983年以来第一次将权力移交给新政府。新一届政府(由一直反对增值税的反对党领导)声明,不会进一步提高增值税税率。[③]

税收政策传播的政治学

在过去20年里,税收政策理念向发展中国家的传播,在很大程度上是通过国际金融机构来协调的。发展中国家不得不大幅增加税收收入,以确保国际债务支付和为发展政策提供资金。许多国家在实行税收改革的过程中对财政收入的迫切需求给国家行政能力和政治谈判带来了压力。与此同时,发展中国家寻求增加外国投资和出口导向型增长,于是将改革的重点放在减少贸易和资本税、将税收负担转移至国内消费。

加纳在经历20年的经济衰退后,于20世纪80年代开始在结构调整的背

---

① Seth Terkper, 'Ghana's professional and trade groups weigh in on VAT debate', *Tax Notes International*, 16(1999), p. 982.

② IMF, *Ghana: selected issues*, Staff Country Report (Washington DC, 2000); Seth Terkper, 'Ghana experiences smooth transition to new 12.5 percent VAT rate', *Tax Notes International*, 21 (2000), p. 30.

③ Seth Terkper, 'Ghana's trade and industry minister-designate Kovi Apraku rules out VAT increase', *Tax Notes International*, 22(2001), p. 1380.

景下发动税收改革，本章对此进行了个案研究。经过十多年的结构调整，加纳的税收改革话语是经由国际专家和组织严密的政府精英“亲密沟通”[①]后产生的。在此背景下，增值税被认为是一项必要的经济改革，它将满足国际金融组织的要求，符合 WTO 的要求，并实现政府的收入目标。在国际货币基金组织引领增值税改革的前 10 年，大量的增值税专门知识得以发展，这些专业知识似乎可以很容易地转移到加纳。

在 1995 年，加纳的增值税是在这样一种情况下引进的：尽管税收管理有所改善，但国家对资本和所得征税的能力已达到其极限。对石油和进口课以重税、货币贬值和政府服务缺失，所有这些给人们的日常生活造成困难和对政府开支的怀疑。在新组建的民主政治背景下，人民已经因结构调整而精疲力竭。增值税的可见性、高税率和广泛的覆盖面，再加上缺乏协商、仓促实施，以及公众对物价上涨的恐惧，这一切导致了“财政协商”的破裂和对增值税的反抗。

又过了 3 年，一项新的“财政协商”才得以在加纳实施。到 1998 年，关于增值税的集体认知以及在税制改革过程中的公众参与，使增值税得以颁行，并在税款征收和增值税覆盖范围方面做出了重大妥协。自那以来，增值税被证明是一项稳定的收入来源，在 2003 年创造的税收收入约占 GDP 的 5%。与此同时，加纳的总体税收水平在 2003 年上升至 GDP 的 20%。[②] 随着国际经济领域发生重大变化，加纳的经济地位也随之得以改善。最重要的是，国际货币基金组织和其他外部债权人同意给予加纳这一高负债穷国债务减免的资格；加纳也正与国际货币基金组织和世界银行密切磋商，参与削减贫困的战略进程。

在 1963 年，卡尔多（Kaldor）或许比较绝望地写道，成功的税收改革最终取决于政治权力而非技术专长。然而，在 20 世纪 80 年代，全球机构对经济发展“失败”的反应是增强国际金融组织的专家力量。这些专家密切地参与包括税制改革在内的结构性经济改革，尤其是在穷国的改革。通过贷款和援助限制条件的杠杆作用，国际金融机构对税收改革的具体参与一直持续到今天。

① Hutchful, *Ghana's adjustment experience*, p. 243.

② IMF, *Ghana Country Report No*. 05/292（Washington DC, 2005）, p. 35.

国际货币基金组织巩固了自己的税收专业知识,能够领导应对大规模的财政危机。于是这就促成了全球税收规范的形成,包括降低资本税率和减少贸易关税。此外,一些特定税种(最重要的是增值税)也在全球范围内传播。

与其他在相当长一段时期内进行结构性调整的政府一样,加纳政府也建立了与国际金融组织专家的长期联系。罗林斯政府内部的关键人物与国际金融组织外部顾问之间的紧密关系,促进了这样的专家治理,并使新自由主义税收政策得以转化为加纳的法律。20 世纪 80 年代,加纳政府降低了出口税,增加了石油税和进口税,削减了资本所得税,制定了鼓励外国投资的激励措施,并设立了一家新的税务部门。最终,它寻求通过制定增值税来转向大众消费税。然而,增值税若要在加纳历史上“勒紧裤腰带”的结构调整背景下取得成功,则有关增值税的税收改革共识就必须反映加纳国内的政治、制度、经济状况。国际领域的政策制定者倾向于把他们自己想象成“超越文化和政治”,在“一个中立的专业知识世界”中运作。[①] 尽管财政协商的过程正越来越多地受制于全球散乱的条件约束(discursive constraints),但是可持续的税收政策传播还是需要国内政治合法性的配合。

① Kennedy, *Challenging expert rule*, p. 24.

11 平税:财政革命还是政策扩散?

约瑟夫·J. 桑代克(Joseph J. Thorndike)

自1994年以来,欧洲有9个国家采取了某种形式的"平税",这是一种在程序上含混不清但在政治上很受欢迎的财政改革方式。新闻记者们以几乎令人窒息的热情记录了这一现象。2005年8月,《伦敦星期日泰晤士报》(*London Sunday Times*)报道称,"一场悄无声息的革命席卷了整个苏联阵营的国家(the old Soviet bloc)"。仅仅1个星期后,澳大利亚的一份报纸就宣称,"平税革命正在席卷欧洲"。另一媒体评论道:"曾经是自由市场空想家幻想的平税,正在席卷整个欧盟。"①

"革命"似乎已成为描述全球税制改革不可或缺的比喻。但是,这种陈词滥调所掩盖的比它所阐明的还要多,它只是将简单的叙述强加于一个复杂的历史过程之上。平税并不是一个从一个国家"席卷"到另一个国家的孤立概念或政策议程。自1994年以来实行的平税制度——所有这些税制都是在中欧和东欧实行——彼此之间的差别很大:有些对所得征税,其他对消费征税;有些适用于个人,其他则适用于企业;有些以低税率为特点,另一些税率则更为陡峭。将这些迥然不同的制度混为一谈,会妨碍有用的分析,构建出一个事实上根本不存在的统一程序(unitary programme)。

然而,即使平税制度的具体概念并没有实现,但平税制改革的跨国动态是

① 'A taxing solution', *The Sunday Times*, 21 August, 2005, p. 13; Emma Kate Symons, 'Europe steps up rates of change', *The Australian*, 31 August, 2005, p. 8; Toby Harnden, "Pioneer of the 'flat tax' taught the east to thrive", *Sunday Telegraph*, 4 September, 2005, p. 10; Stephen Castle, 'Flat tax revolution sweeps in from eastern Europe', *The Independent*, 29 April, 2005, p. 31.

真实存在的。要理解这一动态，我们必须将平税视为包括官僚政治、立法机构、意识形态要素在内的财政改革综合方案，而不是统一程序。如此定义，我们就能够解释平税改革的流行，特别是在那些试图从集中计划经济向竞争的全球经济小心翼翼过渡的国家。具体来说，平税现象是由经济全球化的必要性、“后共产主义”政治调整的现实，以及新自由主义意识形态的复苏所驱动的。

政策传播和平税

在过去的25年里，多个学科的学者们围绕政策传播、扩散、模拟、趋同等主题，撰写了大量的文献。[①] 从这项工作中引出的几个关键问题可用来阐明平税现象，解释它受欢迎的程度，同时说明其内部的多样性。

什么被传播了？平税现象并不是由特定的税收、管理技术、制度或政策工具的转移来定义的。[②] 相反，围绕平税的政策传播过程，关注的是理念、态度和措辞。这些共同点并非无关紧要。事实上，它们反映了推动这一进程的结构性要求。从广义上讲，这种传播可以被描述为“模拟”或“启发”，因为一个国家的官员目睹了国外的政策改革，并将其作为自己努力的榜样。[③]

谁在精心策划这一传播？平税现象中的关键角色都是民选官员。在寻找应对全球化压力的方法时，他们抓住平税作为改革的工具。特别地，他们采用平税制改革来吸引和留住外国资本。平税是一种营销工具，政客们用它来向易变的外国投资者们“推销”自己的国家。在这一努力中，他们得到了非政府

① 关于这些术语之间的区别，参见 David Dolowitz and David Marsh，‘Who learns what from whom：a review of the policy transfer literature’，*Political Studies*，44(1996)，pp. 343—357，at pp. 344—345. 关于政策转移作为一类分析模型最具影响力的阐述之一，参见 David Dolowitz and David Marsh，‘Learning from abroad：the role of policy transfer in contemporary policy-making’，*Governance*，13(2000)，pp. 5—23.

② 关于转型经济体税收改革的多样性，参见 Maciej H. Grabowskl，‘Reforms of tax systems in transition countries’，*Transition Studies Review*，12(2005)，pp. 293—312.

③ 关于不同类型的转移，包括模仿和启发，参见 Richard Rose，‘What is lesson drawing?’ *Journal of Public Policy*，11(1991)，pp. 3—30，at p. 21. See also Dolowitz and Marsh，‘Who learns what from whom’，p. 351.

专家的大量帮助,包括美国和欧洲新自由主义智库的专家。[①] 新自由主义者偏爱自由市场、有限政府、流动的资本和健全的产权。他们倾向于拥抱,而不是抵制经济关系的全球化。当谈及税收时,他们赞同整体减税,特别是对资本收入征收非常低的税或根本不征税。作为一个群体,新自由主义者构成了一个认知共同体,一个具有广泛公认的能力和影响力的政策专家网络。正如安东尼·J. 埃文斯(Anthony J. Evans)所观察到的,这些网络在平税现象中扮演着重要的角色。[②]

平税理念传播的形成,有着怎样的必要性和约束条件呢?经济全球化——包括投资资本不断增长的流动性——一直是平税改革至关重要的引擎。平税政策代表着一种努力,以应对竞争激烈的全球投资资本市场所带来的压力,尤其是当这些压力被转型经济体面临的独特问题所介导和放大的时候。[③] 许多国家的立法者使用平税向投资者发出信号,表明他们的国家有利于营商。税收竞争一直是争夺外国投资之战的主要武器。事实上,世界已经见证了边际税率的稳步下降,这种下降至少可以追溯至 20 年前,伴随着各国竞相争夺投资和人力资本。[④]

与此同时,制度上的必要性,包括许多后"共产主义国家"的政府能力不足,也推动了平税改革。由于几乎没有纳税自愿遵从的传统并存在对政府机构的普遍不信任,转型经济体在试图设计和征收税款方面面临着重大的障碍。

---

① "新自由主义者(Neo-liberal)"可能是一个贬义词,尤其是在全球化的批评者中,而且许多表面上的新自由主义者更喜欢被简单地称为"自由派(liberals)",将他们自己与亚当·斯密模式下的新古典主义经济思想联系在一起。但新自由主义的标签避免了与"自由主义"更现代的用法相混淆,后者用于描述中间偏左的政治意识形态。

② 关于认知共同体,参见 Peter M. Haas,'Introduction:epistemic communities and international policy coordination',*International Organization*,46(1992),pp. 1—35,at p. 3. On the flat tax epistemic community,see Anthony J. Evans,*Flat tax:ideas and interest*,July-September 2005,http://www.openrepublic.org/open_republic/20050619_vol1_no1/content/20050619_ft.htm.

③ 关于欧盟的税收竞争问题,参见 Michael P. Devereux,Rachel Griffith and Alexander Klemm,'Corporate income tax reforms and international tax competition',*Economic Policy*,17(2002),pp. 451—495.

④ 关于国家间的政策竞争,参见 Colin J. Bennett,'How states utilize foreign evidence',*Journal of Public Policy*,11(1991),pp. 31—54. 对于税收激励及其对经济增长影响文献的有用调查,参见 Vahram Stepanyan,'Reforming tax systems:experience of the Baltics,Russia,and other countries of the former Soviet Union',IMF Working Paper 03/173(Washington DC,2003),pp. 8—10.

平税现象与这些过渡期的斗争有着千丝万缕的联系。①

综上所述，这些问题阐明了平税在东欧和中欧转型经济体中迅速蔓延的错综复杂且常常令人困惑的过程。它们可以解释不同国家采用平税制度的差异，而且也有助于解释平税理念在"旧欧洲"（Old Europe）和美国遭遇到的冷遇。

定义平税

没有单一的平税，而是有一系列财政改革松散地归类在这个方便的标题下。记者们用这个短语来描述一系列迥然不同的收入工具，包括有着截然不同的税率、税基和管理安排的税收。事实上，任何试图从新闻报道中提炼出"平税"本质特征的人都会感到失望。

广义上说，平税与税收本身一样古老。对任何一种类型的税基适用单一税率的税种，都可以被合理地称为平税，而且这种课税已经存在了几个世纪。单一税率的所得税符合这一定义，从价税（ad valorem）和定额消费税也是如此。教堂的什一税可能也属于这一类型，这取决于围绕它们的政治安排，尤其是它们的自愿程度。最后，人头税（poll or head taxes）也是平税，因为无论纳税人的财富、收入或消费如何，所摊派的税额都是固定的。所有这些财政手段都可以被称为平税，但它们在影响、效果和管理上存在显著差异。

不过，"平税"这个名字并非毫无具体含义。一般而言，它描述的是在按所得或消费定义的相对综合的税基之上，按固定比率征收的税。许多国家都有这样的税种，包括一些通常与平税"革命"无关的国家。按统一税率征收的企业所得税，在世界各地都很普遍。对工薪收入按统一税率征收，用于资助社会

① 关于前社会主义国家税务机构有限的官僚政治能力，参见 Jorge Martinez-Vazquez and Robert M. McNab, 'The tax reform experiment in transitional countries', *National Tax Journal*, 53 (2000), pp. 273－298, at pp. 274－276; Liam Ebrill and Oleh Havrylyshyn, 'Tax reform in the Baltics, Russia, and other countries of the former Soviet Union', IMF Occasional Paper 182 (Washington DC, 1999).

计划的税种,例如美国的社会保障工薪税,也是如此。[①]

但是,大多数关于"平税革命"的讨论涉及更广泛、更基本的财政改革方案。欧洲的平税现象,并不以专门针对特定的政府方案的狭义税收为特征。它也不是由对税基(如资本利得)的不同部分按固定税率征税或对营业收入征收单一比例税来定义的。虽然欧洲的平税制度通常包括这种单一税率的税种,但"平税革命"被定义为是对个人收入按固定税率课征、基础广泛的税收。

值得注意的是,大多数平税实际上并不是扁平的。也就是说,它们并不是在一个综合税基上实行平税率。更确切地说,平税制度通常是双重税率制度,单一边际税率适用于超过阈值的收入,而低于这一免税额的未纳税收入则适用零税率。由于所有纳税人,包括那些收入高于阈值的纳税人,通常都能从这项豁免中受益,因此,实际税率总体上是累进的;平均税率随着收入的增加而上升,因为免税额相对于纳税人的总收入缩小了。[②] 这种税,其累进性是由免税而非分级税率(graduated rates)创造的,通常被称为"递减累进税(degressive)"。所有的欧洲平税制度都包括递减的个人税收,其中许多都以大量的个人税收豁免为特点,这些免税主要考虑生存必需品、贫困线或其他一些最低需求的标准。

平税的意识形态起源

平税是一个古老的想法,根植于几个世纪以来按比例征税的论点。它也是一个超越国界的理念,世界各国都在争论,尤其是在欧洲和美国。然而,当"平税"应用于现代平税革命时,这个概念就假定了一种更为独特的美国特征(cast)。平税制度在政治上——如果不是经济上——与 20 世纪 80 年代中期两名美国经济学家——罗伯特·霍尔(Robert Hall)和阿尔文·拉乌什卡(Alvin Rabushka)——提议的一种特定类型的平税制度相关联。尽管如此,

---

① Sinclalr Davidson, 'A flat tax for Australia?', Association of Chartered Certified Accountants (Sydney, 2006), p. 14.

② 关于简洁的解释,参见 Joseph Bankman and Thomas Griffith, 'Social welfare and the rate structure: a new look at progressive taxation', *California Law Review*, 75(1987), pp. 1905—1966, at footnote 6.

总体上支持平税的意识形态，特别是“霍尔—拉乌什卡平税”，源自关于比例税和累进税相对优点的早期争论。

美国经济学家埃德温·R. A. 塞利格曼(Edwin R. A. Seligman)在他的开创性著作《累进税制的哲学》(*the philosophy of progressive taxation*)一书中探讨了一系列哲学名人支持比例性原则的早期观点，其中包括托马斯·霍布斯(Thomas Hobbes)、亚当·斯密和约翰·斯图亚特·穆勒(John Stuart Mill)。例如，霍布斯主张，个人应当按照他们从国家获得福利的比例纳税。此外，最好是用消费而不是用所得或财产来衡量这些福利：

> 有什么理由认为那些大量劳作，而且节约其劳动果实，几乎不消费的人，应该比那些生活悠闲、几无收获，并且将其得到的所有收入都花费掉的人，承担更多税负呢？这个人没有比其他人从共和国得到更多的保护。[①]

霍布斯把按比例征税和消费支出税基联系起来，这是没有必要的，但是这种联系在按单一税率征税的支持者中很常见，特别是在20世纪后半叶的那些著作中。

在《国富论》(*The Wealth of Nations*)一书中，亚当·斯密在累进税制上的立场比较含糊。他曾一度说：“富人不仅要按收入的比例为公共开支做贡献，而且要比按收入比例缴得更多，这并非不合理。”然而，后来他却支持比例税率，建议“每个国家的臣民都应该尽可能地按照他们各自能力的比例，即与他们在国家保护下各自享有的收入成比例，为支持政府做出贡献”。事实上，斯密关于比例原则的论点似乎更符合他对税收的广泛讨论。[②]

平税的支持者们经常引用约翰·斯图亚特·穆勒的话来支持他们的观点，回忆他的观察：累进税是“抢劫的一种温和形式”。[③] 然而，显而易见地，穆

---

① 关于霍布斯税的综述，包括这段引文，参见 E. R. A. Seligman，‘Progressive taxation in theory and practice’，*Publications of the American Economic Association*，9(1894)，pp. 7—222，at pp. 87—88.

② 关于霍布斯税的综述，包括这段引文，参见 E. R. A. Seligman，‘Progressive taxation in theory and practice’，*Publications of the American Economic Association*，9(1894)，pp. 93—94.

③ 参见，例如，F. A. Hayek，*The constitution of liberty*(Chicago，1960)，p. 308；‘A brief history of the flat tax’，*American Enterprise*，6(1995)，p. 61. 值得注意的是，穆勒在他的后期作品中删除了这句话。参见 Miriam A. Ellis，“Variations in the editions of J. S. Mill’s ‘Principles of political economy’”，*Economic Journal*，16(1906)，pp. 291—302，at p. 299.

勒赞同对基本生活必需品免税的递减税。塞利格曼认为,这种偏离真实比例原则的做法,使穆勒的单一税率税种的整体主张都失效了,为任何一种累进税率结构打开了大门。最近的一些学者也同意这一观点。[①]

虽然这些关于比例税的古老争论与现代所关注的问题产生了共鸣,但在20世纪中期,平税革命有其实质性的根源。更具体地说,它是美国保守派知识分子复兴的产物。这一复兴始于20世纪50年代,在20世纪最后20年达到顶峰,内容包含从新古典主义经济学衍生出来的自由主义思想元素,包括霍布斯和斯密的观点。这些美国的自由主义者——尤其是著名的经济学家米尔顿·弗里德曼(Milton Friedman)——继续推动了20世纪晚期和21世纪初的平税制改革。[②]

1962年,弗里德曼出版了《资本主义与自由》一书。这是他关于自由主义意识形态的第一个也是最具影响力的声明。在这本著作中,他将累进税与不平等议题联系在一起,但不认为对市场回报实行再分配的做法有道德上的理由。他写道:"作为一个自由主义者,我发现很难找到任何仅仅是为了重新分配收入而累进课税的理由。""这似乎是一个明显的例子,用强迫的手段从一些人那里索取,然后再给予另外一些人,这种做法与个人自由发生了正面冲突。"为了平等而牺牲自由——或者那种强调对经济回报实行均等分配的特殊形式的公平观——简直是不能容忍的。弗里德曼确实允许在所得税税率结构中有一定程度的累进,这在很大程度上是对"公平的社会标准"让步。但是,仅仅为了再分配而累进是站不住脚的。[③]

弗里德曼更倾向于按固定税率征税再外加免税额的所得税。他反对征收企业所得税,倾向于在个人层面上对企业利润征税。他还支持大幅缩减税收优惠政策,包括对资本收益、州和地方债券利息,以及对石油、天然气和其他采

---

① 关于穆勒的税收观点,John Stuart Mill,*Principles of political economy with some of their applications to social philosophy*,7th edn(London,1909),Book V,ch. 2. 关于塞利格曼的批判,Seligman,'Progressive taxation in theory and practice',pp. 154—156. 也参见 Barbara H. Fried,'Symposium:federal tax policy in the new millennium:the puzzling case for proportionate taxation',*Chapman Law Review*,2(1999),pp. 157—195,at pp. 161—162.

② 关于美国保守派的复兴,包括其自由主义元素,参见 George H. Nash,*The conservative intellectual movement in America since* 1945(Wilmington,Del.,1996).

③ Milton Friedman and Rose D. Friedman,*Capitalism and freedom*(Chicago,1982),p. 174.

掘行业的收入给予特别优惠待遇。若利用税收优惠来推进社会目标或给予恩赐,那就违反了一条至关重要的公平准则——法律面前待遇平等。事实上,弗里德曼对现行税法的主要抱怨之一是它"反复无常且不平等"。[①]

弗里德曼认为,一种平税率的所得税符合课税的受益原则。他建议,"按单一比例税率征税,将意味着收入较高的人对政府服务的绝对付款更高""根据取得的利益,这并无明显的不适当"。更重要的是,平税将阻止对富人征收惩罚性税收,避免"任何多数人都可以在不影响税负的情况下投票决定其他人的税负"。弗里德曼认为,税收豁免作为减轻贫困的一种手段是正当的。他甚至支持负所得税,即对那些收入低于免税额的人提供一项政府补贴。他坚持认为,这种对市场的有限干预是可以接受的,因为它并非源自多数人的政治暴政。他解释说,"90%的人口投票对自身征税而对10%的人口豁免,与90%的人口投票对其他10%的人口征收惩罚性税收,是截然不同的。后者在美国已经实际发生了。"[②]

弗里德曼坚持认为,他的平税不会扰乱政府收入。他预测,假定立法者们通过取消抵免、免税和其他优惠政策以扩大税基,那么23.5%的平税率就会像现行的累进税率结构一样筹集到同样多的资金。此外,这项税收可能会比它所取代的累进制度带来更多的收入。通过减少逃税动机和消除累进税率结构固有的低效率,平税将提供足够的收入。[③]

弗里德曼的平税主张受到了冷遇。他后来回忆道,即便是富有同情心的观察者也将这一想法斥为"激进、不切实际和空想"。[④] 但是20年后,《资本主义和自由》激发阿尔文·拉乌什卡(Alvin Rabushka)和罗伯特·霍尔(Robert Hall)开发出了一种更为详细的平税版本。[⑤] 1981年,他们在《华尔街日报》上发表了一篇文章,呼吁对个人薪酬按19%的平税率征税,同时对企业利润按19%的平税率征税。他们认为,美国现行税收极其复杂,增长缓慢,助长了逃

① Milton Friedman and Rose D. Friedman, *Capitalism and freedom* (Chicago, 1982), p. 174.

② Milton Friedman and Rose D. Friedman, *Capitalism and freedom* (Chicago, 1982), pp. 174—175.

③ Milton Friedman and Rose D. Friedman, *Capitalism and freedom* (Chicago, 1982), p. 175.

④ Milton Friedman and Rose D. Friedman, *Tyranny of the status quo*, 1st edn (San Diego, 1984), p. 63.

⑤ Evans, *Flat tax: ideas and interest*; Alvin Rabushka, 'The free market at work in Hong Kong', *Wall Street Journal*, 18 January, 1980, p. 8.

税行为,并使美国损失了数十亿美元的收入。更重要的是,复杂和繁重的税收破坏了美国社会的道德基础。他们总结说,"税收改革不仅仅有经济效益。"

> 联邦税收制度的复杂性现在助长了人们对政府的蔑视,并使很大一部分人成为轻罪分子。低边际税率的简化税制将有助于恢复人们对政府的信心,并将支撑美国人民的基本诚信。①

霍尔—拉乌什卡平税与弗里德曼的平税在一个关键问题上有所不同:它是一种消费税。它保留了许多用于征收所得税的管理基础结构,但将储蓄和投资排除在税基之外。在弗里德曼提出其计划后的 20 年里,消费税已经聚集了一大批且人数不断壮大的支持者。将税基从收入转向消费所带来的内在效率改进,给政界的经济学家们留下越来越深刻的印象。与此同时,霍尔—拉乌什卡平税成为最著名的消费税改革模式。

不过,到此时平税仍然停留在理论领域而尚未出现在现实中。1996 年,杂志出版商史蒂夫·福布斯(Steve Forbes)寻求共和党总统候选人提名,以平税作为他的代表性议题。在短暂的兴奋之后,他的竞选活动步履蹒跚。美国选民对平税概念感到不安,他们接受这一想法的弱形式(包括那些允许保留受欢迎的扣除额的方案),但对更为彻底的版本感到害怕而退避。在整个 20 世纪 90 年代,平税一直是美国右翼的宠儿,甚至一些自由派人士也认为这个想法很有吸引力,但它从来没有建立起一个民众支持的可靠基础。最终,平税在美国以外的地方首次获得成功。当美国人就平税制改革的可能性展开争论时,其他国家正一头扎进这些未知的财政领域。

平税思想的传播

宽泛地说,平税已经存在了 50 多年。中国香港在第二次世界大战之后不久就引入了早期版本,海峡群岛(the Channel Islands)、牙买加(Jamaica)、玻利维亚(Bolivia)也率先推行了单一税率改革,但这些国家或地区都没有设法

---

① Alvin Rabushka and Robert E. Hall, 'A proposal to simplify our tax system', *Wall Street Journal*, 10 December, 1981, p. 30. 关于他们计划的更详细说明,参见 Robert Ernest Hall and Alvin Rabushka, *The flat tax*, 2nd edn(Stanford, Calif., 1995).

输出这一理念。准确地说，当爱沙尼亚于1994年实施平税率所得税时，现代平税现象——这场被称之为“革命”的跨国运动——在波罗的海沿岸已然成形。在接下来的十年，东欧和中欧的8个国家也纷纷效仿(见表11.1)。这一政策传播过程由各种迫切需要推动，而且受到了各种不同约束条件的限制。在一些国家，意识形态是中心，而在另一些国家，寻求外国投资占据了中心地位。在其他地方，几乎是共产主义的政治和官僚遗产发挥了至关重要的作用。

表11.1　　欧洲平税(1994—2005年)

国　家	实施年度	个人税率(%)	公司税率(%)
爱沙尼亚(Estonia)	1994	24	24
立陶宛(Lithuania)	1994	33	15
拉脱维亚(Latvia)	1995	25	15
俄罗斯(Russia)	2001	13	24
塞尔维亚(Serbia)	2003	14	14
斯洛伐克(Slovakia)	2004	19	19
乌克兰(Ukraine)	2004	13	25
格鲁吉亚(Georgia)	2005	12	20
罗马尼亚(Romania)	2005	16	16

资料来源：Chris Edwards. ‘Catching up to global tax reforms’, in *Tax & Budget Bulletin* (Washington, DC, 2005).

现代平税制具有重要的共同特点。尽管不同收入类型的税率并不总是相同(企业收入的税率通常与个人收入的税率不同)，但是所有这些都以对所得按单一税率征税为标志。表面上它们都承诺了一个简易的和综合的税基，避免了许多与所得税相关的扣除、抵免和其他税收优惠。最后，所有的平税制度都在个人所得税中规定了某种形式的个人免税额，使其成为递减税制，而非真正的比例税制。

但是，平税制在征收的税率上差异明显，有的国家税率比其他国家高出很多。此外，除了个人所得税和企业所得税外，这些国家的其他财政工具也有广泛的多样性。实际上，几乎所有的制度都包括某种增值税，但实施税率差别很大。许多平税制度还征收各种各样旨在为社会福利计划提供资金的“社会”

税,但这些税种也各不相同。而且,这些社会税通常作为一种平行的所得税制度运行,冲淡了平税率制度假定的纯粹性。

要理解不同平税制度之间的共性和区别,我们必须超越综合泛化的水平,而更为详细地审查特定国家的收入体系。在本节中,我们将考虑爱沙尼亚、俄罗斯和斯洛伐克三国的平税制改革。这三个国家的例子,说明了推动平税制改革力量的多样性,以及从这些复杂动态中可能产生的迥然不同的结果。

爱沙尼亚

1994 年,爱沙尼亚以个人和企业收入的平税率征税取代了累进所得税。由于行政能力有限和纳税遵从传统薄弱,官员们急于修复功能失调的财政收入体制。他们还寻求吸引和保留外国资本,扭转共产主义终结后的资本外流。[①] 然而,值得注意的是,几位重要的爱沙尼亚官员也欣然接受了平税改革的意识形态主张,包括对财产权和私营企业的承诺。

在独立的早期,爱沙尼亚实行的是累进税率的个人和企业所得税:税率分别为 16%、24%和 33%的个人所得税,以及税率分别为 15.23%和 30%的企业所得税。[②] 1994 年,国会通过了一项适用于所有收入类型且税率为 26%的平税。2000 年,他们免除了留存收益的企业税,只向那些作为股息发放给投资者的利润征税。2005 年,爱沙尼亚将个人所得的平税率下调至 24%,并计划未来进一步下调;到 2009 年,税率预期降至 20%。[③]

与此同时,爱沙尼亚还计划在同一时期内增加个人所得税的免税额——已经相当于人均收入的 1/3。爱沙尼亚官员用公平的理由为税收豁免辩护,并欣然接受递减课税的基本原理。财政部宣称,“平等和公正是爱沙尼亚宪法

---

① 关于资本外逃问题,参见 International Monetary Fund, *Transition economies: an IMF perspective on progress and prospects* (Washington DC, 2000) at http://imf.org/external/np/exr/ib/2000/110300.htm.

② 关于爱沙尼亚 1990 年实行的第一个后共产主义税收制度,参见‘Estonia: the transition to a market economy’, *World Bank Country Study* (1993), pp. 20—22.

③ Stepanyan, ‘Reforming tax systems’, p. 26.

规定的指导原则之一，它也反映在税法中”。由于免税额对穷人提供的救济大于对富人的救济——在收入最低人群中实际税率的降幅最大——因此它们有助于促进平等。[①]

此外，爱沙尼亚还征收18%的增值税和对工资征收33%的“社会税”，后者用于资助包括全民医疗保险在内的社会福利计划。由于社会福利是有限的，但社会税不是，因此高收入纳税人缴纳的税款大于他们获得的福利。根据爱沙尼亚官员的说法，这种安排为税收制度增加了另外的再分配要素，进而促进社会公平。[②]

立法者们预期平税将弥补爱沙尼亚的有限征税能力。收税员和公民都未在现代税收制度运作中接受过教育，而且这个国家正在其首个“后共产主义”税收制度中挣扎。正如官员们后来回忆的那样，“我们继承了这套荒谬的苏联制度，每个人都花费数周时间填写表格，所以我们把它改成了对所有人都更为方便的方式。”[③]在2003年的一次采访中，前总理马特·拉尔(Mart Laar)对此表示赞同。他说，“事实是，你必须使你的税收制度尽可能简单，因为人们如果不理解它就会避开它。但如果人们理解了税收制度及其用途，那么他们就会心向往之。”[④]

爱沙尼亚官员还希望吸引外国投资者，激励发展和促进经济增长。大多数人认为他们是成功的。国际货币基金组织在2000年得出结论，“爱沙尼亚的自由政策体制创造了良好的投资环境，并使该国能够吸引外国投资者，尤其是电信和银行业的投资者。”来自欧盟国家的大量资本流入这个国家，人均资本流入在所有转型经济体中排名第二。[⑤]

这些实际问题对爱沙尼亚的平税制改革至关重要，不过意识形态也发

---

① Republic of Estonia, Ministry of Finance, ‘Questions and answers: Estonian flat income tax system’ (Tallinn, 2005), p. 3.

② Republic of Estonia, Ministry of Finance, ‘Questions and answers: Estonian flat income tax system’ (Tallinn, 2005), p. 4.

③ Radek Sikorski, ‘Land of the free-Estonia’, *National Review*, 24 February, 1997.

④ Fredo Arias-King, ‘Just do it: interview with Mart Laar’, *Demokratizatsiya*, 11(2003), at http://www.findarticles.com/p/articles/mi_qa3996/is_200310/ai_n9310159; Republic of Estonia, ‘Questions and answers’, p. 4.

⑤ René Weber and Günther Taube, ‘Estonia moves toward EU accession’, in *Finance and Development* (Washington DC, International Monetary Fund, 2000).

挥了关键作用。或许最有力的变革推动者是爱沙尼亚的年轻总理拉尔——一位健谈的自由市场理念的拥护者。当他着手重建国家经济的时候,拉尔向米尔顿·弗里德曼(Milton Friedman)寻求帮助。拉尔在2005年的一次采访中宣称,“我读过的唯一一本经济学书籍是米尔顿·弗里德曼的《自由选择》”。他无视来自政府同僚和国际机构的警告,坚持不懈地追求平税制。他回忆说:“大多数专家都建议不要这样做,并且说这是一个非常愚蠢的想法。我的财政部部长说不要这样做,国际货币基金组织说不要这样做。但要让一个年轻人相信他是错的并不容易,而我就是那种类型的年轻人,所以我就这样做了。”①

事实上,爱沙尼亚的平税类似于弗里德曼1962年制定的对个人所得按平税率征收的计划。它是对收入而不是对消费进行课征,虽然有一些形式的资本收入未被征税,但包括股息和资本收益在内的其他形式被纳入了税基。其结果是,这种税与霍尔—拉乌什卡平税有着显著差异,它代表了对早前有关比例所得税观点的回归。

拉尔认为平税是为了自由而出击。他回忆说,“我们必须澄清,如果有人工作得多,挣得更多,则他不会因此受到惩罚。”卸任后,他在新自由主义巡回演讲中成为一名广受欢迎的演说家,在世界各地倡导自由市场改革。与弗里德曼的观点相呼应,他坚持认为经济改革与政治改革之间存在联系。② 不过,他对自己不太可能取得的成功感到惊讶。拉尔说:“就像那只不知道自己不能在水上行走的蜥蜴发现,它其实能够这么做,我们也不知道平税是行不通的。”“我们只是在水上行走,因为我们不知道这是不可能的。”③

---

① Paul Belien,‘Walking on water:how to do it’,*Brussels Journal*,27 August,2005,available at http://www.brusselsjournal.com/node/202;Harnden,“Pioneer of the ‘flat tax’ taught the east to thrive”. Dilanian,‘Derided in the U.S.,flat tax is a winner in eastern Europe’. See also “‘Radical…but not radical enough’:an interview with Mart Laar”,*City paper:Baltics worldwide*(1997),available at http://www.balticsworldwide.com/larr.htm.

② Mart Laar,‘How Estonia did it’,in ed. Gerald P. O’Driscoll Jr.,Edwin J. Feulner and Mary Anastasia O’Grady(eds),2003 *Index of economic freedom*(Washington,DC,2003),pp. 35—37.

③ Harnden,“Pioneer of the ‘flat tax’ taught the east to thrive”. ‘Radical…but not radical enough’. 关于拉尔(Laar)和支持自由市场改革的跨国认知共同体,参见Evans,*Flat tax:ideas and interest*.

俄罗斯

2001年，俄罗斯用平税率的个人所得税取代了它的累进所得税。这项改革受到了全世界的欢迎，并被广泛认为是平税率税收的成功信号。与爱沙尼亚一样，俄罗斯改革方案的设计目的是应对现行税制中的严重问题。同样与爱沙尼亚相似，它在新自由主义知识分子中找到了一些最热烈的支持者。

在2001年改革之前，俄罗斯在苏联解体后采用的税收制度是原始的和功能失调的。陡峭的、有时是惩罚性的税率鼓励了逃税者，税务官员们则因法律权威不足和行政能力有限而进退维艰。按照俄罗斯经济改革的关键设计师叶戈·盖达尔(Yegor Gaidar)的说法，该制度从一开始就注定要失败。2002年，他对一名美国听众说，"当我们没有市场机制的经验时，我们认为我们可以或多或少地从一个发达国家引进一套税收制度。"但税收制度必须从本土发展起来。盖达尔解释说，"国家的税收制度是一个历史性的产物。法国人不喜欢他们的税收制度，他们讨厌它，但他们一般都会遵从。因为你必须纳税，是一般社会契约的一部分。但在俄罗斯，没有这样的社会契约。"①

1997年的一项研究发现，企业层面的税收合规问题很严重，近29%的纳税义务完全没有缴付，而其余大部分都以易货或提供商品给政府进行税收抵消(tax offsets)的形式缴付。纳税大户例行公事地协商他们的税收事宜。总体而言，税收占国内生产总值(GDP)的比例从1992年的39%稳步下降至1998年的33.5%。欠税(Tax arrears)大幅增长，在之前的12个月内，欠税占税款征收的比率在1997年达到34%，而加拿大、美国和澳大利亚的这一比例是4%至6%。一位官员后来估计，到2001年，俄罗斯人申报的收入仅占其收入的25%。长期收入不足导致该国难以支付其账单。1998年，俄罗斯拖欠了

① Leslie Evans, 'Yegor Gaidar: Russia has done better than you think', UCLA Asia Institute (Los Angeles, 2002), available at http://www.asiamedia.ucla.edu/article.asp?parentid=1964.

400 亿美元的债务,经济几近崩溃。①

逃税(Tax evasion)为平税制改革铺平了道路。俄罗斯人愿意牺牲累进税率,因为表面上的累进结构无论如何都不起作用。盖达尔回忆说,“人们不愿遵从”“在较低级距的人们——老师、医生支付了税款。那些在更高的级距中应该纳税的人找到了不缴税的方法,只有穷人付了税。” 2001 年,立法者们对个人收入按 13%的平税率征税,放弃了 12%、20%和 30%的三级累进制度。对一小部分纳税人——那些之前在最高两个级距的纳税人来说 ,这是一笔意外的收获。然而,那些原来处于最低级距的纳税人实际上看到了税率的小幅上升。总体而言,所有纳税人的平均税率从 14%小幅降至 13%。这一新制度包括更高的免税额,但相对于工资水平,免税额仍保持在大约 12%的稳定水平。②

与此同时,在新制度下,某些形式的资本收入的税率实际上提高了,这使得俄罗斯的改革与霍尔—拉乌什卡平税方案中对所有类型的资本收入豁免征税截然不同。股息的税率从 15%提高至 30%,翻了一番。因为市政当局利用它们的权力,在国家税收基础上征收了 5%的附加税,所以企业所得税税率名义上保持在 30%不变,实际上提高了 5%。最后,俄罗斯政府还降低了用于支付社会保险的税率,并重新组合为“统一社会税”。③

2001 年的改革,还包括一系列旨在遏制逃税行为的管理变化。纳税人被首次分配了统一的识别码。该项法律还引入了一种代扣代缴税款的制度,对个人收入所得从源课征。而且税务当局也被赋予了强有力的执行工具,包括间接评估税金的权力(在纳税人没有提供足够信息的情况下),以及进行稽查的权力。正如一些观察人士所指出,这些行政改革是一揽子改革方案中的重

① Gale and Gaddy,‘Demythologizing the Russian flat tax’, pp. 984－986; Jason Bush,‘From each according to…oh, never mind’, *Business Week*, 26 *May*, 2003, p. 41; International Monetary Fund, ‘Russian Federation: selected issues and statistical appendix’, IMF Country Report 02/75(Washington DC, 2002), p. 61.

② Gale and Gaddy,‘Demythologizing the Russian flat tax’, p. 985; Anna Ivanova, Michael Keen and Alexander Klemm,‘The Russian flat tax reform’, IMF Working Paper(Washington DC, 2005), p. 6.

③ Gale and Gaddy,‘Demythologizing the Russian flat tax’, p. 985; Ivanova, Keen and Klemm, ‘The Russian flat tax reform’, pp. 4－6.

要组成部分，也是其获得巨大成功的一项关键原因。①

意识形态在俄罗斯税制改革中发挥了核心作用。盖达尔承认，西方经济学家的影响力虽然有限，但很重要。他在2000年回忆道："是的，我饶有兴趣地阅读了米尔顿·弗里德曼的书，也阅读了哈耶克的书。他们对我们而言非常权威，但是都与我们国内的现实相去甚远。"②然而，俄罗斯平税的主要倡导者安德烈·伊拉里奥诺夫（Andrei Illarionov）则深受西方经济思想的影响。伊拉里奥诺夫是一名因其狂热的自由市场意识形态而闻名的年轻经济学家。他成了普京的首席经济顾问，并且利用这一职位发起了一场热烈的激进税收改革运动。与弗里德曼和艾恩·兰德（Ayn Rand）等自由市场偶像的理念一致，他坚持认为政治和经济自由是不可分割的。他在2000年宣称："每一项关税以及对外汇交易的每一次限制，都是对我们意识的打击。每一项税收都在危害我们的自由。"事实上，伊拉里奥诺夫擅于发表煽动性的言论。他在2000年断言："国家是一种从一个人身上偷钱，并把钱交给另一个人的机制。"③

普京任命伊拉里奥诺夫与一群志同道合的改革者一起，帮助制订了一项新的经济计划。在莫斯科郊外的一个新智库——战略研究中心（Centre for Strategic Studies）中，该研究团队制定了一套综合改革方案，其中包括对个人收入按新的平税率征税。④ 波罗的海国家（The Baltic states）似乎鼓舞了伊拉里奥诺夫，但最强大的影响来自美国。在采访中，他援引霍尔—拉乌什卡平税作为他的俄罗斯改革范本，尽管这两种模式之间存在许多分歧。他说："你必须尊敬发明家，就像托马斯·爱迪生（Thomas Edison）和电灯一样。"的确，拉

① Gale and Gaddy, 'Demythologizing the Russian flat tax', p. 986.

② Public Broadcasting Service, 'Commanding heights: interview with Yegor Gaidar', transcript from television documentary (2002), available at http://www.pbs.org/wgbh/commandingheights/shared/minitextlo/int_yegorgaidar.html#3.

③ 'Reformist on a rampage: a flat tax of 13%, and a cleaned up reputation for repaying debt', *Business Week*, 17 June, 2002, p. 60; Catherine Belton, 'Putin's adviser extols Ayn Rand', *Moscow Times*, 26 April, 2000; Steve Stephens, 'Russian adviser can teach U.S. lessons about a free economy', *Columbus Dispatch*, 11 December, 2000, p. B1.

④ Angela Charlton, 'Think tank embraces capitalism to revive the Russian economy; President Putin's team of dreamers entertains drastic fiscal notions', *Globe and Mail*, 5 May, 2000, p. B6; Leon Aron, "A second go at a 'second economic revolution'?", *Russia Outlook*: *AEI Online*, 1 July, 2000, available at http://www.aei.org/ publications/publD.118441pub_detail.asp.

乌什卡本人认为,俄罗斯的改革是平税改革跨国进程中的一首关键插曲。[①]

斯洛伐克

2004 年 1 月,斯洛伐克放弃了自己从 10%至 38%五层税率结构的累进所得税,取而代之的是 19%的平税率所得税。政治领导人还对企业收入按新的平税率征税,并简化了增值税,两者的税率都被设定为 19%。与爱沙尼亚和俄罗斯一样,这些变化是由管理的必要性和意识形态所驱动的。但在斯洛伐克,税收竞争和寻求外国投资是关键。

斯洛伐克的税收改革是由感觉到的经济停滞和政府失灵所推动的。社会经济改革研究所(Institute for Social and Economic Reform)的两位分析师回忆说,“普遍认为当时的税收制度过于复杂,变化太频繁,引入了太多的免税和特殊税率,从而扭曲了商业环境,使之不可持续。”这一制度是不稳定的,而且异常复杂。正如一位关键倡导者所宣称的那样,“这不是一个稳定的体系,对于中小型企业来说超级复杂。”[②]

新税制旨在吸引外国投资者。财政部部长伊万·米克罗斯(Ivan Miklos)宣称,“这是一个鼓励外国投资流入的强烈且积极的信号。”内阁官员们将斯洛伐克的新制度与国外的平税制度进行了比较,包括对个人所得征税较为完善的中国香港制度。他们渴望加快斯洛伐克的经济增长步伐,相信平税会吸引外资。[③] 这些改革还旨在遏制逃税行为。国家最大银行的一位经济学家

---

① John Fund,‘High taxes wither away’,*New York Sun*,1 March,2005,p. 9;Bush,‘From each according to…oh,never mind’;Stephens,‘Russian adviser can teach U. S. lessons about a free economy’. Carol Matlack et al. ,‘Europe circles the flat tax’,*Business Week*,26 September,2005,p. 59. 关于霍尔—拉乌什卡税与俄罗斯平税制的区别,参见 Ivanova,Keen and Klemm,‘The Russian flat tax reform’,p. 4. Alvin Rabushka,‘The flat tax at work In Russia’,21 February,2002,*The Russian Economy*,available at http://www. russianeconomy. org/ comments/022102. html.

② Peter Golias and Robert Kicina,‘Slovak tax reform:one year after’,Institute for Economic and Social Reforms(Bratislava,2005),p. 3;Marta lurianova,‘Flat tax favors business’,*Slovak Spectator*,6 October,2003,available at http://www. spectator. sk/clanok-14018. html;Andreas Tzortzis,‘Flat-tax movement stirs Europe’,*Christian Science Monitor*,8 March,2005,p. 1.

③ Jonathan Kandell,‘The year of accession:Slovakian overdrive’,*Institutional Investor-Americas*,12 February,2004.

指出,“这应该会降低企业和个人逃税的强烈动机”。而且正如商业杂志《机构投资者——美洲》(*Institutional Investor—Americas*)所观察到的那样,“改革还应该削减国内税收官僚机构,其效率低下和腐败的名声是传奇性的”。①

斯洛伐克的平税改革反映了一个新的中右翼联合政府在2002年底崛起。财政部部长米克洛斯是主要支持者,他的首席经济顾问马丁·布伦奇科(Martin Bruncko)也是如此。《基督教科学箴言报》(*Christian Science Monitor*)在一篇引人赞赏的文章中写道,“几年前,马丁·布伦奇科在哈佛大学研究过平税。今天,这位28岁的年轻人正飞往欧洲城市推广这一理念,他在自己的祖国斯洛伐克将这一梦想变成了现实。”②

美国的保守派鼓励斯洛伐克的改革。在爱沙尼亚,外国支持者们热情地为平税制改革欢呼,但他们的贡献大多是事后诸葛亮。在俄罗斯,他们扮演了更为积极的角色,但弗拉基米尔·普京(Vladimir Putin)的强硬手腕确保了俄罗斯改革将成为他的杰作。在斯洛伐克,国家领导人指导了平税制改革,但他们得到了世界各地惺惺相惜的党羽们的积极支持。2003年,在对伯拉第斯拉瓦(Bratislava)的访问中,史蒂夫·福布斯(Steve Forbes)预测,一项新的斯洛伐克平税将改变该国经济。他宣称,“斯洛伐克正在成为该地区其他国家的榜样。所有欧洲国家都需以斯洛伐克为榜样。”③

许多人认为,斯洛伐克的税制改革有助于吸引外国投资。2004年,斯洛伐克投资和贸易发展署(Investment and Trade Development Agency)报告说,外国直接投资比前一年增加了47%;2005年初的数据也指向了类似趋势。该机构将这一增长归因于创造了一个适当的商业环境,包括新的税收制度。据《商业周刊》杂志报道,“斯洛伐克官员表示,他们的平税改革对上年获得韩国现代汽车制造公司13亿美元投资至关重要。”事实上,汽车公司蜂拥至斯洛伐克,标致雪铁龙、福特、大众都在大举投资。总的来说,在1998年到2005年期间,斯洛伐克的外国投资增长了6倍多。布伦奇科将这一增长大部分归因

① Tzortzis,‘Flat-tax movement stirs Europe’.

② Dewey Smolka,‘U. S. media mogul hails Slovak tax plans’, *Slovak Spectator*, 21 July-3 August 2003, available at http://www.slovakspectator.sk/clanok.asp? cl=13455.

③ Golias and Kicina,‘Slovak tax reform: one year after’, p. 10.

于新的、平税率的企业所得税。但是他也强调了低个人所得税的重要性,因为它们使这个国家对外国公司的员工更具吸引力。①

斯洛伐克的平税制度在整个欧洲掀起波澜。社会经济改革研究所观察到,"改革引发了中欧国家之间激烈的税收竞争,并进一步向西方蔓延"。奥地利、匈牙利、波兰都降低了它们的企业税率。捷克共和国降低了增值税税率,并计划降低企业所得税。许多国际观察人士对改革表示赞赏,甚至经合组织(OECD)也支持它们。但批评人士,尤其是在西欧高税收国家的那些批评人士们抱怨说,通过对斯洛伐克的经济援助,斯洛伐克的减税措施实际上获得了欧盟的资助。②

斯洛伐克税务官员对国际社会就其平税制改革的强烈反应感到惊讶——无论是积极的还是消极的反应。这个国家不是第一个引入平税的欧洲国家,而且从征税技术上讲,也并不是特别创新。斯洛伐克财政部的一项研究指出,"平税并不像公众意识所理解的那样,对经济体系产生了实质性的改变。"③

但是,正如斯洛伐克官员很快承认的,平税是一种强有力的营销策略:

> 斯洛伐克是一个小型的开放经济体,在以大量国际投资流动为标志的全球经济世界中运作。此外,关于投资机会的盈利能力信息不完全是经济现实的特征。这意味着,基本面分析在投资配置的决策过程中相对不可靠,因此并不总是投资者决策的决定性因素。鉴于此,一个国家在国际舞台上的良好形象,有时会对投资产生决定性的影响。④
>
> 其他观察员也认同这一结论。对平税的积极反应,在帮助国家寻求外国投资方面至关重要。斯洛伐克最大银行之一的分析师罗伯特·普

---

① Kandell,'The year of accession';Mathew Reynolds,'Once a backwater,Slovakia surges',*New York Times*,28 December,2004,p. 1. Matlack et al. ,'Europe circles the flat tax';Golias and Kicina,'Slovak tax reform:one year after',p. 11.

② Zdenko Krajci and Ludovit Ódor,'First year of the tax reform or 19 percent at work',Financial Policy Institute,Ministry of Finance of the Slovak Republic(Bratislava,September 2005),pp. 77—79.

③ Zdenko Krajci and Ludovit Ódor,'First year of the tax reform or 19 percent at work',Financial Policy Institute,Ministry of Finance of the Slovak Republic(Bratislava,September 2005),pp. 77—79.

④ Marta Iurianova,'Two years on,flat tax pros and cons still debated',*Slovak Spectator*,6 February,2006,available at http://www. slovakspectator. sk/clanok-22389. html.

雷加(Robert Prega)评论道:“我认为这种宣传和降低税率本身一样重要。”①

事实上,斯洛伐克的平税制改革是由寻求外国投资所驱动的。与爱沙尼亚和俄罗斯一样,这也是对国家现行税制管理失灵的回应。但税收竞争是斯洛伐克改革的驱动力,它影响了该国的政策规划,并重新引发了欧洲关于全球化和财政政策的争论。

结　论

平税的跨国流行并不是一场革命。东欧和中欧的平税制度差异太大,无法在这一精简又方便的旗帜下推行。然而,平税财政改革的流行,确实构成了政策传播的一个例子。它由人的意志和结构因素推动,而且这一过程反映了世界范围内关于财政政策、税收竞争以及全球化对公共财政影响的争论。与此同时,许多平税制改革的明显成功也加剧了这场争论。

爱沙尼亚创新性地采用了平税制——包括在2000年的企业所得税重组,对企业未分配利润完全免税——已经被广泛奉为在推动按比例征税方面的重大胜利。爱沙尼亚和它的波罗的海邻国一样,在吸引外资方面非常成功。俄罗斯也因其2001年的财政改革而广受赞誉,这一改革似乎将该国从20世纪90年代末的财政收入危机中解救了出来。斯洛伐克的平税制因太新而无法进行有意义的评估,但有坊间报告显示,较低的税收可能促进了外国投资。更确切地说,斯洛伐克的改革刺激了税收竞争的活力,促使欧洲其他国家也考虑进行类似的改革。

事实上,平税现象由不稳定但不可避免的全球化动态驱动,平税制度旨在吸引和保留转型国家的外国直接投资。而且虽然平税制的特点是引入了更为扁平的税率结构——通常不是包括一档而是两档税率——但它们的政治历史反映了降低税负的要求,尤其是在资本方面。在这种情况下,将某种东西称为“平税”就相当于一种营销方案,一种向外国投资者发出的信号,表明某一特定

① Tzortzis,'Flat-tax movement stirs Europe'.

国家渴望适应全球工商企业的需要。

但对投资资本的追求只是故事的一部分。除此之外,平税现象是由共产主义的政治和行政遗产所塑造的。由于东欧和中欧国家一直在努力向自由市场过渡,因此不发达的收入机构可以用平税制来弥补其有限的行政能力。总的来说,与它们所取代的制度相比较,平税制更加简单,行政负担也更轻。因此,它们非常适合有新生财政机构的国家。

最后,平税现象得到了新自由主义政策企业家的帮助和支持,包括那些雇用他们的智库和寻求他们建议的政客。事实上,尽管平税革命在政策层面上是不连贯的,但在意识形态方面却惊人一致。这并不是说意识形态一直是平税运动的唯一驱动力,甚至它也不是主要的共同点。平税制改革的务实诉求,往往才是决定性的。但是,平税改革者们共享的意识形态,为这种自然的扩散过程提供了修辞和政治上的统一。

平税制改革的未来仍不明朗。爱沙尼亚和斯洛伐克继续就平税制度的公平性展开争论,批评人士坚持认为,回归累进税率将有利于社会正义事业。与此同时,在俄罗斯,安德烈·伊拉里奥诺夫的新自由主义经济意识形态正与一些明显不自由的政治趋势做斗争。2005 年年底,伊拉里奥诺夫辞去了在普京政府的职位。他抱怨说,在新威权主义的俄罗斯,政治自由受到了打击。显然,弗里德曼的经济和政治自由之间的联系仍然脆弱。

尽管如此,驱动平税现象发展的动力是强劲的。数十年来,边际税率的下行压力一直是全球经济的一个固定因素。税收竞争有望继续有力地推动国家税收改革。努力控制“逐底竞争”的做法,受到了低税国家强烈的抵制。例如,斯洛伐克一直坚决反对这样的抱怨,即它的平税制度构成了一种不公平的“税收倾销”形式。

然而,最终看来,平税并不是税收竞争的唯一答案。决策者们可以在不放弃累进税率的情况下减轻税收负担,尤其是在资本方面。这种零碎的改革在那些现有税制行之有效而且根深蒂固的国家很受欢迎。事实上,平税可能仍然是一种局限于发展中国家和转型经济体的现象。

译丛主编后记

财政活动兼有经济和政治二重属性，因而从现代财政学诞生起，“财政学是介于经济学与政治学之间的学科”这样的说法就不绝于耳。正因如此，财政研究至少有两种范式：一种是经济学研究范式，在这种范式下财政学向公共经济学发展；另一种是政治学研究范式，从政治学视角探讨国家与社会间的财政行为。这两种研究范式各有侧重，互为补充。但是检索国内相关文献可以发现，我国财政学者遵循政治学范式的研究并不多见，绝大多数财政研究仍自觉地或不自觉地将自己界定在经济学学科内，而政治学者大多也不把研究财政现象视为分内行为。究其原因，可能主要源于在当前行政主导下的学科分界中，财政学被分到了应用经济学之下。本丛书的两位主编，之所以不揣浅陋地提出“财政政治学”这一名称并将其作为译丛名，是想尝试着对当前学科体系进行纠偏，将财政学的经济学研究范式和政治学研究范式结合起来，从而以“财政政治学”为名，倡导研究财政活动的政治属性。编者认为，这样做有以下几个方面的积极意义。

1. 寻求当前财政研究的理论基础。在我国的学科体系中，财政学被归入应用经济学之下，学术上就自然产生了以经济理论为财政研究基础的要求。不过，由于当前经济学越来越把自己固化为形式特征明显的数学，以经济理论为基础就导致财政学忽视了那些难以数学化的政治视角研究，这样就让目前大量的财政研究失去了理论基础。在现实中已经出现并将更多出现的现象是，探讨财政行为的理论、制度与历史的论著，不断被人质疑是否属于经济学，一篇研究预算制度及其现实运行的博士论文，经常被答辩委员怀疑是否可授予经济学学位。因此，要解释当前的财政现象、推动财政研究，就不能不去寻找财政的政治理论基础。

2. 培养治国者。财政因国家治理需要而不断变革，国家因财政治理而得以成长。中共十八届三中全会指出："财政是国家治理的基础和重要支柱，科学的财税体制是优化资源配置、维护市场统一、促进社会公平、实现国家长治久安的制度保障。"财政在国家治理中的作用，被提到空前的高度。因此，财政专业培养的学生，不仅要学会财政领域中的经济知识，也应该学到相应的政治知识。财政活动是一项极其重要的国务活动，涉及治国方略；从事财政活动的人是重要的政治家，应该得到综合的培养。这一理由，也是当前众多财经类大学财政专业不能被合并到经济学院的原因之所在。

3. 促进政治发展。在18—19世纪，在普鲁士国家兴起及德国统一过程中，活跃的财政学派与良好的财政当局曾经发挥了巨大的历史作用。而在当今中国，在大的制度构架稳定的前提下，通过财政改革推动政治发展，也一再为学者们所重视。财政专业的学者，自然也应该参与这样的理论研究和实践活动中去。事实上也已有不少学者参与到诸如提高财政透明、促进财税法制改革等活动中去，并成为推动中国政治发展进程的力量。

因此，"财政政治学"作为学科提出，可以纠正当前财政研究局限于经济学路径造成的偏颇。包含"财政政治学"在内的财政学，将不仅是一门运用经济学方法理解现实财政活动的学科，也是一门经邦济世的政策科学，更是推动财政学发展、为财政活动提供指引并推动中国政治发展的重要学科。

"财政政治学"虽然尚不是我国学术界的正式名称，但在西方国家教学和研究中却广有相似的内容。在这些国家中，有不少政治学者研究财政问题，同样有许多财政学者从政治视角分析财政现象，进而形成了内容非常丰富的文献。当然，由于这些国家并没有像中国这样行政主导下的严格学科分界，因而不需要有相对独立的"财政政治学"的提法。相关的研究，略显随意地分布在以"税收政治学""预算政治学"或者"财政社会学"为名称的教材或论著中，本译丛提倡的"财政政治学(fiscal politics)"的说法也不少见。

中国近现代学术进步历程表明，译介图书是广开风气、发展学术的不二良方。因此，要在中国构建财政政治学学科，就要在坚持以"我"为主研究中国财政政治问题的同时，大量地翻译国外学者在此领域的相关论著，以便为国内学者从政治维度研究财政问题提供借鉴。本译丛主编选择了这一领域内的多部英文著作，计划分多辑陆续予以翻译和出版。在文本的选择上，大致分为理论基础、现实制度与历史研究等几个方面。首先推出的有《财政理论史上的经典文献》《税收公正与民间正义》《战争、收入和国家构建》《发展中国家的税收与国家构建》《为自由国家而纳税：19 世纪欧洲公共财政的兴起》《信任利维坦：不列颠的税收政治学(1799～1914)》《欧洲财政国家的兴起》等著作。

本译丛的译者，主要为上海财经大学公共经济与管理学院的教师以及已毕业并在高校从事教学的财政学博士，另外还邀请了部分教师参与。在翻译稿酬低廉、译作科研分值低下的今天，我们这样一批人只是凭借着对学术的热爱和纠偏财政研究取向的希望，投身到这一译丛中来。希望我们的微薄努力，能够成为促进财政学和政治学学科发展、推动中国政治进步的涓涓细流。

刘守刚　上海财经大学公共经济与管理学院
魏　陆　上海交通大学国际与公共事务学院
2015 年 5 月

“财政政治学译丛”书目

1.《财政理论史上的经典文献》
理查德·A.马斯格雷夫,艾伦·T.皮考克 编　刘守刚,王晓丹 译
2.《君主专制政体下的财政极限——17世纪上半叶法国的直接税制》
詹姆斯·B.柯林斯 著　沈国华 译
3.《欧洲财政国家的兴起 1200—1815》
理查德·邦尼 编　沈国华 译
4.《税收公正与民间正义》
史蒂文·M.谢福林 著　杨海燕 译
5.《国家的财政危机》
詹姆斯·奥康纳 著　沈国华 译
6.《发展中国家的税收与国家构建》
黛博拉·布罗蒂加姆,奥德黑格尔·菲耶尔斯塔德,米克·摩尔 编　卢军坪,毛道根 译
7.《税收哲人——英美税收思想史二百年》(附录:税收国家的危机 熊彼特 著)
哈罗德·格罗夫斯 著　唐纳德·柯伦 编　刘守刚,刘雪梅 译
8.《经济系统与国家财政——现代欧洲财政国家的起源:13—18世纪》
理查德·邦尼 编　沈国华 译
9.《为自由国家而纳税:19世纪欧洲公共财政的兴起》
何塞·路易斯·卡多佐,佩德罗·莱恩 编　徐静,黄文鑫,曹璐 译　王瑞民 校译
10.《预算国家的危机》
大岛通义 著　徐一睿 译
11.《信任利维坦:英国的税收政治学(1799—1914)》
马丁·唐顿 著　魏陆 译
12.《英国百年财政挤压政治——财政紧缩·施政纲领·官僚政治》
克里斯托夫·胡德,罗扎那·西玛兹 著　沈国华 译
13.《财政学的本质》
山田太门 著　宋健敏 译
14.《危机、革命与自维持型增长——1130—1830年的欧洲财政史》
W.M.奥姆罗德,玛格丽特·邦尼,理查德·邦尼 编　沈国华 译
15.《战争、收入与国家构建——为美国国家发展筹资》
谢尔登·D.波拉克 著　李婉 译
16.《控制公共资金——发展中国家的财政机制》
A.普列姆昌德 著　王晓丹 译
17.《市场与制度的政治经济学》
金子胜 著　徐一睿 译
18.《政治转型与公共财政——欧洲 1650—1913年》
马克·丁塞科 著　汪志杰,倪霓 译
19.《赤字、债务与民主》
理查德·E.瓦格纳 著　刘志广 译
20.《比较历史分析方法的进展》
詹姆斯·马汉尼,凯瑟琳·瑟伦 编　秦传安 译
21.《政治对市场》
戈斯塔·埃斯平—安德森 著　沈国华 译
22.《荷兰财政金融史》
马基林·哈特,乔斯特·琼克,扬·卢滕·范赞登 编　郑海洋 译　王文剑 校译
23.《税收的全球争论》
霍尔格·内林,佛罗莱恩·舒伊 编　赵海益,任晓辉 译
24.《金钱、政党与竞选财务改革》
雷蒙德·J.拉贾 著　李艳鹤 译

25.《西方社会中的公共财政(第三卷)——政治经济学的新思维》

理查德·A. 马斯格雷夫 编　王晓丹,王瑞民,刘雪梅 译　刘守刚 统校

26.《财政学手册》

于尔根·G. 巴克豪斯,理查德·E. 瓦格纳 编　何华武,刘志广 译

27.《来自地狱的债主——菲利普二世的债务、税收和财政赤字》

莫里西奥·德里奇曼,汉斯乔亚吉姆·沃斯 著　施诚 译

28.《福利国家的兴衰》

阿斯乔恩·瓦尔 著　唐瑶 译　童光辉 校译

29.《公共经济学历史研究》

吉尔伯特·法卡雷罗,理查德·斯特恩 编　沈国华 译

30.《牛津福利国家手册》

弗兰西斯·G. 卡斯尔斯,斯蒂芬·莱伯弗里德,简·刘易斯,赫伯特·奥宾格,克里斯多弗·皮尔森 编　杨翠迎 译

31.《西方世界的税收与支出史》

卡洛琳·韦伯,阿伦·威尔达夫斯基 著　朱积慧,苟燕楠,任晓辉 译

32.《经由税收的代议制》

史科特·格尔巴赫 著　杨海燕 译

33.《政治、税收和法治》

唐纳德·P. 雷切特,理查德·E. 瓦格纳 著　王逸帅 译

34.《18 世纪西班牙建立财政军事国家》

拉斐尔·托雷斯·桑切斯 著　施诚 译

35.《美国现代财政国家的形成和发展——法律、政治和累进税的兴起,1877—1929》

阿贾耶·梅罗特 著　倪霓,童光辉 译

36.《另类公共经济学手册》

弗朗西斯科·福特,拉姆·穆达姆比,彼得洛·玛丽亚·纳瓦拉 编　解洪涛 译

37.《财政理论发展的民族要素》

奥汉·卡亚普 著　杨晓慧 译

38.《联邦税史》

埃利奥特·布朗利 著　彭骥鸣,彭浪川 译

39.《旧制度法国绝对主义的限制》

理查德·邦尼 著　熊芳芳 译

40.《债务与赤字:历史视角》

约翰·马洛尼 编　郭长林 译

41.《布坎南与自由主义政治经济学:理性重构》

理查德·E. 瓦格纳 著　马珺 译

42.《财政政治学》

维特·加斯帕,桑吉·古普塔,卡洛斯·穆拉斯格拉纳多斯 编　程红梅,王雪蕊,叶行昆 译

43.《英国财政革命——公共信用发展研究,1688—1756》

P. G. M. 迪克森 著　张珉璐 译

44.《财产税与税收抗争》

亚瑟·奥沙利文,特里 A. 塞克斯顿,史蒂文·M. 谢福林 著　杨海燕 译

45.《战争、葡萄酒与关税:1689—1900 年期间,英法的政治经济贸易冲突》

约翰 V. C. 奈 著　邱琳 译

46.《社会科学的比较历史分析》

詹姆斯·马奥尼,迪特里希·鲁施迈耶 编　秦传安 译

47.《汉密尔顿悖论》

乔纳森·雷登 著　何华武 译

48.《税收逃逸的伦理学——理论与实践观点》

罗伯特·W. 麦基 编　陈国文 译

49.《税收幻觉——税收、民主与嵌入政治理论》

菲利普·汉森 著　倪霓,金赣婷 译